U0829683

权威·前沿·原创

皮书系列为

“十二五”“十三五”国家重点图书出版规划项目

世界侨情蓝皮书

BLUE BOOK OF OVERSEAS CHINESE

世界侨情报告（2019）

REPORT ON THE STATE OF OVERSEAS CHINESE (2019)

中国华侨华人研究所
主　编／张春旺　张秀明
副主编／胡修雷

社会科学文献出版社
SOCIAL SCIENCES ACADEMIC PRESS (CHINA)

图书在版编目（CIP）数据

世界侨情报告．2019 / 张春旺，张秀明主编．--北京：社会科学文献出版社，2019.11
（世界侨情蓝皮书）
ISBN 978-7-5201-5778-0

Ⅰ．①世… Ⅱ．①张… ②张… Ⅲ．①华侨状况-研究报告-世界-2019②华人-研究报告-世界-2019
Ⅳ．①D634.3

中国版本图书馆 CIP 数据核字（2019）第 238576 号

世界侨情蓝皮书
世界侨情报告（2019）

主　　编 / 张春旺　张秀明
副 主 编 / 胡修雷

出 版 人 / 谢寿光
组稿编辑 / 张晓莉　叶　娟
责任编辑 / 叶　娟

出　　版 / 社会科学文献出版社·国别区域分社（010）59367078
地址：北京市北三环中路甲 29 号院华龙大厦　邮编：100029
网址：www.ssap.com.cn
发　　行 / 市场营销中心（010）59367081　59367083
印　　装 / 天津千鹤文化传播有限公司

规　　格 / 开 本：787mm×1092mm　1/16
印 张：20.5　字 数：306 千字
版　　次 / 2019 年 11 月第 1 版　2019 年 11 月第 1 次印刷
书　　号 / ISBN 978-7-5201-5778-0
定　　价 / 148.00 元

主要编撰者简介

张春旺 中国华侨华人研究所所长、中国华侨历史学会副会长，主要研究方向为侨务理论政策研究、侨史侨情研究等，主持相关部门多项重大研究项目，主持和组织编写《习近平侨务工作论述摘编》《习近平论侨务》《“关于加强和改进新形势下侨联工作的意见”学习问答》《侨联学习“中共中央关于加强和改进党的群团工作的意见”百题思考》《中国侨联60年纵览》《华侨史概要》《中国侨联年鉴》等图书，作为全国侨联系统干部培训的重要参考教材。主持国家社科基金特别委托项目“侨批文书整理与研究”和“‘一带一路’战略视野下我国沿边地区侨情调研”等。

张秀明 中国华侨华人研究所副所长、中国华侨历史学会秘书长，《华侨华人历史研究》杂志主编。兼任北京大学华侨华人研究中心学术委员、江苏师范大学兼职教授、编修《广东华侨史》顾问等职务。主要研究方向为中国侨务政策、国际移民比较研究、新移民与留学生等。近年来发表了《国际移民的最新发展及其特点——兼析国际移民与华侨华人的概念》《华侨华人相关概念的界定与辨析》《21世纪以来华侨华人与中国关系的新变化》《华侨华人与“一带一路”视野下的跨文化交流》《华侨华人参与“一带一路”建设的优势与路径》等论文。主持国家社科基金特别委托项目“‘一带一路’战略视野下我国沿边地区侨情调研”子课题。

胡修雷 中国华侨华人研究所学术交流研究部副主任，《中国侨联年鉴》副主编，主要研究华侨华人与国际移民、侨乡治理、华侨华人认同等。主要成果有《从“印尼村”现象看华侨农场归难侨的文化再适应》《21世纪初期海外中国新移民认同初探》《游神文化的传承与发展——以新山和潮汕地区为主的分析》等，参与撰写《华侨史概要》《中国侨联50年》等。

摘　要

中国华侨华人研究所编撰的《世界侨情报告（2019）》，按照亚洲、欧洲、非洲、大洋洲、美洲五大洲和主要国家的地理空间划分，重点梳理分析 2018 年 1 月 1 日至 12 月 31 日期间 30 多个国家的华侨华人在拓展、融入、政策、生活等方面的大事要事，同时对 80 多个国家和地区的侨社、侨团、侨报、侨商、侨教等信息也有所涉及，力争全面、系统、客观、真实地展现 2018 年侨情的发展概况、重大事件、热点问题、政策变化及有关统计数据，为侨联和侨务工作者、华侨华人和国际移民研究者及关注侨情动态的海内外社会各界人士提供参考。

总的来看，2018 年海外侨情有以下几个特点。

一是在传统移居地东南亚的中国商会实力增强，“一带一路”为当地侨社发展注入新活力。随着中国“一带一路”建设的推进，中国与越南、老挝、柬埔寨、缅甸、印度尼西亚、马来西亚、菲律宾等国的联系进一步增强，中国在这些国家的进出口贸易、对外投资、援助、旅游客源、来华留学生人数等领域的比重不断上升。2018 年中国民营企业和商会在境外投资 554.2 亿美元，在泰国、柬埔寨、菲律宾等地，一些以国内省份为基础划分的新的中国商会纷纷成立，或是新移民在原先的中国商会中逐步占据主导地位，在当地华社中发挥着越来越大的作用。近年来，菲律宾、越南、缅甸、印尼的华侨华人人数总体平稳，马来西亚华侨华人人数略有下降，柬埔寨、老挝的新侨数量增长显著。2018 年，东南亚国家的侨情稳中有变，老侨坚守文教阵地，新侨重在商业开拓，随着东南亚国家的经济快速发展和进一步改革，中国与他们的联系不断增强，华侨华人具有很大的发展空间和机遇。

二是欧美澳移民政策部分收紧，侨社积极争取融入主流社会。在欧洲，华侨华人经历了英国脱欧带来的阵痛、法国“黄马甲”抗议及欧洲民粹主义兴起等事件，收获了纪念一战百年、缅怀华工的感动，得到了住在国政界、商界、学界的高度肯定与赞誉，也遭遇了各种歧视与不公平对待。在北美，2018 年中美双边关系经历多轮互征关税、数轮经贸协商，谈判几乎停滞，这影响到两国的科技、人文交流等各个层面，加上特朗普政府重拳打击非法移民和限制亲属移民的政策调整，对非法移民问题的严厉立场也开始逐渐出现在合法移民问题上，导致在美华侨掀起了一轮恐慌性人籍潮。这种趋势可能会令来自中国的移民减少，进而影响到未来华人群体的构成和发展。2018 年是华人抵澳 200 周年，全澳各地通过各种形式纪念华侨华人为建设澳大利亚做出的巨大贡献。受国际形势影响，澳新两国移民政策收紧，拒签率普遍提升，移民接收量大幅减少，但两国的反华言论也遭到各方批驳。

三是 2018 年中国对非劳务派出呈现止跌回稳迹象，因私前往非洲和拉美经商、务工人员不断增多。非洲华侨华人有 100 万左右，主要由公派人员、自费人员及劳务人员三类人员组成。非洲的中转移民和追求实现自我价值的移民值得关注。中非合作持续扩大；中资、侨资企业开始投资非洲高新经济领域；中非文化交流进一步深入，非洲本土汉语人才培训初见成效，以电影为代表的中国流行文化开始走进非洲。在南美，2018 年许多国家政局不稳，经济形势变化不定，华侨华人的生存发展受到不同程度的冲击，在阿根廷、哥伦比亚、委内瑞拉等国，都发生了针对华商的抗议和破坏活动。尽管如此，华侨华人依然选择在困境中谋发展，中国已与南美多国签署了共建“一带一路”合作谅解备忘录，为南美华侨华人带来新的发展机遇和空间。

关键词： 世界侨情　华侨华人　海外移民

目 录

Ⅰ 总报告

Ⅱ 亚洲篇

Ⅲ 欧洲篇

Ⅳ 非洲篇

Ⅴ 大洋洲篇

Ⅵ 美洲篇

皮书数据库阅读使用指南

总 报 告

General Report

B.1 2018年世界侨情总况

胡修雷*

摘 要： 华侨华人是我国的宝贵资源和独特优势。随着世情、国情的变化，海外华侨华人这一群体也已经和正在发生着深刻变化，体现在数量在增加、分布更广泛、结构更多元、流动在加大、差异更明显、作用更突出等方面。本报告从国际、国内两个大局出发，深入研究分析海外华侨华人生存和发展环境的大变化，按照拓展、融入、政策和生活四个方面概述 2018 年世界华侨华人总体状况，侧重海外侨社发生的有影响力的大事、要事，收集和整理相关统计数据，对侨情发展趋势做出初步研判；注重从宏观层面梳理海外华侨华人的政策、生活状况，在已有成果的基础上，注重实证研究，探讨海外侨社的特征、

* 胡修雷，中国华侨华人研究所学术交流研究部副主任，主要研究华侨华人与国际移民、侨乡治理等。

总结其规律及对中国发展的影响。

关键词： 世界侨情 华侨华人 侨社 海外移民

国际移民是一个复杂的现象，影响着人类的日常生活，以及经济、社会和安全等各个方面，也影响着国际交往和全球秩序。据国际移民组织统计数据，截至2017年底，全球跨国移民共有2.58亿人，占全球人口总数的3.4%，其中，年龄在15～24岁的国际移民人数为2790万，占总数的11%。[①] 移民为可持续发展做出了重要贡献，为更好地协调国际移民秩序，加强国际移民问题合作、促进移民和迁徙可持续发展，联合国历时18个月协商，制定了《全球移民契约》（Global Compact for Safe, Orderly and Regular Migration）。该契约于2018年12月11日在政府间会议上正式获批，共有包括中国在内的164个国家签署了这份文件。这是移民管理的第一份国际文件，涵盖了有关移民的现有国际法文书的原则、权利和义务，并归纳了有关移民问题各个方面的最佳做法，其中列出了23个目标，包括移民驱动因素、合法渠道、打击贩运和走私、收获移民经济效益和移民回归等多个方面。《全球移民契约》的目标，是创造条件通过安全、有序和正常移民，使所有移民都能够通过个人的能力和实力回馈社会，对地方、国家、区域、全球的可持续发展做出贡献。

华侨华人是国际移民的重要组成部分。作为输出国，中国改革开放40年来定居国外的新移民有上千万人，主要分布在东南亚、北美洲、欧洲、大洋洲等世界各地，中国已成为印度、墨西哥、俄罗斯之后的世界第四大移民输出国，[②] 加上老移民和人数众多的华人后代，海外有数千万华

① https://migrationdataportal.org/data?%3F%3F%3F%3F%3Fi=stock_abs_&t=2017&i=stock_abs_.

② IOM, World Migration Report 2018.

侨华人；作为输入国，2018 年中国累计发放外国人才工作许可证 33.6 万份，在中国境内工作的外国人已经超过 95 万人，[①] 约占中国人口总数的 0.1%，[②] 滞留非法外国人超 100 万，留学生 49.22 万，[③] 外国人在国内部分城市已形成一定规模。由于中国人口基数巨大，海外华侨华人虽然绝对数量不小，但占人口总规模的比例却很低。国际移民有助于改善人们在原籍国和目的地国的生活，也为包括华侨华人在内的全世界数亿移民提供了在国外建立安全和有意义生活的机会。特别是随着近年来全球产业布局的变迁和各国移民政策的调整，海外华侨华人的地域分布也发生了很多变化。

当前，海外侨社依据不同特点可划分为三种类型：传统型侨社、富裕型侨社、淘金型侨社。传统型侨社即东南亚侨社，是中国人传统的移居地和华人后代聚集的地方，当地华社大多延续了几百年，华人后代众多且语言习俗等甚至已完全在地化，与中国的联系主要体现在文化情感维系层面。富裕型侨社即欧美澳等发达国家的侨社，这些国家社会福利体系完善、政治制度健全、生活水平较高，成为改革开放后部分先富人群、专业技术人士等竞相移居的目的地，这部分华侨华人物质条件相对较好，他们在侨居地面临的主要问题是移民门槛、职业瓶颈和融入障碍等，但他们在侨居地谋生并不容易，一些群体对中国经济发展的依赖性较强。淘金型侨社即新兴的非洲、南美洲等地侨社，这些国家经济基础薄弱、社会管理体制有待完善，但自然资源丰富、人力等成本不高，各种发展机会较多，吸引了很多中国人前往淘金，当地侨社随之迅速壮大，这些侨社面临的主要问题有社会治安形势不理想、华侨华人人身安全经常遭受威胁、经济基础不稳定以及随之而来的流动性强等。

---

① http：//www. xinhuanet. com//video/2019 －04/15/c_ 1210108536. htm.

② https：//migrationdataportal. org/?%3F%3F%3F%3F%3F%3F%3F%3F%3F%3F%3F%3F%3F%3F%3F%3F%3F%3F%3F%3F%3F%3F%3F%3F%3F%3F%3F%3F%3F%3F%3F%3F%3F%3F%3F%3F%3F%3F%3F%3F%3Fi = stock_ abs_ &t = 2017&i = groups&cm49 = 156.

③ http：//www. moe. gov. cn/jyb_ xwfb/gzdt_ gzdt/s5987/201904/t20190412_ 377692. html.

2018 年，海外侨社总体发展平稳，“一带一路”沿线国家华侨华人发展机会明显增多，中国新移民抓住国内经济中高速增长的机遇，在中外经贸交流与合作中拓展商机，海外中国商会实力增强；老移民和华人后代不断提升自身实力，加快融入在地经济和社会；同时，部分国家签证和移民政策收紧，华侨华人面临着一些新机遇和新挑战。下面将分别从主要特点、拓展、融入、政策、生活等方面进行梳理。

一　2018年全球侨情主要特点

（一）海外中国商会实力增强，传统侨社面临新机遇、新挑战

随着中国经济的快速发展和“一带一路”倡议的提出，近年来国内越来越多的有实力的企业转向国外投资。据商务部统计，2013～2018 年我国企业对“一带一路”沿线国家直接投资超过 900 亿美元，年均增长 5.2%。在沿线国家新签对外承包工程合同额超过 6000 亿美元，年均增长 11.9%。2018 年，商务部和省级相关主管部门共备案或核准对外投资企业 8786 家，中方协议投资额 1266.8 亿美元。其中备案或核准非金融类对外投资企业 8739 家，中方协议投资额 1191.2 亿美元；备案或核准金融类对外投资企业 47 家，中方协议投资额 75.6 亿美元。① 大量的企业投资和承包合同为当地经济发展注入了活力，同时也带来了新的中资企业和中国新移民。在泰国、柬埔寨、菲律宾等地，一些以国内省份为基础划分的新的中国商会纷纷成立，或是新移民在原先的中国商会中逐步占据主导地位，在当地华社中发挥着越来越大的作用。

新进入的中资企业一般以大型央企居多，在基础设施、能源、金融等领域具备强大实力。这些大企业围绕产业转移和提升产业布局、开发新兴市场、开展国际投资与经贸合作，以制造业及相关基础设施建设、资源能源开

① http：//hzs. mofcom. gov. cn/article/aa/201901/20190102827479. shtml.

发为主要领域，以工程承包、直接投资、装备贸易和技术合作为主要形式。另外，非公有经济控股主体的民间商业实力也不容小觑，2018 年其对外投资 554.2 亿美元，占 57.4%，同比提升 8.4%，对外投资主要流向租赁和商务服务业、制造业、房地产业、批发和零售业等领域。[①] 非公有经济控股主体主要是大量的民营企业，也有一些国内商会联合开展的投资，如福建商会、温州商会等，在境外都具备较强的经济投资实力。这些新投资带来的新产品、新技术、新模式给老华商的营商环境造成一定冲击，也给当地华侨华人带来了新的工作岗位和更好的福利待遇。

（二）华侨华人追求基本生存和实现自我价值现象共存

追求基本生存和实现自我价值是不同的移民形态，主要表现为劳工移民和精英移民。据商务部统计，2018 年中国对外劳务合作派出各类劳务人员 49.2 万人，12 月末在外各类劳务人员 99.7 万人，较上年同期增加 1.7 万人。[②] 加上大量通过其他渠道出国打工的群体，中国在海外务工的群体规模庞大，其中不少人选择在当地定居。中国人出国务工主要目的地有日本、韩国、澳大利亚、新加坡、美国、加拿大等，大多从事建筑、厨师、缝纫、电焊、服务和销售等行业，由于劳工移民出国的首要目标是生存，他们务工的收入大都用于维持自身和家庭开销。从农村转移出来的农民工在中国海外务工群体中的比例持续稳定，基本保持在 80% 左右。近年来中国劳工对外输出规模增长趋势有所放缓，但也迎来了结构性和层次性调整，中高端劳工逐渐增多，海外劳务输出的附加值有所提升。据统计，2018 年中国收到海外务工人员汇款共计 670 亿美元，较上一年度增长4.7%。[③]

劳工移民以空间转移换取生存空间，而精英移民则以空间转移拓展自身价值。精英移民的目的地以美国、加拿大、澳大利亚、英国居多。如以瞄准

① http：//hzs. mofcom. gov. cn/article/aa/201901/20190102827479. shtml.

② http：//hzs. mofcom. gov. cn/article/date/201903/20190302839217. shtml.

③ http：//www. santaihu. com/46651. html.

精英移民为目标的加拿大近年来制定了“百万移民计划”。根据加拿大移民局公布的数据，2015 年加拿大接收中国大陆移民 1678 人，2016 年接收中国大陆移民 2659 人，而到了 2017 年，加拿大接收的中国大陆移民达到了 6245 人，约是 2015 年的 4 倍。2018 年前 10 个月入籍的中国人为 7609 人，比上一年同期增长 27%。而还没有入籍只是申请了加拿大绿卡的中国人更是达到了 27765 人。[①] 精英人士移民大多是为了追求更好的生活环境和子女教育，以及最大程度地实现自我价值。

（三）“一带一路”沿线国家华侨华人发展机会明显增多

“一带一路”倡议自 2013 年提出以来，得到了国际社会和海外华侨华人的热烈响应，成为推动构建人类命运共同体的重要实践平台。据商务部统计数据，2018 年，我国企业在“一带一路”沿线对 56 个国家非金融类直接投资 156.4 亿美元，同比增长 8.9%，占同期总额的 13%，主要投向新加坡、老挝、越南、印度尼西亚、巴基斯坦、马来西亚、俄罗斯、柬埔寨、泰国和阿联酋等国家。[②]“一带一路”沿线国家的华侨华人有 4000 多万人，在“一带一路”影响日渐扩大、走向世界之际，华侨华人群体发扬了优良传统，发挥着独特优势，继续在中外交流和发展过程中扮演着重要角色。比如，带着企业考察团往返于中外之间，既“引进来”也“走出去”；借助自己对当地法律政策的熟悉，助推中国企业在当地安家落户、发展壮大；在南北半球间来回奔波，为企业构筑平台、保驾护航；帮助中国企业在当地拿到国家级重点综合发展项目；组织论坛与活动，为“一带一路”沿线经贸交流合作架桥。

有关数据显示，截至 2018 年，已有 100 多个国家和国际组织同中国签署了共建“一带一路”合作文件；中国与“一带一路”沿线国家签署了 130 多个涉及铁路、公路、水运、民航、邮政领域的双边和区域运输协定，

---

① https：//www.vanskyca.com/lxb/3134735.html.

② http：//hzs.mofcom.gov.cn/article/date/201901/20190102829086.shtml.

中欧班列已运行突破10000列；中国与“一带一路”沿线国家共同建设经贸合作区82个，累计投资289亿美元，为当地创造了24.4万个就业岗位；亚投行成员数由成立之初的57个增加到87个，已批准项目投资超过53亿美元；“一带一路”沿线已有近30个国家与中国实现了免签、落地签或达成签证便利协议，极大地促进了中外民众往来。许多海外华侨华人社团纷纷以“一带一路”为主题召开各种形式的经贸论坛、座谈会等。如第十一届世界同安联谊大会2018年10月27日在马来西亚雪兰莪州沙阿兰实达城会展中心开幕，来自世界各地的2000余名同安乡亲，代表着300多万名分布在世界各地的同安籍乡亲，齐聚一堂，共叙乡情，探讨在“一带一路”倡议下如何共享发展机遇，并举办了以“一带一路：‘东盟与中国新时代的桥梁’”为主题的经贸论坛。

随着中国在全球化进程中扮演着越来越重要的角色，中国“走出去”的企业与其他相关机构也迅速增加，华侨华人在协调当地政府与发展经贸关系等方面的作用日益凸显。如发挥华侨华人作用，大力深化与沿线国家华侨华人的交流合作，包括邀请“一带一路”沿线华商企业参加国内商品交易会、开展经贸交流活动等，进一步凝聚海外华侨华人参与“一带一路”建设力量。借力“一带一路”的发展布局，构建区域国际移民治理的合作机制，通过吸引“一带一路”地区的留学生为本地区发展培养造就国际人才，中国还能与当地国家一起，设立专门针对治理与援助非常规移民问题、共同规范与完善常规移民的基金与行动，保障华侨华人在“一带一路”沿线国家的合法权益。

（四）改革开放40年国内助侨惠侨力度加大，海外华侨华人自豪感增强

2018年是中国改革开放40周年，海外华侨华人和归侨侨眷是中国改革开放事业的开拓者、参与者、贡献者和受益者。虽然中国尚未就华侨权益保护进行立法，但涉及华侨权益保护的规定，散见于不同层级和效力的各项法规，在身份认定、回国定居、医疗教育、社会保险等诸多领域，为维护侨益

产生了实质作用。已经出台的《中华人民共和国出境入境管理法》《外国人入境出境管理条例》为外籍华人来华入出境及居留提供了制度便利。目前，全国已建立近300个为侨法律服务工作窗口、站点、顾问团等服务平台。人社部将符合参保条件的华侨纳入社会保险覆盖范围，明确办理退休手续后出国定居或者加入外国国籍者，享受社会保险待遇的有关规定。[①] 公安部在支持北京、上海、广东等地创新发展的有关出入境政策措施中，试点实施对外籍华人申请永久居留和长期居留、多次签证的便利政策。2018 年 2 月 1 日起，在全国范围内为在华工作、学习、生活的外籍华人实施 5 年以内多次签证和居留许可便利政策。

在保护海外华侨权益立法方面，地方政府特别是一些重点侨乡走在了前面。2015 年，中国首部保护华侨权益的省级地方性法规《广东省华侨权益保护条例》出台。此后，福建、湖北、上海等地相继颁布条例。2018 年 9 月 30 日，《浙江省华侨权益保护条例》获得通过，2018 年 12 月 1 日起正式施行，该条例在华侨的政治权益、身份证明、落户、创业、子女就学、华侨就业、华侨捐赠、华侨在农村申请使用宅基地、华侨权益保护途径等方面做出了规定。在政策落实方面，2016 年至 2018 年，福建省侨务部门共受理信访事项 8754 件，办结率 99.2%，涉及房屋拆迁、回国定居、事务办理、政策咨询、落实待遇、生活困难、经济纠纷等各方面。针对侨界反应强烈的华侨来闽定居要求在中国国内居住时限太长等问题，福建省修订《华侨来闽定居办理工作办法》，缩短华侨回国居住时限要求。2013 年以来，福建共受理华侨来闽定居申请 41640 件，办结 41477 件。[②]

中国国家和地方层面的这些助侨惠侨措施，一方面有引资引智等利益的考量；另一方面也给海外华侨华人带来了实实在在的好处，有助于海外华侨华人树立自信心和自豪感，愿意回国交流和开展进一步的合作，增强了他们

---

① 许又声：《国务院关于华侨权益保护工作情况的报告——2018 年 4 月 25 日在第十三届全国人民代表大会常务委员会第二次会议上》。

② http：//www. chinaqw. com/sqfg/2018/11 -22/208930. shtml.

拓展中外交流的主动性。

从1978年到2018年，中国经历了改革开放的40年，不仅推动中国经济快速发展，也提升了海外华侨华人在住在国的社会地位。2018年，美国纽约、加拿大多伦多、德国杜塞尔多夫、意大利佛罗伦萨、英国伦敦、西班牙马德里和法国巴黎等地侨界，陆续举行各种形式的改革开放40周年纪念活动，通过展览、论坛、新闻报道、视频等形式，向海外侨胞、外国友人介绍40年来中国的变迁和发展。四十年来，越来越多的华人能够融入住在国主流社会，受到当地人的尊重，同时他们也愈加为中国感到自豪。

（五）多国华社举办年度汉字评选，“字述一年”看世态民情

汉字言简意赅，概括性强，精心选择一个汉字来代表一年世态百相已成为不少地区的惯例。2018年是马来西亚连续第八年举办年度汉字评选活动，“变”字在35871票中脱颖而出，以41%的得票率当选为年度汉字，“新”字则以超过37%的得票率居第二位。马来西亚年度汉字评委会评委陈春福说，“变”及与“变”字异曲同工的“新”字名列前两位，代表马来西亚民众对2018年国家现况的一致看法，体现马来西亚政治格局、政治观念的变化，也展现了民众对国家新未来的期待。

在日本2018年年度汉字评选中，共收集民众通过明信片、网络等方式的投票19余万张。时隔14年，“灾”字以20858票再次高居榜首。早在2004年，日本遭遇强台风袭击，新县中越地区发生地震时，“灾”字也曾当选年度汉字。年终岁末，清水寺住持大笔书写一个“灾”字，反映了日本的世态民情。2018年，日本“灾害”频发：北海道发生地震、西日本遭遇强降雨以及台风接踵而至等是为“天灾”；东京医科大学被曝操纵入学考试成绩等是为“人灾”。这些都成为人们选择“灾”字的理由。

2018年，新加坡民众将“马”选定为年度汉字。新加坡—中国友好协会外事交际组副主任王守志认为，“马”字当选年度汉字，体现出多层含

义。马来西亚与新加坡地缘相近，邻国发生的许多大事，诸如马哈蒂尔再度当选首相等受到新加坡民众关注。“另一方面，‘马’字也展现出科技带头人马云在新加坡的影响力，以及国内市场生意马虎、大家希望马上行动做出改变的愿望。”

与评选年度汉字略有不同，连续 18 年来，韩国每到岁末都会评选出一个“年度成语”。2018 年，“任重道远”在诸多候选词语中拔得头筹。韩中文化友好协会会长曲欢表示，“任重道远”当选年度成语，表现了韩国国民焦虑的心绪：一方面，新政府并没有给他们带来充足的幸福感；另一方面，半岛局势、韩美关系、韩中关系发展依旧任重道远。此外，中韩建交 26 年了，做民心相通工作依旧有很长的路要走。

在中国“汉语盘点 2018”中，“奋”“改革开放四十年”分别当选年度国内字、国内词。中国通过奋斗富强起来，通过改革开放“走出去”，侨胞们也通过奋斗赢得了海外民众的尊重。多位侨胞表示，“奋”和“改革开放四十年”一如社会的反光镜，是 2018 年中国发展的生动写照，也让侨胞获益良多。

（六）海外华媒纷纷关注改革开放成就，赞其为世界发展提供了中国智慧

《欧洲时报》刊文称，中国的改革开放，是当代中国命运的关键一步，经过 40 年的改革开放，中国经济取得了举世瞩目的成就。在过去 40 年中，中国创造了人类减贫史上的奇迹，在很大程度上，这要归功于 40 年的改革开放进程，使中国达到了今天的地位。文章指出，从口袋里放着粮票到现在放着最新型手机，从每年服装开销为 14. 8 元到现在的 3316 元，从骑自行车到开小汽车，从“去表哥家做客”到去巴黎或纽约旅游，从 65 岁的平均寿命到现在的 76 岁，中国居民生活质量有了质的飞跃，中国可能是历史上居民生活质量在最短时间内得到最多改善的国家。

美国《世界日报》发表署名文章表示，从经济上看，中国改革开放成就斐然，毋庸置疑。中国实现了粮食自给自足，创造了人类历史上最

快、最大规模的减贫奇迹。如今，中国外汇储备、制造业和国际贸易规模均居世界第一位。人生 40 而不惑，40 年的中国改革开放，似乎又站到一个新的历史十字路口。对未来之路，坚持和发展中国特色社会主义，中国改革的步伐不会停止，只会逐步深化；中国开放的大门不会关闭，只会越开越大！

日本《东方新报》评论道，在改革开放这个议题上，不仅有 40 年的时空跨度、40 年的物是人非，更有 40 年一以贯之的态度、40 年无可撼动的意志。中国改革开放的 40 年，是不断进击与超越的 40 年，开放的举措越来越精细，开放的程度越来越深入，开放的思维越来越辩证。

在改革开放的 40 年里，华侨华人既是“贡献者”也是“受益者”。马来西亚《光华日报》在一篇题为《鲁世巍：中国改革开放　海外华商是排头兵》的文章中，援引中国驻槟城总领事鲁世巍的言论称，中国改革开放 40 年来，包括马来西亚华商在内的海外华商群体助力中国改革开放，发挥了排头兵的作用。文章还援引了槟城华人大会堂主席、拿督许廷炎的言论表示，这 40 年来中国所达到的进步和成就，并不是单方面的，而是综合性的。如今中国的发展潮流，是几代中国领导人和人民共同努力的成果。

中国的改革开放亦推动了世界的发展。新加坡《联合早报》社论提到，改革开放不仅大幅度改善了中国 10 多亿人口的生活水平，为这个文明古国的重新崛起制造了契机，更带动了东亚乃至全球大部分地区的经济发展，为全球发展、和平与稳定做出贡献。评论强调，改革开放释放了中国经济的潜能，给国际社会带来发展机遇，带动世界贸易和经济增长。改革开放最早期的投资机遇，让包括新加坡在内的世界各国和企业有机会参与中国的发展。

二　拓展生存和发展空间

长期以来，中国人的移民动力大多是寻找更多的机会和更好的生活，随着时间的流逝，已经站稳脚跟的华人也更容易帮助家人和朋友来到侨居地。海外华侨华人总数增长较快，华人居住区增加也是大趋势。近年来，新增加的移民多为新侨，经济和文化条件较好，他们多数选择居住在发达国家或地区，特别是新区、景区和校区周边而非唐人街附近。一些地区华人中心区可能随着城市发展转移到其他更有发展前景的地区。当然，也有部分新移民为了获取更好的发展条件，选择移居到非洲、南美洲等更具发展潜力的地区。

（一）中国人移居发达国家的整体趋势没有改变，入籍率为15.4%，选择更趋理性

近年来，海外华侨华人数量增长显著，但囿于条件所限，关于其确切数字一直存在较大争议。根据美国、加拿大、澳大利亚、英国、法国、德国、意大利、日本、韩国等20个主要发达国家的官方统计数据，对各国有关中国人的迁入人口、入籍人口、持中国护照（华侨）人口总量和出生在中国的华人（不含华人后代）总量等情况进行汇总后显示，2008～2017年，总共有4605086名中国人移居这些发达国家，其中，有707569名中国人选择加入当地国籍，入籍率约为15.4%。2017年，这20个发达国家总共有4127178名出生在中国的华人（不完全统计）。不论入籍与否，这些近年来迁移出的中国人是海外华侨华人的新群体，对维系中国与住在国的关系、加强双边及民间交流与合作具有重要意义。

表1　2008～2017年中国人移居部分发达国家相关数据统计

单位：人

国家	数据类型	2008年	2009年	2010年	2011年	2012年	2013年	2014年	2015年	2016年	2017年	总计
澳大利亚	迁入人口	20694	22297	24525	28718	25308	27898	27122	27924	29077		233563
	入籍人口	8407	6700	11109	8898	6876	8979	9203	7549	6931		74652
	持中国籍人口总量	9295	9409	9501	9476	9669	10191	10765	11374	12161	12685	
	出生在中国的华人总量	278320	313030	344980	371550	387420	401560	422600	451820	487070	526040	

续表

国家	数据类型	2008 年	2009 年	2010 年	2011 年	2012 年	2013 年	2014 年	2015 年	2016 年	2017 年	总计
新西兰	迁入人口	4736	5627	5843	7166	7623	7932	9127	10706	12145		70905
	入籍人口	1946	1137	693	852	1158	1190	1239	922	1138		10275
	持中国籍人口总量											
	出生在中国的华人总量	78114					89121					
奥地利	迁入人口	1199	1379	1297	1403	1521	1635	1800	2053	1947		14234
	入籍人口	67	76	58	97	110	95	192	152	154		1001
	持中国籍人口总量	9295	9409	9501	9476	9669	10191	10765	11374	12161	12685	
	出生在中国的华人总量	13361	13468	13495	13411	13595	14100	14508	15143	15986	16587	
比利时	迁入人口	1270	1344	1614	1577	1711	1766	1182	1236	1472		13172
	入籍人口	402	332	370	280	314	320	190	270	274		2752
	持中国籍人口总量	7985	8304	8646	9476	10049	10995	11394	11430	11736	12380	
	出生在中国的华人总量	14537	15010	15600	17072	17372	18421	18969	19048	19452	20234	
丹麦	迁入人口	1272	950	791	777	833	1156	1164	1288	1288		9519
	入籍人口	181	199	103	103	97	19	105	23	348		1178
	持中国籍人口总量	6568	7213	7366	7550	7494	7781	8370	8944	9619	10140	
	出生在中国的华人总量	7493	8221	8506	8642	8561	8824	9399	9953	10611	13545	
德国	迁入人口	14293	15369	16248	18276	19740	22350	23163	25511	26629		181579
	入籍人口	1172	1194	1300	1332	1355	1270	1240	1098	982		10943
	持中国籍人口总量	78096	78960	79870	81331	86435	93676	101030	110284	119590	129150	

续表

国家	数据类型	2008 年	2009 年	2010 年	2011 年	2012 年	2013 年	2014 年	2015 年	2016 年	2017 年	总计
德国	出生在中国的华人总量	80000	75000	78000	72000	70000	75000	88000	108000	107000	122000	
法国	迁入人口	5241	5453	5720	5540	6256	7600	7596	4991	4828		53225
	入籍人口	1122	1425	1403	1336	1331	1497	1835	1830	2057		13836
	持中国籍人口总量	76704	81417	86207	90100	93820	96230	97558				
	出生在中国的华人总量	85268	90227	95352	98459	102239	105258	106884				
芬兰	迁入人口	963	771	566	763	748	807	696	732	768		6814
	入籍人口	84	53	85	88	124	154	161	130	140		1019
	持中国籍人口总量	3978	4620	5180	5559	6159	6622	7121	7559	8042	8480	
	出生在中国的华人总量	5269	5982	6591	7034	7708	8272	8894	9433	9956	10447	
荷兰	迁入人口	4234	4346	4466	5495	5184	4744	4837	5406	5734		44446
	入籍人口	539	559	490		437	494	628	745	499		4391
	持中国籍人口总量	16210	18121	19758	21371	23900	25906	27192	28220	29746	31437	
	出生在中国的华人总量	35476	37056	39987	42525	44711	47498	49705	51294	52545	54413	
挪威	迁入人口	837	849	955	1103	994	930	906	903	760		8237
	入籍人口	92	157	182	221	175	174	238	146	200		1585
	持中国籍人口总量	2756	3238	3643	4061	4354	4715	4983	5190	5485	5551	
	出生在中国的华人总量	7092	7646	8240	8852	9424	9948	10436	10821	11203	11520	

续表

国家	数据类型	2008 年	2009 年	2010 年	2011 年	2012 年	2013 年	2014 年	2015 年	2016 年	2017 年	总计
葡萄牙	迁入人口	2046	1947	1653	1507	1362	1863	3728	2576	2839		19521
	入籍人口	93	84	78	114	154	157	147	147	173		1147
	持中国籍人口总量	10448	13331	14396	15699	16785	17447	18637	21402	21339	22503	
	出生在中国的华人总量				10887							
瑞典	迁入人口	2677	3098	3186	2619	2453	2075	2351	2326	2180		22965
	入籍人口	513	403	426	367	446	452	473	502	581		4163
	持中国籍人口总量	7737	9441	11817	14134	15494	16299	17132	17467	16646	17331	
	出生在中国的华人总量	14453	16013	18256	21202	23998	25657	26824	27923	28699	28410	
瑞士	迁入人口			1945	2136	2362	2870	2930	3265	3180		18688
	入籍人口							222	235	277		734
	持中国籍人口总量				9413	9413	10369	11531	12582	13831	14530	
	出生在中国的华人总量				14019	15392	17087	19259	20817	22286	23434	
西班牙	迁入人口	20080	11881	10473	10706	9184	9127	9410	10134	10274		101269
	入籍人口	459	337	466	413	416	1154	396	306	391		4338
	持中国籍人口总量	129597	150047	160409	167570	170839	169645	165978	167539	172232	177738	
	出生在中国的华人总量	108258	127802	146353	154917	160987	163727	160457	155677	155713	158717	
意大利	迁入人口	12791	16843	22866	20055	20463	17592	15828	14866	12366		153670
	入籍人口	315	414	402	505	696	754	925	1436	1896		7343
	持中国籍人口总量	156519	154066	168048	184173	197064	223367	256846	265820	271330	281972	
	出生在中国的华人总量			195742	194677	193549	191967	191272	197090	200372	212173	

续表

国家	数据类型	2008 年	2009 年	2010 年	2011 年	2012 年	2013 年	2014 年	2015 年	2016 年	2017 年	总计
英国	迁入人口	18000	22000	28000	45000	41000	46000	39000	43000	35000		317000
	入籍人口	2677	6041	7581	6966	7198	7289	3530	2519	2904		46705
	持中国籍人口总量	109000	76000	107000	106000	86621	93000	106000	122000	113000	132000	
	出生在中国的华人总量	104000	120000	86000	118000	148000	98956	116000	118000	114000	114000	
韩国	迁入人口	161734	117563	155252	149208	127289	178606	192858	177001	165494		1425005
	入籍人口	12545				6282	5801	7052	6753	5328		43761
	持中国籍人口总量	487103	489138	505415	536699	474806	161098	546746	568025	549122		
	出生在中国的华人总量											
日本	迁入人口	134178	121227	107930	100358	106957	93003	98630	100571	103294		966148
	入籍人口	4322	5392	4816	3259	3598	2845	3060	2813			30105
	持中国籍人口总量	606889	655377	680518	687156	674879	652555	649078	654777	665847	695522	
	出生在中国的华人总量											
加拿大	迁入人口	30030	29617	30378	28491	33009	34115	24626	19531	26850		256647
	入籍人口	21083	16058	13464	15503	10382	10053	21620	20081	10843		139087
	持中国籍人口总量											
	出生在中国的华人总量				545535							
美国	迁入人口	80271	64238	70863	87016	81784	71798	76089	74558	81772		688389
	入籍人口	40017	37130	33969	32864	31868	35387	30284	31241	35794		308554
	持中国籍人口总量	655404	627821	662555	791905	797147	861413	868182	963628	1079043	1118908	
	出生在中国的华人总量	1357482	1367772	1339131	1425814	1604373	1651511	1719819	1786116	1929535	2065431	

说明：1. 一些国家统计标准前后有调整，导致数据会出现偏差。2. 一些年份的数字没有统计，或者最新的统计数字尚未公布。3. 各国在移民人口统计标准和尺度上略有不同，如澳大利亚的统计年度是指从上一年的 7 月至当年的 6 月，流入人口总数包括已获得永久居留权但实际在澳大利亚生

续表

活时间很短的人；荷兰、德国、奥地利、挪威、瑞典、瑞士、西班牙、日本等国的数据是根据人口登记统计出来的；美国、法国、英国、意大利、葡萄牙、韩国、澳大利亚、新西兰等的数据是根据居留许可证及其他渠道统计出来的，但有些国家没有专门登记每年流入和流出的外籍人口数量，这个数字通常是根据国内居民数字经过一套系统计算出来的。4. 各国对流入人口的登记标准也不完全一致，虽然其最低居留时间一般为三个月到一年；一些国家的登记数字包括部分短期移民，甚至居住在私人住所的难民和留学生。当然，每一个数据来源都有一套详细的计算系统。5. 在以国籍划分的外国人口存量统计数字中，新西兰、加拿大没有统计持中国籍护照的人口总量。6. 按出生地标准统计的人口数据中，是不存在估算数值的，其数字是准确的。由于统计方法和标准的不同，日本和韩国缺少华人在这方面的准确数据。

资料来源：

Australia：Australian Bureau of Statistics（ABS）. Department of Immigration and Multicultural and Indigenous Affairs，Population Research.

Austria：Labour Force Survey，Statistics Austria.

Belgium：Population Register，National Statistical Office.

Canada：Censuses of Population，Statistics Canada. Citizenship and Immigration Canada.

Denmark：Central Population Register，Statistics Denmark.

Finland：Central Population Register，Statistics Finland.

France：National Institute for Statistics and Economic Studies（INSEE）. ANAEM（Agence nationale de l'accueil des étrangers et des migrations）.

Germany：Central Population Register，Federal Statistical Office.

Italy：Census，ISTAT. Ministry of the Interior.

Japan：Register of Foreigners，Ministry of Justice，Immigration Bureau.

Korea：Statistics Korea（KOSTAT）and Ministry of Justice.

Netherlands：Population Register，Central Bureau of Statistics.

New Zealand：Census of Population，New Zealand Immigration Service and New Zealand Statistics.

Norway：Central Population Register，Statistics Norway.

Portugal：Census of Population，SEF，National Statistical Office（INE）and Ministry of Foreign Affairs.

Spain：Local Register（Padron municipal de habitantes），National Statistical Institute（INE）.

Sweden：Population Register，Statistics Sweden.

Switzerland：Population Census，Register of Foreigners，Federal Office of Immigration，Integration and Emigration.

United Kingdom：Labour Force Survey，Office for National Statistics. International Passenger Survey.

United States：US Department of Homeland Security，Current Population Survey March Supplement and Census，US Department of Commerce，Bureau of the Census.

美国、加拿大、澳大利亚仍是中国人入籍的主要目标国，在韩国、日本居留的中国人虽然名列前两位，但入籍率不高。统计显示，2008～2017 年，中国人迁入人口（至少居留三个月）数量最多的国家是韩国、日本、美国，人数分别是 1425005 人、966148 人、688389 人；中国人入籍人口数量最多的国家是美国、加拿大、澳大利亚，分别达到了 308554 人、139087 人、74652 人。在加入外国籍的华人当中，美国和加拿大的华人超过总数的一半，如果加上澳大利亚，入籍这三个国家的华人占 20 个发达国家华人入籍总人数的 73.8%，表明这三个国家的国籍在华人当中非常受欢迎。此外，迁入韩国和日本的中国人很多，但是入籍率却很低，仅为 3.1%。截至 2017 年，出生在中国的华人人口（不含华人后代）总量排在前三位的国家是美国、加拿大、澳大利亚，人数分别为 2065431 人、545535 人（2011 年数据）和 526040 人。

中国人出国定居人数呈缓慢增长态势，但近几年入籍总人数开始减少，入籍率降低。2008～2017 年，中国人平均每年移居这些发达国家的人数在 50 万人左右，除少数年份外，总体呈现出缓慢增长的态势。不考虑少数国家缺少当年统计数据的影响，在这 20 个主要发达国家中，2008 年迁入中国人口总量为 516546 人，取得住在国国籍的总人数为 94090 人，入籍率为 18.2%；2016 年迁入中国人口总量为 527897 人，取得住在国国籍的总人数为 70820 人，入籍率为 13.4%。在中国人出国定居人数增长的同时，入籍总人数反而减少，入籍率也降低了，这在一定程度上表明中国国籍的含金量提高了。

一些富裕小国的中国移民增加明显，海外华侨华人的人口流动更趋理性、务实。除一些传统的移民接收大国外，荷兰、丹麦、比利时、芬兰、瑞典、挪威、葡萄牙等中小国家也受到中国新移民的喜爱。数据显示，2008 年荷兰持中国籍护照的人口有 16210 人，2017 年增加到 31437 人，增幅达 94%；其出生在中国的华人人口总量也由 2008 年的 35476 人稳步增加到 2017 年的 54413 人，增幅达 53.4%。中国新移民青睐中小富裕国家，除了这些国家具备相对完善的社会保障和福利制度外，也与寻找新的商机、避免华人之间出现恶性竞争等因素有关；客观上也壮大了当地华侨华人社会的力量，为中国新移民“走出去”开拓了更广阔的空间。

（二）劳工移民是中国人出国的传统途径，内外因素推动出国务工现象全面铺开

海外劳工移民就是以出国劳务签证到达某个地区或国家，然后再获得永久居住权或者国籍。出国务工是移民的一种重要途径，华工出国的历史由来已久，从清朝初期的闽粤破产农民下南洋开始，几百年来，为了生存，无数华人背井离乡，远走异国。改革开放以来，越来越多的东北人、山东人、江苏人等通过劳工途径移居海外，与传统华人移民来源地福建、广东、浙江等一起，推动出国务工现象全面铺开。

中国出国劳工主要分布在东亚、东南亚、非洲、欧洲、北美和拉美等地区。2018 年日本厚生劳动省发布的数据显示，在日工作的 127.8 万名外国人中有 37.3 万人来自中国，占比 29.2%，排名第一。韩国将近 100 万的境外劳工里有 33% 是中国人。2017 年中国在非洲的劳务人员有 16.73 万人。此外，合法居住在欧盟 28 个成员国的中国劳务工人达到 26 万人。中国人出国务工的原因一般有内因和外因两种，内因主要是劳动者为获取更高收入、对美好生活的向往、拓展业务需要等，外因主要有部分国家紧缺技能型劳动人才、季节性劳工需求等。在生育率普遍偏低、劳动力短缺的现代社会，中国出国务工人员的数量也是比较可观的。据商务部统计，2018 年我国企业对外直接投资 1298.3 亿美元，其中在“一带一路”沿线国家新签对外承包工程项目合同 7721 份，新签合同额 1257.8 亿美元，完成营业额 893.3 亿美元。[①] 大量的投资必然带去一定数量的中国劳工人员，2018 年我国对外劳务合作派出各类劳务人员 49.2 万人，这些出国劳工大多从事建筑业、制造业、交通运输业等劳动密集型行业。

中国是人口大国，也是劳务输出人数比较多的国家，从东北三省到广西、云南，很多省区都有出国务工的人员。据报道，山东、江苏、吉林是近年来出国务工人数排在前三位的省份（见表 2）。在一些地区，出国务工市

---

① http：//hzs.mofcom.gov.cn/article/date/201901/20190102829086.shtml.

场已形成一定规模，如江苏省北部的东海县，由于当地缺少就业途径，出国打工是当地农民的主要出路，东海因此成为远近闻名的对外劳务输出大县，相应催生了一大批劳务公司。仅在该县外派劳务市场内，就有十多家本土和外地的劳务公司，常年招收各类海外务工者；代办费用根据前往国家的不同高低有别，非洲国家费用最低，其次是新加坡，最高的是日本和韩国。另一方面，由于出国务工人员整体素质偏低，竞争力不强；政府服务不到位，信息不畅通；劳务输出方式单一，成本高昂；劳务公司经营不规范，开拓国际市场能力不足，这些行业长久积攒下来的问题，解决尚需时日。①

表 2　2017～2018 年度中国部分省份出境务工人数统计

单位：万人

省份	山东	江苏	吉林	河南	辽宁	广东	湖北	浙江
出境务工人数	10.1	9.6	6.6	5.6	4.1	3.8	2.9	2.6

资料来源：《广州日报》2018 年 2 月 5 日。

移民劳工的存在是国家经济发展链条上不可或缺的一环，区域内资本流动的加速必然产生对移民劳工的结构性依赖。伴随着经济发展的需要，一些国家不得不调整本国的移民劳工政策，部分开放国内劳动力市场，以吸引更多的移民劳工。在日本，随着人口老龄化、劳动力日益萎缩，为了填补就业岗位，日本决定批准大幅增加外来劳工数量，以缓和国内长期以来的封闭状态。据报道，日本将向劳动力严重短缺的 14 个行业（其中包括看护、建筑、农业和造船等）的工人发放 26 万至 34.5 万张五年期的签证。② 这项措施还为高级技能工人设立了一个单独的签证类别，允许他们无限期地居留，并且享受更多福利，比如可以将家人带到日本等。

在德国，2018 年 10 月通过了《专业劳工移民法》和《就业容忍法》两个新法案，大幅降低了欧盟以外国家和地区专业技术人才的入境标准，以

① http：//finance. ifeng. com/a/20181106/16558347_ 0. shtml.

② 《日本经济新闻》2018 年 12 月 18 日。

使更多具有专业工作技能的移民进入德国。在经历了长达20多年的讨论后，德国终于有了一部现代移民法，以后德国再也不能否认自己移民国家的身份了。截至2015年底，合法居住在欧盟28个成员国的中国劳务工人达到26万人，其中，70%分布于意大利，23%分布于法国、德国、西班牙、荷兰、英国。尽管中国移民工人进入欧洲的时间较晚，但只要其掌握的技能（涵盖科学、技术、工程等各领域）能够满足欧洲雇主的需求且水平超过当地工人或其他国家的移民工人，他们便能成为欧洲劳动力市场的重要组成部分。①

（三）“中文热”助力国人走出国门，文化教育促进民间沟通和交流

据教育部、国家语委发布的《中国语言文字事业发展报告》等系列白皮书的统计，世界各地有近2万所中文学校面向华侨华人和当地居民传授中文，引发了全球“汉语热”，各国人士都在学习汉语。全球已有67个国家通过颁布法令、政令等方式将汉语教学纳入国民教育体系，170多个国家开设汉语课程或汉语专业。全球国际对外汉语教师缺口量很大。在此形势下，无论是出国留学、陪读家长、移民人员、派遣国外工作人员，还是其他有识之士，出国专职或兼职从事对外汉语教学工作都是个不错的选择。

中国国家汉办官网公布的数据显示，中国2019年新选志愿者岗位5885人，其中优先面向孔子学院中方合作院校招募3031名孔子学院志愿者；面向全国各类学校招募2854名普通项目志愿者。这些汉语教师志愿者将为中国传统文化“走出去”和中外文化交流出力。如在柬埔寨，汉语教师志愿者项目已进行了8年，累计向柬派遣汉语教师志愿者1200余人次，累计教授学生10余万人。2018年共向柬埔寨派遣了238名志愿者，任教于柬华理事总会下属29所华校、皇家科学院孔子学院所属13个教学点、DHY汉语

---

① Piotr Plewa，Marko Stermsek：《赴欧中国劳务移民的规模和前景》。

中心所属2个教学点，分布在柬12个省份的46个教学点。[1] 这些教师志愿者都是从中国来的年轻人，正是青春年少，成为中柬交流的纽带。

在“一带一路”倡议下，中国与沿线国家的经贸往来更密切，在社会文化领域的接触也更频繁，语言和文化作为不同国家和民族间交流的桥梁，扮演了日益重要的角色，成为海外华侨华人、华裔、外国朋友了解中国和中华传统文化的重要途径。在乌干达，政府已经在全国范围内选出了35所教授汉语的中学，在这些中学里，汉语将被列入中学教学大纲，并且政府已经为此培训了相应的中文教师。据了解，中文课程将是中学一年级和二年级学生的必修课，三年级和其他年级的学生也可以选修。[2] 2018年2月24日，62名尼泊尔考生参加了汉语水平考试（HSK）网络考试。这标志着尼泊尔汉语水平考试进入网络化时代，中文和中国的影响在当地不断扩大。在缅甸，福庆学校孔子课堂由中国云南大学与曼德勒的华文学校福庆语言电脑学校合办，该孔子课堂成立10年来，已在缅甸开设58个教学点，培养1.8万余名学员。福庆学校孔子课堂教学质量和知名度高，已成为缅甸华文教育的一面旗帜，带动缅甸，特别是缅北地区涌现出一大批优秀华文学校，在中文教学本土化、中文国际推广以及促进中缅人文交流等方面做出了贡献。

2018年是“一带一路”倡议提出5周年，许多中国人选择到“一带一路”沿线国家留学深造。来自教育部的数据显示，2017年，中国赴“一带一路”建设参与国的留学人数为6.61万人，比上年增长15.7%，超过整体出国留学人员增速。其中，国家公派3679人，涉及37个“一带一路”建设参与国。[3] 中国人在这些国家留学拥有许多优势：首先，中国资金大量涌入“一带一路”沿线国家，当地对中国和中文的了解与需求激增，留学人员的舞台广阔；其次，“一带一路”沿线许多国家生活和教育成本不高，相比美国等热门国家的毕业和就业压力较小，成为吸引部分留学生的重要原

---

① http：//www.chinanews.com/hr/2018/11－22/8683532.shtml.

② 《每日观察》2018年12月21日。

③ 《人民日报》（海外版）2018年7月16日。

因；最后，随着中国对外经济的发展，在贸易、文化、旅游等方面国家也急需一批通晓“一带一路”建设参与国相关国情的人才，到这些国家留学或移民也是一项不错的选择。

美国移民政策研究所的一项研究发现，近四分之一（22%）的美国人在家里更喜欢说另一种语言，其中中文是除西班牙语之外使用最多的语言。在澳大利亚，华裔是最大的少数族裔，约 120 万华侨华人活跃在各行各业，中文已经成为澳大利亚第二大被广泛使用的语言。由于语言和文化推广能够得到最大限度的民间认可，因此，“中文热”是推动中国人走出国门的最好载体。

（四）中国新移民到非洲谋生和定居，压力小、易赚钱等是主因

非洲是一个经济相对较落后的地区，当地有着丰富的旅游资源和地下矿产资源，但是非洲人并没有大量开发利用，近年来许多中国人前往非洲开发旅游资源和矿产资源。如广西上林超过 5 万人在非洲加纳等地从事金矿开采，凭借的就是其独有的砂泵技艺在非洲采金圈中占有一席之地。中国人在非洲做生意，开办工厂，甚至在当地发展种植业，因为非洲的土地非常适合种植。正是因为非洲存在很多的发展机会，有不少中国的年轻人开始选择到非洲定居，每年将近有 2 万人到非洲定居，据估计，这些在非洲长久居住的中国新移民，目前已经有 16 万人。①

由于历史和传统等原因，非洲给中国人提供了大量的商机与淘金的机会，很多中国人在非洲开设工厂，或者开店和开餐厅，不仅带动了当地的经济发展，还给很多当地人带来了就业机会。通过在工厂中劳作换取日常生活所需的费用，当地人改善了生活条件，拉动非洲当地经济的发展，所以很多中国人在非洲还是挺受欢迎的。

此外，由于近年来欧洲遭遇多次经济危机，在欧洲已经站稳脚跟的温州商人、青田商人等开始把目光转向非洲。他们一方面开创了木材、矿产等供

---

① http：//www.sohu.com/a/290889492_ 245753.

应市场；另一方面也开辟了潜力巨大的非洲消费品市场。批发零售业和餐饮业是在非华商的传统经营领域。随着新移民的快速增加，经营领域更为广泛，目前已拓展到旅游业、制造业、房地产业、医疗卫生业等行业。据南非侨社统计，目前在南非的华侨华人已达20余万人，主要以商业贸易、服装鞋帽生产与销售，以及食品加工等产业为主，同时涉及制造业、房地产业等。

中国人在非洲谋生不愿意回国有四个方面的原因。第一，小部分人是被派到非洲支援工作或者是做防疫工作的，他们没办法离开。第二，当地物价不高，很多人习惯了那里的物价后，回国难以接受国内的高物价。第三，非洲人口众多，能提供大量的劳动力，并且成本也不高，为善于经商的中国人提供了机会。第四，中国人在非洲做生意，那里就业压力不大，做生意通常会有很好的收益，几个摊位就足够养活一家人了，这也是他们选择在非洲生活的原因。

中国新移民在非洲迅速发展的同时，也面临着非法雇佣、治安环境恶化等问题。2018 年 7 月，南非移民局会同劳工部和当地警方对开普敦部分商圈及购物中心就雇佣非法移民情况进行了突击检查，并逮捕了数名被非法雇佣的外国人。该事件引起各界对非法雇佣外籍员工事件的强烈关注。南非 2018 年第一季度的失业率保持在 26.7%，特别是年轻失业者占较大比重，限制外国人在南非就业数量的政策其中一项就是收紧移民制度，因此中国移民在非洲不能只赚钱，也需要遵守当地的法律法规。

（五）华人新移民推动客运和卡车行业异军突起

2018 年，中国公民出境旅游人数达 14972 万人次，比 2017 年增长 14.7%。[①] 随着中国出境游客的增多和用车市场需求的旺盛，一些国家的华侨华人热衷从事客运行业，对于习惯了国内便捷的网约车的乘客来说，熟悉当地路况和社会风俗的华人客车司机是不错的选择。因此，出现了的由华人

---

① http：//www. gov. cn/xinwen/2019 －02/13/content_ 5365405. htm.

经营的客运车辆和组织。如法国 VTC 华人职业司导组织是法国华人持有官方 VTC 轻型车辆营运资质的最大的组织，隶属法国华人旅游协会（法国官方协会组织注册登记），其前身为法国华人 LOTI 客运资质组织。法国 VTC 华人职业司导组织拥有正式成员 116 名（VTC 持证成员），V-Classe 级别车 80 辆以上，是法国乃至全欧洲持有官方资质的大型职业接待组织。但是，由于大部分发达国家对承运载客（运营）车辆都制定有相关法规和行政监管，加上包车业务的淡旺和季节性突出的性质，华人司机（兼导游）多年来一直面临着从业合法化等问题的困扰。

2018 年春节前后，日本和意大利相继发生了当地警方大规模稽查取缔华人非法载客车辆的事件。与此同时，当地媒体配合执法行动，对华人从事非法载客业务的行为进行了广泛报道。特别是在意大利米兰，当地出租车和专车司机群体自发围堵华人嫌疑车辆的多个视频更是在社会上引起广泛关注。此次事件不仅打击了业内华人，也让广大遵纪守法从事各业的华人深感痛心。正是由于对该职业性质的深度把握，早年法国华人旅游协会便做出了“鼓励合法，积极推动，包容理解，正面引导”的决策。经过多年努力，逐渐形成了一支在淡季基本能够满足包车需求的合法从业的司机（兼导游）从业队伍。随着从业群体的壮大，其关注点从“黑白”和价格的探讨，扩展到了如何理性维权保护职业群体利益，以及着眼国家产业政策，如何面对将来国家环保新政对载客业务带来的影响，实现了司机（兼导游）队伍职业素质的整体提升。①

在美国，作为主流行业之一的运输业，近十多年来成为在美华裔企业主大显身手的领域，蓬勃发展。特别是新移民为这个行业带来了资金、劳动力，发展很快。目前一些华裔企业主的卡车拥有量可达到百辆以上，而在 2003 年之前，不少华裔企业主从 5 万左右买一辆旧卡车、一两辆车开始起家，到今天不少企业主有 40～50 辆，有的有 100 多辆，也有资金买 15 万左

① 汪亚秋：《社会调查：法国华人司机（兼导游）的合法从业之路》，《欧洲时报》2018 年 3 月 16 日。

右的新车。未来 10 年，在华裔中很可能会出现中型运输公司的企业主。

近 10 年来华裔在美国运输业中异军突起，大致有三个主要原因。一是华裔能吃苦，一天可以开 800 英里，从西岸到东岸，3 天就到了。墨裔、非裔的司机一般开 500 多英里，也就是工作 8 小时，有足够的时间休闲、休息。做卡车司机收入高，年收入约有 10 万元，不少华裔卡车司机工作稳定后，很快具备经济实力购房。二是自 2000 年以后的移民潮成为催动行业发展的主要动力。卡车行业需要大资金投入，近几年中国人有经济实力了，不少人投资做卡车运输公司，办理移民。这个行业不仅需要资金，还需要人力，需要司机，所以如今不少公司都是当初办理投资移民加入到这一行业，加上近年来移民越来越多，有资金、有劳动力，10 年来发展很快。三是华人仓库密集，在卡车运输行业已形成规模优势。由于洛杉矶房地产行业太贵，购买仓库不是特别划算，一般租用，华人会在外州购买仓库。根据全美运输线路图，在从西岸出发、走向东岸的 3 条主要干路上，一路全部有华人的仓库，在卡车运输这个行业里，已经是走到哪里都有华人、华语，全程提供中文服务。这对于司机来说，非常方便。一般只是在亚利桑那州等个别州，通过检查站的时候，华裔司机会因为语言问题碰上一些麻烦。从目前发展趋势看，一般拥有 1 万辆以上卡车的公司，才被称为大型企业，中型运输公司一般拥有 500 辆以上的卡车。10 年以后很有可能有华裔企业成为中型运输公司。①

（六）每年逾5000名中国女性通过跨国婚姻移居日本，人数逐年下降但仍远高于男性

移民和跨国婚姻之间有着微妙的联系，美国、日本、韩国等都曾是中国人婚姻移民的重要目的地。随着国内生活水平不断提高，中国人通过跨国婚姻方式出国定居的人数不断下降。日本厚生劳动省发布的 2016 年人口动态调查显示，日本国内结婚注册数为 620531 对，其中国际婚姻的注册数量为

① 《新移民推动美国华裔卡车行业异军突起》，《美国侨报》2018 年 11 月 13 日。

21180 对，跨国婚姻占 3. 4%，较 2006 年 6. 11% 的比例大幅降低。日本人丈夫与中国人妻子的组合也从 2006 年的 12131 对减少至 5526 对，呈显著下降态势。

跨国婚姻移民与迁入地经济发展密切关联。日本对国际婚姻的统计始于 1965 年。统计显示，当年的国际结婚仅 4156 对，随后日本经济高速发展，通过婚姻移入日本的人数也呈逐渐上升态势，1983 年 1 万对、1989 年 2 万对、1999 年 3 万对、2005 年突破 4 万对，在 2006 年达到峰值的 44701 对之后开始回落。2008 年减少至 3 万对左右，2011 年减少至约 2 万对。截至 2016 年，跨国婚姻的比例从 2006 年 6. 11% 降低至 3. 4%。

从国籍来看，外国妻子当中最多的为中国人，共有 5526 人，占全体比例的 37. 2%。第二位为菲律宾人，共有 3371 人，占全体比例的 22. 7%。韩国人与朝鲜人位居第三，共有 2031 人，占全体比例的 13. 6%。另一方面，外国丈夫当中最多的为韩国人与朝鲜人，共有 1627 人，占全体比例的 25. 7%。第二位为美国人，共有 1059 人，占全体比例的 16. 7%。中国人居第三，共有 790 人，占全体比例的 12. 4%。

在中日跨国婚姻中，中国妻子有 5526 人，虽然相对于高峰期的 12131 人有了大幅下降，但仍远高于中国丈夫 790 人。据日本厚生劳动省的统计数据，中国人与日本人的国际婚姻数，自 1996 年以来一直处于日本国际婚姻第一位，2000 年首次突破万人大关，几乎占日本当年国际婚姻总数的三分之一。在黑龙江省方正县，2011 年前后每年都有 200 名以上的该县女性嫁到日本，超过方正县每年登记结婚的新人总数的十分之一。[①] 通常，中日跨国婚姻的途径主要有三种。一是通过恋爱结为夫妻，近年来中日两国之间旅游、留学和就业的人不断增多，相互之间熟识后恋爱结婚。二是通过跨国婚介实现中日联姻，随着互联网的普及和人员往来的频繁，这种跨国婚介遍及中国和日本，很多年轻人通过这种途径实现婚姻。三是一些人为达到出国目的进行“假结婚”，这种跨国婚姻数量不多但影响很坏，随着政府强化对

① https：//www. sohu. com/a/16397072_ 110565.

“假结婚”的打击力度，中国女性通过“假结婚”方式进入日本的人数已大幅减少。

三　深化族群和谐，融入在地社会

在迁移和定居过程中，国际移民面临的压力主要有谋生压力、身份压力、族群压力、教育压力、融合压力等。如何快速、顺利地融入新的文化和环境当中，并且避免在这一过程当中因为遭遇障碍而产生心理压力，是所有新老移民都曾经面临的问题。目前，华人新老移民在侨居地仍然面临着就业、生活、教育等多方面的隐形歧视。海外华人并非都是“富人”“精英”，大多数华人每天为家庭事业奔波，承受着各种各样的压力。移民在适应新环境的过程中会出现各种各样的问题，融入问题涉及政治、经济、文化、社会等多种因素。积极主动地帮助移民，让一些在融入当地社会过程中因文化、价值观等差异而产生压力或者心理问题的移民能够得到社会的帮助，让他们克服困难融入当地，而不是逐渐被边缘化，是很重要的问题。

（一）深化族群和谐、推动多元文化成为移民输入国的各方共识

1900 年 8 月 15 日是巴西官方记录的第一批华人抵达巴西的日子。中国首批移民在里约热内卢、圣保罗等地种茶、开路，为巴西社会经济发展做出了卓越贡献。2018 年 6 月 26 日，巴西总统特梅尔签署法令，将每年的 8 月 15 日定为“中国移民日”。这是巴西侨界的一大盛事，标志着在巴西的国土上华侨华人第一次有了自己的法定节日。“8 月 15 日”不仅是巴西官方记录的第一批中国移民于 1900 年抵达巴西的日子，还是中巴两国于 1974 年建交的纪念日。“中国移民日”的设立，是巴西政府对巴西华侨华人所做贡献的充分肯定，向全球华人展示了巴西华人在融入当地社会方面取得了重要进步，也表达了巴西人民对巴中友好关系的殷切期盼。

2018年5月，来自全澳各地、各界、各族裔的代表近2000人汇聚悉尼市政厅，举行“澳大利亚各界纪念华人来澳200周年大会”。澳大利亚联邦总理特恩布尔、联邦反对党领袖比尔·肖顿及全澳6个州的州长及2个领地的首席部长，悉数给华人社区发来贺信，赞赏华人为澳大利亚做出的巨大贡献。此外，2018合欢奖澳大利亚十大杰出华人青年评选活动也肯定了华人青年对社会做出的重大贡献。根据统计，澳大利亚华裔公民超过120万人，占总人口的5%，华人为澳大利亚社会奉献、牺牲、坚守，做出巨大贡献，使澳大利亚社会成为世界上最成功的多元文化社会之一。据记载，第一位有记录的抵达澳洲的华人是1818年从广东来的移民麦世英先生。主流社会对华人的重视，首先说明华人是澳大利亚社会的重要组成部分，澳大利亚各界对华人的巨大贡献有着广泛共识与高度尊重；其次说明深化族群和谐、推动多元文化、促进中澳友好，同样在澳大利亚有着广泛共识。

2018年4月22日，加拿大温哥华市长罗品信（Gregor Robertson）在位于唐人街的大温哥华中华文化中心，面向大约500名华社民众及其他族裔人士、加拿大三级政府代表和媒体记者，代表市议会和市府就温哥华市早期歧视华人的历史正式向华人社区道歉。1885～1923年，加拿大政府向8.1万名中国移民征收了总计2300多万加元的“人头税”。1923年7月1日，加拿大政府又开始实施被称为“排华法案”的《华人移民法案》，对华人彻底关闭移民大门。此后的25年间，获准合法进入加拿大的华人移民不超100人。大量加拿大的华人劳工从此与妻儿天各一方，团聚无门。该法案直至1947年才被废除。二战时有600多名华裔青年参军入伍，以鲜血和生命，为华人争取到投票权等合法平等的公民地位。总体来看，在针对华人的种族歧视政策问题上，加拿大官方的道歉经历了从国家到省再到市一级层面的延伸，时间跨度超过10年。

新西兰是首个举办中文周的西方发达国家。2014年5月24日，“新西兰中文周”在新中友好协会年会上宣布成立。5年来，每年的中文周都有亮点。2018年9月的中文周，新西兰全国多地举办各种庆祝活动，也吸引了新西兰各界人士的参与和支持。新西兰总理杰辛达·阿德恩（Jacinda

Ardern）及新西兰警方、各地市长纷纷录制了祝福小视频，他们在视频中鼓励更多新西兰人学习中文，促进对华人和中国文化的理解，欢乐气氛非常浓郁。国会也响起了中文的祷告词，这也开创了新西兰历史上的第一次。为了庆祝中文周，新西兰孔子学院的志愿者教师组织了丰富多彩的文化活动，帮助学生们了解中国文化，感受中国味道。新西兰“中文周”是民间发起、政府支持的活动。作为西方国家自主筹办的首个中文语言周，这种全国性推介中国语言文化的“中文周”日前还没有在其他国家举行过。新西兰教育部2017年6月统计数据显示，该国354所初中和小学的6.4万余名学生正在学习中文，普通话已经成为在新西兰学校开设第二语言学习课程中增长最为迅速的一种语言。

根据澳媒SBS所公布的调查报告，由慈善事业斯坎伦基金会（Scanlon Foundation）所进行的2018年度社会凝聚力测验显示，超过五分之四的澳大利亚人认为“移民是很棒的”。该研究随机找了1500名澳大利亚本地人作为受访者来进行调查，发现超过82%的受访者认为移民带来了新思想文化，完善丰富了澳大利亚社会。至于在移民数量方面，有52%的受访者认为目前移民数量“刚刚好”甚至是“过少”。多项调查数据显示，支持多元文化移民的人数占比一直在83%～86%之间。也就是说，澳大利亚更多的民众支持文化的多元性，对来自世界各地的移民是比较宽容的。在调查中，大多数受访者认为移民文化应该是一个双向的过程，澳大利亚本地人和来自海外的移民要互相适应。54%的受访者认为移民应该尝试使自己的生活习惯和处事方式融入澳大利亚社会。与此同时，37%的人表示少数民族应获得政府的援助，以维持其习俗和习惯，在尊重对方的同时，又确保了澳大利亚社会具有多元的文化。

（二）海外华人族群性意识增强，多种方式参政，争取更多话语权

华侨华人在住在国的地位不断提高，一个重要原因是中国的改革开放令国家强大，让国际社会另眼相看，祖籍国的发展也增强了华侨华人的自信心，他们通过多种方式参与当地政治活动，拥有了更多话语权。2018年美

国中期选举华裔参选热情空前高涨，华裔参选人十分踊跃，既有新移民参选，也有老将披甲再战，还有华裔新人初试牛刀。选举结果揭晓后，华裔参政成果喜人，美国国会众议员孟昭文、赵美心、刘云平皆以大比分连任。州一级争取连任的华裔议员也成绩不俗，刘醇逸成为进入纽约州参议会亚裔第一人，张理高票当选密歇根州参议会第一选区州参议员，书写了所在州华裔参政历史。在加拿大，来自中国香港的伍凤仪 2018 年 7 月出任加拿大小型企业及出口促进部部长，这是现任总理特鲁多内阁的首位华人部长，也是加拿大联邦政府历史上第二位华人女性部长。在德国，杨明竞选法兰克福市市长，开欧盟国家亚裔竞选大城市市长先河。在新西兰，杨宗泽成为该国首位通过竞选产生的华人议员。在巴拿马，张俊华递交申请，是首位参选拉乔雷拉市（La Chorrera）市长的华人。现在，在五大洲的各个角落，海外华人正越来越多地参与到当地政治当中去。很多国家出现了华人市议员、省议员、联邦议员等。通过多种方式参与政治，努力让其他族群听到华人的声音，在维护华人正当权益的过程中捍卫一个公平、包容的社群所推崇的信念与价值观。

海外华人精英积极参选，华人社团主动维权，各地华社在助选、维权和培养华人参政意识方面的努力卓有成效，推动了华人参政意识的群体性觉醒。这体现在不仅有越来越多的华人在政坛发声，更体现在华人开始带动群体共同提高政治参与度。比如 2016 年由四名华裔青年在美国加州尔湾市成立了“孵化器”，这一组织通过传递政治议题、组织辩论和演讲等多种活动，给青年人提供了参与政治活动的机会。据统计，有 1000 多名华裔青年从中受益。英国华社也成立了“华人参政计划”，积极推动华裔参与英国的政治生活和社会事务。

随着华人经济地位的提升，他们的诉求从原先的生存发展逐渐转变为通过参政来维护自身利益，重视培养华裔青少年的参政意识。现在，海外的一些华社重点关注为当地做出贡献、掌握当地语言、与当地主流社会交往较多的华人精英，培养他们参与政治活动，甚至是参加竞选。一方面，现在华人群体的经济实力和受教育程度都在提高，这引发了华人参政热情的提升；另一方面，在当地长大的华二代、华三代更了解住在国政治体制，也更有意愿参与其中；此外，华人在一些地区的相对人数优势也为华人精英参选贡献了选票。

（三）走出“华人圈”，通过关心和参与社区活动融入主流社会

华侨华人要想融入当地社会，在时间和经济允许的情况下，应该尽可能地走出“华人圈”，跟当地社会主动交流。但这其中又有一个文化对接的问题，如何让华侨华人从感兴趣、易参与的方面融入社会，找到华人群体真正需要的东西，这是解决融入问题的关键。“走出”华人生活圈，少不了华人社团的努力，也需要当地社会和相关机构给他们提供不同的选择机会，让华人能够主动融入，这是一个渐进的过程。

由于不少华人移民从事餐馆、旅游等服务性行业，因此在传统观念中，节假日往往是赚钱的好时机，参与社区活动的热情并不高。尽管不少传统而勤劳的华人移民，往往选择在节假日期间继续工作，但也有越来越多的华人新移民积极参与社区庆祝活动，融入主流社会。比如随着近几年大量华人新移民定居洛杉矶，一些华人社区组织带动着新移民，通过关心和参与社区活动融入主流社会。在洛杉矶东区华人移民聚居地哈仙达岗（Hacienda Heights）和罗兰岗（Rowland Heights），不少华人首次参加了7月4日美国独立日游行活动。虽然要在烈日下步行约2.4千米，但新奇的体验让他们感到十分激动。在这个有特殊意义的日子，向更多华人介绍美国独立日的历史，以及如何融入美国主流社会。参加这样的活动，才能表示华人是社会中的一员。要继续参加社区活动，才彰显出华人对社区的融入和贡献。在很多新移民的聚居区域，活动对于新老移民、第二代移民等，都是很好的教育。①

新一代华人有不一样的人生观，有更多的可能和能力去选择自己的生活。现在新一代华人从事的职业更多更广了，这让他们对当地社会有了更多的接触机会，增加了对主流社会的了解。华人作为少数族裔在住在国生活，

① 美国侨报网，2018年7月5日。

不能固步自封，须与人交流互动，在保留自己传统文化的同时，处理好个人与整体和社会的关系，不单接受主流社会的生活方式，更要通过参与社区内外的有益的事务和活动，积极融入主流社会。

（四）本土化是华侨华人顺利融入当地的重要途径，公共服务需要华人参与

西班牙全国个体户和自雇式专业工作者联盟（ATA）的数据显示，每10个自雇人士（也称个体户或自主经营者）里面就有一个是外国人。也就是说，在320多万的自雇人士中，外国人占10%，共有32.254万人，其中17.1%的外国自雇人士来自中国，在所有外国自雇人士中人数最多。经商是中国人海外谋生的重要途径，然而，“他们只雇自己人，卖中国货”也一度成为一些西班牙人指责华商的主要原因。如何在经商过程中获取当地民众的信任和支持，西班牙华人服装零售企业Mulaya进行了积极的尝试。据媒体报道，Mulaya近年来实施了新的策略，把华人雇员全部调到仓库和管理部门去工作。现在，这家华人服装连锁的门店内，服务顾客的店员已全部都换成西班牙人和拉美裔了。与此同时，他们还加强了橱窗的美化，细化了对顾客的服务，追求品牌“西化”，让消费者不再将这家公司视为中国时尚连锁店。这种本土化策略使公司获得了很大发展。该公司现在有200多名员工和30多家连锁店。马德里集中了他们的大部分店面，同时在萨拉戈萨、瓦伦西亚、加泰罗尼亚都有“Mulaya”的分店。① 此外，在酒吧、报刊、百元店等华人涉足的领域，本土化策略改变了“华人抢了当地商家的饭碗”的看法和偏见，由于许多华商改变了以往的做法，在用人和所经营的商品上，不同程度地实施了“本土化”，为当地创造就业机会，销售了本地产商品，并且繁荣了经济的同时，也为华人自身创造了良好的外部发展环境。

南非伊力达毛毯厂只有10多名中国管理人员和工程师，却给当地创造

---

① 《西班牙联合时报》2018年4月3日。

了460～560个直接就业岗位。非洲商贸城集团由一对中国夫妇投资经营，是南非最大的中国连锁商城，占地10万平方米，店铺面积3万平方米。有400多个铺位出租，商户来自中国、印度、巴基斯坦、南非以及其他非洲国家。商城的顾客来自南非甚至整个南部非洲地区。据估算，平均每个月商城要接待顾客180万人次。商城管理十分当地化、正规化，各种经营活动也都合规守法。作为一个以批发为主的商城，非洲商贸城的商品物美价廉，很多南非当地民众喜欢举家来这里选购心仪的服装、鞋帽、箱包、五金商品及厨卫用品等。除了非洲商贸城，集团在约翰内斯堡和德班还各有一个商城。集团已在南非投资经营3个商城，提供了600多个摊位，满足了3000多当地人就业，孵化了当地很多中小企业，给当地民众带来了实实在在的好处。①

通常，参政是为华人社区发声的有效途径，但不是唯一途径。与社区日常生活联系更加紧密的医生、护士、警察和教师等职业同样是提升华人影响力，为华人社区提供帮助的好选择。而在相关公共服务领域中，华人的代表性不足的情况较其他少数族裔更为严重。华人家庭的责任和压力通常会使得他们更注重朝着家庭对他们的期望发展。相比警察，家长们显然更愿意让子女从事律师或者会计等方面的工作。根据公开资料，在英国国家医疗服务体系（NHS）雇员中，只有1%来自华裔。在全英格兰所有学校中，华裔老师只占到了0.2%。而在英格兰和威尔士43个警区近20万警员中，华裔人数还不到0.7%。在近年的多项有关职业认可度调查中，护士、医生、教师和警察一直都是最受英国人信任和尊重的职业。英国市场调查机构Ipsos MORI自1983年起发布信任指数（Veracity Index）。在2017年的指数中，护士、医生和教师分别以94%、91%和87%的信任度排名前三，而警察作为执法人员也拥有74%的信任度，在所有职业当中排名前十。在这些领域为包括华人社区在内的更广阔英国社会服务，不仅有助于提升华人社会地位与形象，工作中得到满足感和归属感更能够培养在英华人的参与意识。

① https：//www.fmprc.gov.cn/zflt/chn/jlydh/dfwl/t1541847.htm.

（五）华语影像作品是中华传统文化海外传播的重要载体

影像作品是现代社会文化传播的重要途径。近年来海外华人社会涌现出一批反映中华文化的电影作品，为推动中外文化交流做出了贡献。华裔导演温子仁在2018年度火爆影片《海王》中融入了很多中国元素。1977年出生的温子仁，如今是好莱坞炙手可热的华裔导演。作为出生在马来西亚、成长在澳大利亚的华裔，温子仁在成长过程中确实受到中华文化影响很深。其执导的《电锯惊魂》《速度与激情7》等影片在全球大卖。2018年11月18日，在《海王》的北京发布会上，温子仁说："虽然出生在海外，但我从未忘记祖籍国，这次'回家'非常兴奋，也很高兴能把自己最自豪的一部作品带到中国，和'家里人'分享。"在谈到《海王》和孙悟空的异曲同工之妙时，温子仁说："我从小就非常喜欢《西游记》，孙悟空这个角色非常棒，而且这些角色背后所蕴含的哲理也是令人振奋的，我的祖父母从小就给我讲这些中国故事"，"我会把中国神话融入我的电影"。可见华裔身份对温子仁的电影作品影响很大，其电影作品展现的中华文化元素，无疑会增加当地民众对中国和中华文化的认识和理解。

此外，首部由华人女性导演石之予执导的动画短片《包宝宝》，英文名为*Bao*，蕴含着两层意思：既是指中国美食"包子"，也是指父母心中的"宝"——孩子。影片以加拿大多伦多的华人社区生活为背景，讲述一位华人妈妈因儿子成年离家而郁郁寡欢，却意外成为一个由包子变成的"包宝宝"的妈妈，是一个有关亲情和爱的温暖故事。由美国华裔导演朱浩伟执导的《摘金奇缘》，也是一部讲述亚裔故事并全部由亚裔主创人员创作、亚裔演员出演的主流大片。

还有很多华裔导演选择用镜头表达观点、吐诉心声，影像已经成为华裔导演记录华人生活百态、传播中华传统文化的载体。镜头可以记录生活，也能表达情怀，越来越多的华裔导演扛起镜头去挖掘华人生活中的闪光点。正是这些立足华人群体的华裔导演，让每一个渺小的华人透过镜头熠熠生辉，让所在地民众更加理解华裔群体。

当然，华语影像作品面对国际市场时还有很多挑战，比如中国习惯的叙事语言，与已经被好莱坞同化的国际叙事语言有很大差别，对中文对白和中式表演风格，西方人也很不习惯，华语电影距离找到讲述中国故事的有力方式还有很长的路要走。

（六）提升融入意识，便民服务措施频出

2018 年 8 月，意大利特伦蒂诺华人协会在省府大楼举行新闻发布会，首次推出中文版《特伦蒂诺华人实用手册》。手册涵盖了华人日常生活中所涉及的各种信息，以及相关社会服务机构的介绍。其中包括政府部门、社会服务机构的职能，办公时间、地址、业务范围等。手册还通过案例和生活经验的分享，向侨胞介绍了诸如办理居留、申请入籍、看病、学习、购物、乘车、信息查询等与侨胞生活息息相关的信息。该手册是当地华人协会“提供社区专业资讯”服务项目的一部分，其目的在于帮助生活在特伦蒂诺的中国侨胞了解当地政策，方便侨胞的日常生活和工作，助力侨胞融入当地社会。

从华侨华人经常遇到的困难来看，在融入当地社会时存在的最大问题主要包括语言障碍及法律意识缺乏等。2018 年，巴塞罗那华助中心开通了一部热线求助电话，同时华助中心编制了一本当地华侨华人生活指南，帮助华侨华人更便捷地获得社会资源。针对华人面对治安问题不向警察报案的现象，自 2016 年起，西米德兰警方与英国积极华人计划（Chinese Active Citizens UK）在伯明翰共同举办了一系列活动，如警方安全知识讲座、警局参观访问、打击现代奴役及人口贩卖讲座等。这些活动促进了警方与当地华人群体间的有效沟通，加深了双方之间的了解，并形成了更深层次关系的纽带。

2018 年 5 月 21 日，一本为英国华侨华人提供全面服务的“生活大全”——《英国华侨华人生活指南》发布会在伦敦“唐人街”举行。该书由英国华助中心编辑出版，内容丰富全面，以实用为主，刊录了英国大量公共服务资讯，其中包括英国国家体制、移民法、房屋、教育、就业、福利、

医疗、婚姻、出生登记、丧葬事务、税法、保险、驾车 13 个章节。《英国华侨华人生活指南》还收录了英国各部门、中国驻英国大使馆及各领事馆的联系方式，刊印了华人社团和中文学校的通讯录。不论是已在英国落地生根、还是初来英国的华人，都能通过《英国华侨华人生活指南》找到实用的信息。

据德国之声中文网报道，在意大利北部山谷，考虑到当地中小学里有 20%学生是华裔——这远高于意大利的平均水平，融合问题尤其紧迫。巴尼奥洛和巴尔杰的学校逐步实施了一些针对华人学生的服务，例如安排文化调解员，特别开设意大利语班。尽管资金和人力不足，还是有很多华裔年轻人成功地融入了意大利社会，离开了山城，前往其他地区工作学习。

（七）传统唐人街华人人口减少，唐人街文化魅力不降反升

唐人街是海外华侨华人的历史见证。尽管近年来出国定居的中国人不断增多，但在传统唐人街居住的华人人口不增反降。据人口普查数据和纽约市社区地图，曼哈顿唐人街的华裔人口自 2000 年以来已经下降了 30%。由于华侨华人在住在国的地位渐渐提高，第二代、第三代华人已逐渐融入当地主流社会，年轻华人更喜欢选择在城市的其他地区居住；加上唐人街的房子虽然住的是华人，可产权不一定属于华人，在唐人街变得受欢迎之后，当地的租金价格飞速上涨，也导致很多华人不得不选择离开。因此，一些唐人街出现了华人人口迁离、人口老龄化的现象。现在很多唐人街已经成为中华文化区的代名词，其商业、娱乐及各种文化设施都体现出浓厚的东方色彩，未必再有华人聚居地的本意了。

随着唐人街人口的变化，古老的华人社区是否能够维持，养活这个社区的食品杂货店和特色食品店将会延续下去吗？社区的华人之所以能够不断为维系社区提供养分，原因之一就是这些商贩的存在，人们对社区高阶层化改造的想法严重挤压了小摊贩的活动空间。实际上，有这些购买需求的不只是华裔顾客。虽然这些摊贩的顾客群过去更多的是第一代华裔，但现在也有更多的第二代华人和非亚裔。

一些食品店主在唐人街经营着第一代或第二代的家族生意，虽然有些人认为唐人街正在衰落，也有一些人认为它只是在经历一个过渡期。比如，一些小摊贩也在适应社会需求的过程中不断改良，供应亚洲美食的改良版，以吸引热衷“小吃”、“吃货文化”的年轻食客。同时店面还在售卖传统的豆腐、其他豆制品以及年糕，服务唐人街的老居民。一些店铺的业务和所在街区与之前相比有了很大变化，从前的邻居可能是十来家其他华人的海产店，现在变成了一家冰激凌店、一家越南餐馆及其他店铺。一些新开的海产品市场和餐厅，菜单也不局限于中式，而是混合了犹太、西班牙和亚洲美食，以此向这片社区的历史致敬。

除了饮食业，唐人街还有刺绣、中国古玩等，以及华人子弟学校、同乡会、俱乐部、影剧院等，成了富有中华民族特色的街区。每逢春节，这里均要龙灯、舞狮子，爆竹声中除旧岁，保留着中国的传统风俗。时代在发展，随着新移民的到来和大量华裔新生代文化水平的提升，唐人街也将散发出新的魅力。

四 政策收紧影响部分华侨华人

2018 年，一些国家民粹思潮泛起，入境入籍政策发生变化，美国、加拿大、澳大利亚等国中国移民面临新挑战；一些国家对以往政策加强执行，令不少习惯不良的入境者“中招”。中国移民为避免入境受阻，入境前有必要做更充足的准备，既包括了解违禁品常识、想好例行问题的妥善回答等，也包括更充分的“心理建设”，以免真正遇到问题时而手足无措、答非所问，给自己招引更大麻烦。另一方面，吸引精英移民的购置房产、投资、海外留学等门槛不断提高，在热门移居目标国中，排队等待绿卡、入籍等现象不断增多。

（一）部分移民大国入境入籍政策趋严，中国人移居之路充满新变数

2018 年，一些移民输入大国调整甚至收缩了原先的移民政策，中国人

移民国外的迁移之路充满了新的变数。美国特朗普政府的移民政策变革可谓是大刀阔斧，不仅让非法移民无处藏身，合法移民的数量也被缩减，技术移民签证收紧，各类签证申请审核趋严。2月22日，美国公民及移民服务商（USCIS）在其公布的《使命宣言》（Mission Statement）中，不再提“美国是移民国家”，并且不再用“客户”来定位申请者，此前视移民为“客户”的服务态度发生了本质性变化。在加拿大，魁北克省年初宣布对投资移民申请者的家庭资产要求从160万加元提升至200万加元；全额投资由80万加元涨至120万加元，5年后无息返还。一次性不返还投资方式由22万加元涨至35万加元。在澳大利亚，中国投资移民占比不断提高，中国人主要定居在悉尼等大城市，但澳大利亚政府在10月宣布：新移民需要定居偏远地区5年，以此推动澳大利亚边远地区的开发。南澳、昆士兰州、新南威尔士州等地在2018年都宣布暂停接受188类和132类商业移民申请，堵住了不少中国移民者的道路。

2018年10月10日，美国国土安全部（DHS）在联邦公报（Federal Affairs）上公布了《公共负担不予受理》（Inadmissibility on Public Charge Grounds）新规，即在美合法移民或其家庭成员曾经使用过公共福利，如食品券或“第八章房屋补助券”者都可能会被拒绝获得绿卡，旨在减少国家负担。此举可能会迫使数百万依靠公共援助获取食物和住所的贫困移民不得不在接受经济援助和寻求绿卡之间做出艰难抉择。许多年龄较大的移民通过老年医疗服务计划（Medicare D）获得低成本处方药，也可能被迫停止参与这项受欢迎的福利计划，否则将被视为没有资格获得合法居民身份的“公共负担”。这项新规只适用于申请签证或永久居留身份的人。而大部分已经取得绿卡以及申请入籍的人，不受影响。但是移民拥护者表示他们担心拥有合法公民身份的移民将停止使用公共福利来保护他们的身份。美国政府表示，这项规定每年将影响约382000人，这是特朗普及其助手对合法和非法移民的一系列激进打击中的最新一项举措。一些持美国绿卡的华人，此前曾享受过医保等福利，因担心政府秋后算账，害怕罚款、坐牢或被驱逐，索性放弃绿卡回到中国。一些华人担心公共负担定义扩大，产生、弥漫恐慌气氛，甚至不敢去看病。还有一些华人加紧办理入籍，2018年考虑入籍的人增长近70%，因为入籍后再剥夺身份就难很多。[①]

美国对雇用非法劳工的处罚很重，华人新移民尤其需注意。国外一些华人中餐馆、洗衣店等，为降低经营成本或其他原因，喜欢雇用没有任何合法证件的劳工，而且未核实其移民身份。他们用现金支付这些非法工人工资，且为其提供住所。无证非法劳工移民，在美国多从事的是低技能行业，工作强度大，体力要求高，工资却较低。这样的劳动力低价而好用，成为一些雇主甘冒风险的主要原因。2018 年 8 月底，美国移民和海关执法局（ICE）突击检查了位于北德州小镇 Paris 外的一家汽车制造工厂。抽查发现，这家从事拖车生产的工厂，雇用了多名不具备合法工作身份的非法劳工。美国移民和海关执法局公布的数据显示：2017 年 10 月到 2018 年 5 月，ICE 总计对全美 3510 个工作场所进行突击检查，核查 2282 份证明雇佣资格的 I－9 表格，抓捕 594 名违法者。该数字较 2016～2017 年同期，足足增加了一倍多！如此震慑之举，无疑给非法移民和试图降低成本雇用非法移民的老板们敲响了警钟。在加大打击雇用非法移民的同时，美移民局也鼓励雇员举报雇主。按照规定，美国公司在美国国内招募不到合格的技术员工时，美国 H－1B 签证允许其聘用外国高技能人才。但近年来，H－1B 项目被不少雇主滥用。因此，美国移民局开始对工作移民违规欺诈行为加大打击力度，鼓励员工举报雇主的不合规行为，甚至用绿卡作为奖励。[②]

2018 年，美国国会研究服务部（Congressional Research Services，CRS）发布了一份职业移民的国别限额分析报告。CRS 是独家为美国国会参众两院立法委员会及立法委员们提供政策和法律分析的美国官方智库。根据该报告，职业移民签证从 1999 财年的 56817 份，增加到 2005 财年的峰值 246877 份，再到 2017 财年的 137855 份（占所有移民签证 1127167 份的 12%）。关于是否应该支持取消国别限额，支持方认为职业移民的国别配额限制直接导致美国劳动力市场对特定国家（印度、中国、菲律宾）的外籍员工存在国

---

① 〔美国〕《世界日报》11 月 13 日。

② 〔美国〕《世界日报》2018 年 10 月 8 日。

别歧视，这恰恰违背了美国劳动法有关“公平”的定义。反对方主要的理由是一旦取消了国家配额限制，大量来自印度、中国的申请人将迅速占领美国职业移民市场，形成绝对统治。CRS 指出，一旦取消国别限额，印度和中国的申请人将占据大量配额，同时，印度和中国的职业移民数量增长还将对亲属移民的签证分配带来后继的影响。

2018 年，特朗普政府不仅对非法移民开始了严厉打击，越来越多已经加入美国国籍的移民身份也正在遭遇严厉的调查与质疑。一旦发现问题，国籍就会被剥夺。从 2017 年到 2018 年，在洛杉矶的小组已将 130 起案件移交司法部，有 9 人被剥夺国籍。司法部指出，《移民和国籍法》（Immigration and Nationality Act）规定，在发现入籍者通过隐瞒信息非法获得公民身份时，可撤销其美国国籍。公民身份可以通过民事诉讼或者行使定罪来撤销。尽管取消一个人的美国公民身份的手段早已经存在多年，但事实上很少会被使用到。2018 年洛杉矶美国公民和移民服务办公室成立了一个新单位，专门用于审查自 1990 年以来美国公民的个人记录。《纽约时报》引用司法部的数据显示，近年来对国籍撤销提起民事诉讼的案件已经呈现上升趋势，从 2009 年到 2016 年，平均每年提起 16 起，在 2017 年 1 月 ~2018 年 11 月期间，共提起 65 起，数量急剧上升。

尽管许多国家要求雇主证实该岗位本国人民无法胜任才能招聘移民，以杜绝移民剥削，但移民剥削丑闻仍然频出。新西兰之音（RNZ）报道称，雇主为压低商业成本，招聘“廉价”的移民的情况依旧显著，而移民作为弱势群体，怯于发声。该情形一方面有损行业良性发展，另一方面破坏了“保护本国人民就业”原则，同时也放大了人们对移民体系是否廉正的疑虑。由于签证等待时间长，政策变化频繁，移民局标准严苛令技术移民对新西兰的居留签证望而却步。

美国的国际留学生数量在经过多年的强劲增长之后，近年来增速放缓。根据《2018 美国门户开放报告》数据，美国国际留学生总数达 109 万人，同比增加 1.5%，是 2005 ~2006 年度以来的最低增速。以持有美国 F1 签证的学生来看，中国学生在其中占比相当高。2017 ~2018 学年赴美留学的中国学生达 36.3 万人，但新入学人数特别是低龄留学生人数下滑明显。数据显示，在美国的中国低龄留学生，2016年有34000人，到2018年下降至25000人。① 此次的赴美潮遇冷其中一个重要原因跟特朗普当局的政策有关。特朗普上台后发出的反移民讯号以及收紧学生签证政策，让申请人望而却步。

根据澳大利亚移民局官网的规定，凡年满18周岁在澳的永久居留签证持有人，澳大利亚或者新西兰公民，合法在澳居住两年即可担保父母移民。在中国境内申请澳大利亚父母移民签证主要有103类、143类及173类。103类父母排队移民，也叫作非付费父母移民签证（申请人的子女需在澳大利亚住满两年以上），审理时间长达30年或更长。贡献类父母临时签证173类，简单来说是将143类签证所需的贡献费分两期付款，先得到两年的临时签证，两年内申请143类签证转永居，适用于想移民但是资金比较紧张的父母。贡献类父母移民永居签证143类即永居签证，适合有澳大利亚担保人或173类签证持有人申请。由于103类父母排队移民的审理已经排到了30年后，现在中国国内父母赴澳办理签证主要是后两类签证（见表3）。

表3　澳大利亚签证类别及费用

<table>
<tr><th>何时支付</th><th colspan="2">类别</th><th>143类费用</th><th>173类费用</th></tr>
<tr><td rowspan="3">递交申请时
签证申请费</td><td colspan="2">主申请人</td><td>AUD3770</td><td>AUD2540</td></tr>
<tr><td colspan="2">18周岁以上申请人</td><td>AUD1270</td><td>AUD1270</td></tr>
<tr><td colspan="2">18周岁以下申请人</td><td>AUD640</td><td>AUD640</td></tr>
<tr><td rowspan="3">签证申请批准前
押给银行的押金</td><td rowspan="3">银行押金</td><td>主申请人</td><td>AUD10000</td><td>AUD10000</td></tr>
<tr><td>18岁以上申请人</td><td>AUD4000</td><td>AUD4000</td></tr>
<tr><td>18岁以下申请人</td><td>0</td><td>0</td></tr>
<tr><td rowspan="3">签证申请批准时</td><td rowspan="3">贡献费</td><td>主申请人</td><td>AUD43.600</td><td>AUD29130</td></tr>
<tr><td>18岁以上申请人</td><td>AUD43.600</td><td>AUD29130</td></tr>
<tr><td>18岁以下申请人</td><td>0</td><td>0</td></tr>
<tr><td rowspan="3">173类转143类申请批准时
二期贡献费</td><td rowspan="3">二期贡献费</td><td>主申请人</td><td></td><td>AUD19420</td></tr>
<tr><td>18岁以上申请人</td><td></td><td>AUD19420</td></tr>
<tr><td>18岁以下申请人</td><td></td><td>0</td></tr>
</table>

资料来源：http：//immi. homeaffairs. gov. au。

① 《羊城晚报》2019年1月10日。

2017 年 5 月 10 日，澳大利亚移民助理部长亚历克斯（Alex）透漏：澳政府推出父母高额付费临时签证，拟代替现有的父母移民签证，新的父母临时签证分 3 年和 5 年，父母在澳大利亚居住最长 10 年，将不被允许申请永居权。新的签证规定，所有澳大利亚公民、永居居民以及符合资格的新西兰公民都可替父母申请，允许父母居留的时间和花费分别为：3 年为 5000 澳元，5 年为 10000 澳元，10 年为 20000 澳元，要想获得 30 年居留权的费用为 50000 澳元。如果申请短期签证，10 年期满后申请者不得再另外申请永久居留签证；此外，每年发放配额为 15000 个。此举不仅让移民父母无法申请到永久居留签证，而且移民者父母不再享受澳大利亚医疗保险福利，不准工作，子女被强制性担任父母在澳大利亚额外医疗费用的担保人，并支付相应的私人医疗保险费用，这个政策于 2017 年 11 月实施。显然，这次移民政策调整直接针对父母移民。2017 年 10 月，澳大利亚政府宣布出台新移民政策，新拿永久居留签证的移居者，前五年不得住在悉尼、墨尔本。据称出台这一政策是为了缓解人口分布不均问题，但至少造成将近 45% 的移民，必须强制待在偏远地区。统计数据显示，截至 2017 年 6 月，墨尔本人口增长了 12.5 万，其中移民就占了 8 万，相当于总增长人数的 64%。而悉尼的移民比例甚至超过墨尔本：人口增长 10.2 万，移民占了 8.5 万，相当于83%。过去 10 年间，澳大利亚 60% 的人口增长来源于海外移民，而其中近 90% 的技术移民都定居在悉尼和墨尔本，在这两个地方的移民分别占到总移民人数的 27% 和 26.3%。[①]

与国外的移民政策充满变数不同，中国的出入境与居留政策越来越宽松和便捷。2018 年 2 月 1 日，中国公安部 8 项出入境便利措施正式启动，其中，为外籍华人提供签证、居留便利的“专属条款”引发海外华社广泛关注。“来华探望亲属、洽谈商务、开展科教文卫交流活动及处理私人事务的外籍华人，可按规定申请 5 年以内多次入境有效签证”这一条款，既体现了中国对外籍华人居留便利诉求的回应，也满足了华人对故乡的情感需求。

---

① http：//www.sohu.com/a/259867697_ 100022586.

2018 年 7 月，中国人力资源和社会保障部宣布海外人员领取养老金认证将改为互联网视频认证模式。在此之前，退休人员领取养老金资格认证类似“年审”。海外华人通常每年需要去一次中国驻外使领馆开具“健在确认表”，申请人向使领馆工作人员提供有效护照、居留证件并填写《在境外居住人员领取养老金资格审核表》，“自己证明自己还活着”。很多中国驻外使领馆集中在每年一个时间段开放这种服务。而每一次“年审”有效期是 12 个月，如果从第 13 个月开始没有认证，系统就自动停止发放养老金。互联网视频认证政策正式实施后，海外人员的养老金领取程序无疑会方便很多。

（二）欧洲黄金签证政策收紧，移民门槛不断提高

“黄金护照”“黄金签证”即以投资方式换取居留或护照，是指近年来受欧债危机影响，欧盟一些国家为了赢得外来资金缓解国内经济压力，纷纷制定相关移民政策，以投资方式吸引外来移民，或向欧盟以外国家的移民发放护照。据非政府组织透明国际（Transparency International）发布的报告，目前有保加利亚、塞浦路斯、法国、希腊、爱尔兰、拉脱维亚、卢森堡、马耳他、荷兰、葡萄牙、西班牙和英国 12 个国家设立了黄金签证项目。自 2008 年相继开放“黄金签证”后，欧洲各国因高性价比、办理简单、教育优质、福利优渥而迅速成为中国富裕移民的首选。

在欧洲，不少国家的商业移民和投资移民持有的都是黄金签证。西班牙黄金签证始于 2013 年，从 2015 年规则调整之后，这一政策迅速取得了成功。根据规定，在西班牙境内进行 50 万欧元以上的不动产投资、存款超过 100 万欧元、购买超过 200 万欧元国债或“高素质人才移民”等方式均可获得黄金签证。目前，以购买不动产的方式居多。据西班牙媒体报道，在移民投资地点的选择上，最受欢迎的是巴塞罗那、马德里、马拉加和阿里坎特。当然，“黄金签证”有时会沦为其他国家贪污和洗钱者的“避难金牌”，不法分子可以通过“购买”西班牙的黄金签证，在欧盟国家中自由行动，这类行为伴随着腐败风险。

马耳他政府规定，任何在马耳他购买房产并投资 15 万欧元购买其政府债券的人，原则上来说都可以在 240 天后加入马耳他国籍，从而获得欧盟国家护照。据欧盟委员会的调查，马耳他、塞浦路斯、保加利亚三国在公开“出售”其公民身份，欧盟 28 个成员国中有 20 个成员国允许以不同数额的投资换取长期居留权。非政府组织“透明国际”和“全球见证”在 2018 年秋季的一项研究报告中估计，在过去 10 年中，一些欧盟国家已经发放了大约 10 万张黄金签证，给予 6000 人欧盟公民身份。大部分签证是西班牙、塞浦路斯、葡萄牙、英国四国签发的。据称，仅塞浦路斯一国就通过出售护照获得了 48 亿欧元的收入。塞浦路斯、马耳他及希腊等国向投资者发放长期签证或护照的问题较为严重，而受益者则主要来自中国、俄罗斯和前苏联加盟共和国。据一家中介公司的数据，2012 年 10 月 8 日至 2016 年 12 月 31 日，葡萄牙移民局累计颁发黄金签证 4202 份，而其中中国投资者占据榜首，累计获得 3050 份黄金签证。

2017 年，英国政府共向海外移民发放了 355 个投资移民签证（黄金签证），其中，中国大陆居民有 116 人，比上年增长 56%。黄金签证是英国政府针对富人投资者的一项专门计划，根据该规定，申请人在英国投资金边债券、政府债券或英国企业达到 200 万英镑以上，5 年即可获得英国永久居留权。投资 500 万英镑的人需等待 3 年，投资 1000 万英镑的人仅需等待 2 年。2017 年，中国大陆投资者在此类签证中占主导地位，比排名第二的俄罗斯高出了 250%。据悉，这是英国政府脱欧后，又一项振兴英国经济的计划。英国内政部数据显示，截止到 2018 年 9 月，共有 361 人获得投资移民签证，他们的家属 586 人也获得签证。其中来自中国大陆的申请人以 115 人位列第一，第二名是俄罗斯 38 人，第三名是中国香港 28 人。在过去 10 年中，英国共发放了 3000 个投资移民签证，其中 60% 发给了中国人和俄罗斯人。为打击有组织犯罪和洗钱问题，从 12 月 7 日起，直到新规出台前，英国政府暂停发放投资移民（T1）签证，但已经提交申请的投资人不受影响。

2018 年仅希腊一国签发的黄金签证就有 9756 张，其中中国申请人占比高达 55%，也就是说有 5366 个中国投资人获得了希腊永居。持有 25 万欧元的希腊房产即可一步到位获得希腊永居，投资额是欧洲购房移民项目中最低的。由于“黄金签证”太过火爆，欧委会在2018年三次发出“警示”，要求严管“黄金签证”，特别是对于一步到位取得“欧盟”公民身份的项目。5月，塞浦路斯政府对入籍法案做出调整。此外，塞浦路斯政府还将限制提供商，并对投资计划进行更严格的监管。从7月31日起，塞浦路斯黄金签证的申请将只接受在计划监管机构注册并签署行为守则的供应商。

总的来看，2018年欧洲对黄金签证的政策进一步收紧，移民门槛不断提高。

（三）各国税收政策调整影响华侨华人

随着各国之间联系日益密切、国际合作的深度和广度不断扩大，税务机构加大了偷税漏税查处机制，按时足额交纳个人所得税成为中国人移民海外必须面对的问题。从2019年1月1日起，《中华人民共和国个人所得税法修正案》正式生效，部分条款在发布之日起提前生效。根据规定，个人所得税法修订后把居民个人定义为在中国境内有住所，或者无住所而一个纳税年度内在中国境内居住累计满183天的个人。修订前，居住时间要求是“满一年”。比如，A持外国永居权，在中国每年有100万元收入，在加拿大也有100万元收入。如果回国时间超过183天，须向中国税务部门将中加两国收入申报个人所得税。新《个人所得税法》第十条规定，纳税人获得境外收入或因移居境外注销中国户籍，应当依法办理纳税申报。居民个人从中国境外获得收入的，应当在获得收入的次年3月1日至6月30日内申报纳税。纳税人因移居境外注销中国户籍的，应当在注销中国户籍前办理税款清算。比如，B在2019年移民美国，在拿到绿卡之前，应该到中国税务部门把自己的个税结算清楚。新个税法也意味着，纳税年度里在中国住满183天的境外人士，就构成中国的税收居民，需要以其全球所得扣税。这对于很多长期在国内创业或经营生意、同时在境外有大额收入的华商和高科技人才冲击较大。在此之前，依照个税法，在中国境内无住所，但居住超过五年的个人，从第六年起，应当就其来源于中国境外的全部所得缴纳个人所得税，但是若一次离境超过30天，相当于居留不满一年，就可以重新计算五年。但是新个税法收紧了非居民个人在华天数的要求：一年中一次30天、累计90天的离境，被183天累计离境取代。

除了移居国外的人需要完税移民之前的收入，海外华侨华人回国定居或长期居住在原先的侨居地可能也需要纳税。加拿大的税收制度是基于居民身份而非公民身份，而税务居民指的是事实居民（factual resident）或视同居民（deemed resident）。事实居民指在加拿大一直维系着显著的居住联系（拥有居所、配偶、受抚养亲属），即使大部分时间或整年都住在海外，未踏进加拿大国门，税法上仍属事实居民，须申报全球收入，并申报海外资产。视同居民是指两种情形，一是全年之中停留在加拿大的时间累积起来达到183天或超过183天，二是加拿大政府驻海外公务员、军人、其海外学校的员工或在加拿大国际发展计划下工作。非税务居民（non-resident）指的是经常习惯居住在另外一个国家，且不被认为是加拿大居民，在加国没有显著的居住联系，整年居住加国境外，一年中在加国停留不超过183天，也非加国政府驻外人员，就可以说是非税务居民。作为非税务居民，需要就加拿大的收入申报所得税，没有义务申报加国境外所得或海外资产。但是要成为非税务居民，就必须满足三方面的要求：既然离开加拿大，就不能在加拿大有住所；家庭不可以有配偶以及抚养亲属，包括父母和孩子等在加拿大；没有个人财产和社会关系。特别是最后一点，在裁定中争议很大。自2018年9月开始，共同申报准则（Common Reporting Standard，CRS）税务信息交换正式开启之后，包括澳大利亚、新西兰、新加坡、日本、巴西等50个国家的税务信息实现互换，即使生活在海外，这些国家的税务局对中国移民在中国国内的资产也一清二楚，因此，居住在海外的中国移民应依法纳税。

中国的外汇管制趋严，中国人向国外汇款用于购房或其他投资和商业目的将被管控，“蚂蚁搬家”式的资金转移方式可能被纳入个人征信。根据外汇局颁布的《外汇管理条例》《个人外汇管理办法》等文件，为防范个人项下资金流动风险，5个以上不同个人同日、隔日或连续多日分别购汇后，将外汇汇给境外同一个个人或机构；个人在7日内从同一外汇储蓄账户5次以上提取接近等值1万美元的外币现钞；同一个人将外汇储蓄账户内存款划至5个以上直系亲属等，都将被认定为个人分拆结售汇行为，将进入“关注名单”。中国人民银行在2018年发布的125号文件明确指出，2018年12月1日起，公司账户与个人银行账户超过20万元人民币的资金交易将被重点稽查，有疑问的交易甚至要求银行拒绝办理。这也是中国人民银行首次重点稽查公司账户与个人账户大额资金往来的问题。该文件同时对2018年12月1日后公司账户的各种操作进行了更清晰的规范。

（四）部分移民输入国家购置房产政策收紧，海外购置房产需留心

买房一直是华人最喜欢的投资之一，海外房地产市场也是华人非常看重的置业方向。2018年北京春季房地产展示交易会上的数据显示，2017年中国投资者在海外的房地产投资达395亿美元（约合2502亿元人民币），创历史新高，较2016年增长8%。美国依旧是中国投资者排名第一的投资国家，紧接着是澳大利亚和泰国。2017年，中国对美国物业资产的投资额同比下降64%，而对欧洲物业资产的投资额飙升336%，对亚洲物业资产的投资额同比上升34%，达125亿美元（约合792亿元人民币），主要集中于中国香港、日本和新加坡。另有研究数据表明，有75%的人出于投资目的在海外置业，56.1%的人出于子女教育的目的在海外置业，42.2%的人想通过海外置业进行移民，居住目的和医疗卫生目的分别占37.6%和7.6%。

随着中国经济水平的快速提高，很多中国人喜欢到海外购房，在拉动当地经济增长的同时，无形中也推高了房价，增加了当地居民的生活成本。其实，一些外国投资者也喜欢投资房地产。对于房产投资者而言，柏林是2018年最具吸引力的欧洲城市。据《每日镜报》报道，由于很多外国投资者在德国购房，柏林房价的增长速度位居全球第一，从2016年第四季度到2017年第四季度，柏林房价上涨了20.5%。在过去一年内，柏林部分地区的房价甚至涨了4倍。为了抑制投机行为、稳定柏林地区的房价，柏林市政

府甚至借鉴新西兰出台的“外国人购房禁令”，准备禁止外国买家购买现有房屋，外国人只能购买住宅用地和建造新房。

新西兰、加拿大、澳大利亚、美国、新加坡等热点海外投资市场均出台或拟出台政策，限制外国人买房。新西兰在2018年年初开始实行禁止海外买家在新西兰购置房产的规定。在政府统计的第二季度房屋交易中，3%的买家的纳税地在国外，这些交易的大部分买家为中国大陆居民。2015年起，澳大利亚相继出台过“海外买家不得购买二手房”“添加空置税”“提高土地税”“征收更高印花税”“取消海外资产可在澳大利亚银行贷款”等政策，试图控制澳大利亚的房价。2017年7月1日起，澳大利亚维多利亚州对外国买家额外征收7%的印花税，是2016年的2倍。新南威尔士州及昆士兰州，也对外国买家额外征收8%及3%的印花税。2016年8月，温哥华所在的不列颠哥伦比亚省出台重税政策，即外国人或外国企业在当地购房时，还要一次性加收15%的转让税（PTT）。而多伦多在2017年4月起向海外买家开征15%的“非居民投机税”，扩大对房屋租金上涨的法规控制，开征房屋空置税等，以抑制房价的飞速上涨。

各国意在提高外国人买房门槛，保障本国人民住房需求，也意味着这些国家的房地产投资在阶段性收窄，喜欢投资房地产的中国人需谨慎，避免出现不必要的损失。

（五）海外留学名校申请竞争加大，高考成绩被更多海外院校认可

据启德教育集团发布的《中国留学市场2018年盘点与2019年展望报告》，越来越多的海外高校认可中国高考成绩。在英国，2018年10月，老牌名校、“罗素大学集团”成员伯明翰大学宣布接受中国学生使用高考成绩申请本科课程。随后，英国莱斯特大学、邓迪大学、肯特大学、西英格兰大学等也陆续宣布接受中国高考成绩。

在加拿大，医博类排名前8以及综合类排名前3的名校均把提供高考成绩作为本科录取必要条件。中国学生青睐的加拿大英属哥伦比亚大学要求，

中国学生申请2019年秋季入学，必须递交高考成绩，否则须提供至少3门美国大学预修课程（AP）成绩，并且不能用学术能力评估测试（SAT）等其他标准化考试成绩替代。

在澳大利亚，有24所高校认可并接受中国高考成绩，澳大利亚“八大”名校中已有7所接受中国高考成绩申请本科课程。大部分接受中国高考成绩的澳大利亚高校，都要求申请人的高考分数至少要达到本地录取二本线以上，其中“八大”名校要求一本线以上甚至更高。高考成绩可以申请澳大利亚大学，也吸引了不少中国学生高考、留学两手准备。

专业选择方面，加拿大本科留学生选择商科类专业占比最高，达到38.98%；选择理科类、文科类和工科类的占比分别为26.53%、22.63%和11.86%；加拿大研究生留学十大热门专业为：MBA、教育学、金融、计算机工程、经济学、土木工程、管理学、计算机科学、机械工程、会计。

在澳大利亚，商科也是中国学生的主流选择，占比在40%左右；选择理科、工科的中国学生占比约25%；澳大利亚研究生留学十大热门专业为：国际商务/贸易、会计、信息技术、金融、土木工程、电子工程、传媒、市场营销、设计、教育。

新西兰国际教育推广局2017年数据显示，除了最受欢迎的商科类专业，工程、教育和信息技术专业也非常受国际学生青睐。对中国学生而言，留学新西兰选择最多的十大专业为：管理学、商务/贸易、工程、会计与金融、教育与语言、旅游酒店管理、市场营销、计算机、媒体设计、食品技术。

中国教育部统计数据显示，2017年，中国出国留学人数首次突破60万大关，同比增长11.74%，持续保持世界最大留学生生源国地位。但是，由于申请海外知名高校的学生数量增加，竞争也随之加剧了。以美国8所常春藤大学为例，在2018年总录取率方面，除了康奈尔大学以外，另外7所大学的录取率均在10%以下，而哈佛大学的录取率更是低于5%。对比2017年数据，这8所常春藤大学无一例外在录取率上呈现了下降趋势。由于申请人数太多，2018年11月英国布里斯托大学经济、金融和管理学院下设的热门硕士课程甚至停止接受来自中国的申请。

近年来，各国高校对国际学生相关英语成绩、个人综合能力、学术背景等方面的要求越来越高，申请门槛也随之提高。在出国留学竞争加剧的同时，2018 年，各国纷纷推出留学新政，以吸引各类优秀人才。

新西兰政府近期对留学生毕业后工作签证进行了改革：获得本科或以上学位的毕业生可获得新西兰为期 3 年的开放性工作签证，硕士以上的申请人其配偶可申请工作签证。同时，未成年子女在新西兰当地入读公立学校可获免学费待遇。

此外，自 2018 年 7 月 6 日起，英国改革第四级（Tier4）学生签证，为包括中国在内的 11 个国家和地区的该类签证申请人简化申请材料要求；在西班牙，应届毕业留学生可申请为期 1 年的“找工作”居留，用于在西班牙寻找工作或创业；在中国读书但希望在荷兰实习的中国学生，也有机会申请荷兰实习卡，有效期最长可达 1 年。

有些国家的留学新政则从 2019 年实施。比如，从 2019 年 3 月起，法国施行“人才护照”，向高水平博士生直接签发 4 年有效期的签证。此外，留法学生从获得毕业文凭日期算起的 4 年内，可申请 1 年居留签证，用于重返法国找工作或创业。

随着中国家庭留学需求持续旺盛，留学目的地和所学专业通常是家长为子女规划留学时考虑的重要因素，英、美、加、澳依旧是热门留学目的地，多个留学目的地同时备选的情况更为普遍。此外，中国家庭留学低龄化趋势越来越明显，中学阶段留学情况增多。49% 的家长计划在大学本科送子女出国，计划在高中及更早阶段送子女出国的家长比例也达到 20%。

（六）2018年其他移民相关政策变动情况

美国将限制部分中国公民签证。2018 年 5 月 29 日，特朗普政府计划缩短发给部分中国公民的签证有效期。相关变化在 6 月 11 日开始生效。根据美国大使馆和领事馆收到的指示，若中国研究生在机器人、航空和高科技制造业等领域学习，他们的签证期效将被限制为一年。此外，如果中国公民在属于美国商务部的特别审查名单内的实体机构担任研究人员或经理，他们将需要来自多个美国机构的特别许可。

波黑与中国互免签证。5 月 29 日，中国和波黑持普通护照公民互免签证协议正式生效。根据该协议，两国持普通护照人员因旅游、商务、探亲、过境等短期事由前往对方国家，每 180 天可免签停留不超过 90 天。如在对方国家每 180 日停留超过 90 日，或学习、工作、从事媒体报道等须经对方国家主管部门事先批准的活动，应当在入境前申请并获得相应签证。

加拿大申请签证需提供指纹。从 7 月 1 日开始，包括中国在内的 150 个国家的加拿大签证申请者，无论是旅游、探亲，还是学习、工作，都需要提供指纹及拍摄照片。加拿大移民部相关人士表示，访客指纹将由皇家骑警在严格的保护下留存 10 年。

日本消费税免税门槛放宽。7 月起，日本针对访日外国游客的消费税免税制度，在 50 万日元上限的范围内进一步放宽。据了解，食品和化妆品等“消耗品”以及除此之外的“一般物品”的合计购买额达到 5000 日元（约合人民币 300 元）以上，即可免税。

新西兰将不再发贴纸式签证。新西兰移民局宣布，从 7 月 4 日起，移民局将不再发放贴纸式签证，以电子签证（eVisa）取代。申请人在收到电子文档后，将其打印出来与护照一起妥善保管。另外，签证持有人可以授权其他人或组织核实其签证细节，比如旅行社。移民局提供签证验证服务。由新西兰移民局认可的教育机构代办的签证暂不在变化范围内。

澳大利亚将上调部分签证申请费用。7 月 1 日起，澳大利亚部分签证申请费用上调。其中，学生签证主申请人所付费用将上涨 15 澳元；成年副申请人的签证费用涨至 430 澳元。独立技术移民签证、边远地区担保签证、雇主担保签证申请费用也将上调。189 类独立技术移民主申请人费用从 3670 澳元涨至 3755 澳元；成年副申请人的费用增至 1875 澳元；作为副申请人的未成年子女，费用上调至 940 澳元。

澳大利亚科技人才签证条件放宽。澳大利亚准备设立一种向全球招募人才的签证，年薪要求由 18 万或以上降至 14.5 万澳元。此计划从 7 月起试行一年。该签证由科技、科学、工程和其他公司担保，年营业额最少 400 万澳元，或者在澳大利亚上市。担保公司至少有 75% 至 85% 的澳大利亚员工，公司亦要符合其他规定。

新西兰简化并停止使用留学汇款专用账户。从 10 月 1 日起，将简化留学汇款专用账户（Funds Transfer Scheme，FTS）办理流程。该举措旨在保障生活费安全汇至新西兰，并确保学生能够使用该笔资金。流程主要包括以下几点：学生只需填写一个 FTS 申请表而不是两个单独的表格；所有申请留学汇款专用账户的最低汇款额为 15000 新西兰元；留学汇款专用账户的时间仅可设为留学的第一年，即 12 个月；学生可以选择当地银行用于将资金转移到新西兰的 FTS 账户；将设立一个更有效的资金确认程序。10 月 28 日，新西兰移民局表示，中国的 FTS 项目将从 2019 年 1 月 14 日起停止使用。但这并不意味着现存于留学生专用账户里的资金能够转出来，因为 FTS 的终止并不影响双方在终止日期前应履行的权利、义务和责任。备忘录中的条款依然适用于任何现有的 FTS 账户。从 2019 年 1 月 14 日起，银行将只提供国际汇款服务而不控制余额。在取消留学生专用账户以后，如果申请人的资金在账户中不满 6 个月，但可以证明资金来源的合法性，还是有可能会获批新西兰学生签证。

津巴布韦对中国游客实施落地签。津方 7 月起对短期赴津旅游的中国公民实行落地签证政策。该政策仅针对旅游签证，适用于津所有入境口岸。申请条件包括：持剩余有效期 6 个月以上的护照，往返机票、酒店订单或有效邀请函，在津口岸填写申请表。费用为 60 美元。

西班牙个体户社保缴纳费用上涨。参照西班牙最低个体户社保税基缴纳的小商业主，从 7 月起每月社保负担从 275 欧元升至 279 欧元，即每月略增 4 欧元，升幅为 1.4%。西班牙政府继续针对新创业个体户提供社保优惠，也即常说的“50 欧元社保包月”。

白俄罗斯对中国游客可免签入境。8 月 10 日，中国公民持有效的普通护照可免办签证入境白俄罗斯并停留不超过 30 日，但每年累计不得超过 90 日。该规定对因私出国、商务出差及出境旅游人员有效。拟入境白俄罗斯居留、学习、工作、从事媒体报道等须经该国主管部门事先批准的活动，应在入境前申办签证。此前，白俄罗斯已对中国团体游客实行免签政策。2017年赴白中国公民约2万人次。

五　海外生活充满酸甜苦辣

海外华侨华人人数众多，职业、能力、背景、语言等方面差异巨大，生活状态各异。总体来看，随着中国人生活水平的提高和网络时代信息的便捷化传播，中国人出国定居日趋理性，选择余地更大；住在国政府和社会对外来移民的态度更趋包容，但不公平竞争和各种隐性歧视仍然存在，海外华侨华人的生活充满了酸甜苦辣。

（一）微信、移动支付、快递等拓展海外市场，华侨华人受益

随着通信技术的发展，特别是微信的普及，海外华人开始在微信群里建立华人社交圈，通过微信组织大家见面聚会开展活动。在海外华侨华人中，各地各级地缘联谊组织众多。从某种意义来讲，不少海外的微信老乡群，或者按行业或业余活动分类的微信群，甚至比某些名字空泛的侨团侨社更具即时联谊性。海外以微信群组织举办的如校友聚、老乡聚、同好聚活动层出不穷，增进了华人之间的交流、情感和团结。

中国的移动支付，近年来不断拓展海外市场，受到华侨华人广泛关注。移动支付的出现，让他们的日常生活更便利。据媒体报道，微信目前已进入25个国家和地区，支付宝则已接入近40个国家和地区的数十万商户。在泰国全境，大到曼谷的连锁免税店，小到清迈、普吉岛的街边小贩，微信支付“通行无阻”；在法国巴黎最大的百货商场——春天百货和老佛爷百货的柜台上，支付宝和微信支付的标识随处可见；甚至在芬兰小城罗瓦涅米，当地商户为吸引中国游客消费，也已接入支付宝服务。除了出境游客，海外华人群体一直也是中国移动支付“出海”的关注对象。支付宝曾经宣布，将进军美国华人餐饮界，为22个州的1.4万华人商家接入支付宝服务。微信支

付也于 2018 年 1 月起，允许海外用户绑定 Visa、Master、JCB 三种境外信用卡，解决了部分华人因没有中国银行卡造成的使用障碍。

随着中国的发展和强大，中国国内的一些生活方式开始“渗透”进澳大利亚的华人圈。在悉尼华人聚居区附近的包裹自取点，在国内网站购买日常用品后，5 天时间便能从这里取货。悉尼唐人街不少店铺贴着微信和支付宝的图标，当地华人能方便地使用电子支付，让不少澳大利亚人十分羡慕。移动支付在澳大利亚最早的使用者就是中餐馆和华人超市，如今更几乎成为此类商家的“标配”。中国游客和当地华人都觉得使用方便，商家自然乐见其成。但另一方面，受牌照审批困难、支付习惯不同等因素影响，中国移动支付的海外发展之路尚面临诸多挑战；在华人社会之外，当地民众的认可程度目前难称乐观。不过移动支付是智慧化生活的体现，具有很大发展潜力。借由华侨华人加以辐射推广，也是中国企业和文化坚持“走出去”的思路之一。

（二）中餐和中餐厅成为华侨华人与当地民众交往的重要纽带

中餐馆在海外的发展历史悠久。如今，各式各样的中餐馆遍布世界各地。据不完全统计，目前海外中餐馆约有 55 万家。近年来，中国美食类电视、网络综艺进入快速发展通道，向多元类型、自主原创发展，以文艺创作来传播中餐文化。对于中餐文化传统元素的强化，能够引发海外华侨华人的情感共鸣，进而促其深度经营，推广中华美食文化，让世界读懂中国。在海外，中餐不仅是广大侨胞安定生活的中心和经济支柱之一，也是传播中华文化的重要窗口。

根据英国阿伯丁大学（University of Aberdeen）发布的报告，尽管所处的时区不同，但是当所处地区到了晚上 7 时许或凌晨 2 时许，澳大利亚、英国、美国、加拿大和印度的许多民众喜欢搜索和预订外卖，搜索的关键词包括“中餐外卖”（Chinese delivery）等。这段时间成为各国民众搜索食物的高峰时间。报告指出，这 5 个国家的民众似乎都喜欢搜索“比萨外卖”（pizza delivery）及“中餐外卖”。澳大利亚联邦银行的数据显示，澳人最喜欢的外卖美食是中国菜，其次为意大利菜和泰国菜。此外，澳大利亚统计局的一项研究显示，2015 年至 2016 年，澳大利亚家庭每周平均花费超过 30 澳元购买外卖食品，其中大多是中餐外卖。这一开销几乎等同于澳大利亚家庭每周的平均电费支出。

在“外卖首都”伦敦[①]，中餐多年来始终是英国人的至爱，58% 的受访者表示中餐是他们的首选，其次是意大利菜、印度菜、美国菜和墨西哥菜。在英国使用人数最多的订餐平台 JustEat，其网络遍布全英 95% 的地区，用户 1100 万人，在该平台被点最多的菜分别为 Pizza、中国菜和印度菜。据餐饮行业网站 Eater 的一些统计数据，美国人最喜欢的外卖食物是鸡肉、中国菜、比萨、汉堡、寿司、墨西哥菜和意大利面，中国菜在 6 个州成为人们的外卖首选，把中国菜跟寿司一起统计之后，亚洲菜成为 13 个州人民的第一选择。然而，在当地人对中餐的巨大市场需求面前，中餐外卖行业在海外的发展也面临着一些麻烦。如因不满美国宾夕法尼亚州费城晚 11 时的宵禁规定，23 家中餐馆店主联合向联邦法院提交诉状，指责费城警方选择性执法是赤裸裸的种族歧视；英国移民执法部门 7 月对当地中餐馆搞起“突袭式检查”和“钓鱼执法”，引起华人的极大不满；由于华人劳工签证难办，伦敦华埠中餐馆多年来面对请人难的尴尬；员工流动性大，市场竞争激烈，中餐外卖店近年经营越来越艰困；等等。

据了解，2008 年荷兰曾有传统中餐厅 2123 家。然而，随着时代的变迁和顾客需求的变化，传统中餐厅逐渐被日式料理餐厅和新式中餐厅所取代，数量急剧下降，到 2018 年只剩 1700 家左右。[②] 1920 年，荷兰第一家中餐厅 Gouden Muren 在鹿特丹开业。经过中国人近一个世纪的勤奋努力，传统中餐厅已经同郁金香、羽衣甘蓝（boerenkool）一样，成为荷兰人宝贵的文化遗产。鼎盛时期时，荷兰每一个村落里、每一个小镇上都会有一家中餐厅。可以说，传统的中餐厅早已成为荷兰一种独特的文化，也是一个时代独特的

---

① 据 2017 年统计数据，英国人平均每人每年花费 1000 英镑（约合 8802 元人民币）叫外卖，平均每个月 80 英镑（约合 704 元人民币）。

② http：//asiannews. nl/chinese/.

符号。这个符号不仅仅记录了荷兰人的一种生活方式，也记录着二战后第一批来到荷兰开中餐厅的华人的艰辛和努力。曾经在荷兰的中餐厅，常年无休，几乎每天都开门营业，风雨无阻；老板与工人们每天工作十几个小时，老板的工作时间有时更长。如今，荷兰的传统中餐厅，虽然外观上古色古香，充满中国特色，但是在菜品和口味上，为了适应荷兰人的偏好做了很大改良，味道偏甜酸，增加了南亚风味。很多菜只做给荷兰人吃，中国人却一点都“吃不下”。这种改变源于荷兰历史上曾经殖民过印尼，对印尼菜的口味十分喜爱；于是，第一批来到荷兰开中餐厅的华人，将荷兰人爱吃的印尼口味和传统菜，加到了中餐厅的餐单，并把餐厅改为中印尼餐厅。

在美国餐饮业，长期以来中餐与墨西哥菜和泰国菜等均被归入所谓的“少数族裔”美食，它们给人的第一印象就是便宜。近年来，高档中餐的影响在扩大。在提升中餐档次方面，纽约的“官府川菜”（《纽约时报》美食评论家皮特·韦尔斯2017年第二喜欢的餐厅）、“汉舍”餐厅在纽约的第一家店“好面馆”以及著名的北京“大董”烤鸭店等高档餐厅都大受欢迎。旧金山的餐厅老板乔治·陈（音）的新店“八桌”不仅价高，还以优雅格调给厌倦了浮华的旧金山顾客留下深刻印象。这家餐厅隐藏在旧金山中国城一条并无明显特征的小巷内，餐厅共设38个餐位，仅提供一份招牌赏味菜单，最低价位225美元（约合1420元人民币）。华人周英华在英国骑士桥的第一家餐厅开张，起名“Mr. Chow”，chow有食物的意思，但这个名字更是要西方人称中国人为先生。后来在比弗利山庄、纽约陆续开张的Mr. Chow，凭借其时尚的装修风格和多元的艺术设计，以及粤菜、上海菜和烤鸭等，逐渐成为美国一些富人的新选项，将中餐档次提升到新高度。中国大陆一些最成功的餐厅在海外开设分店，向当地食客推广当代中国美食。无论是中国籍还是华裔美国籍的大厨和餐厅老板都纷纷推出新味道，他们对中餐的看法也在发生改变。

近年来，海外唐人街餐饮业的竞争越来越激烈。中餐业也面临着一些竞争，物业费用不断上涨，开发商争夺城市用地，越靠近市中心的物业，被争抢得越激烈。中餐蕴含着许多中国传统文化的要素，既促进文化交流，也宣扬融合、互相理解和尊重的价值。因此，中餐业在激烈的市场竞争中不仅是华人谋生的一种重要手段，也成为华侨华人与当地民众沟通交流的途径。

（三）摒弃不良习性，争做友好使者，华侨华人融入住在国面临诸多挑战

华侨华人是中外友好交流交融的名片，他们深受中华传统文化的熏陶，乡土观念强、重视教育、勤奋好学、吃苦耐劳、商业头脑强等。充分展示自身的良好素养，继承和弘扬中华优秀传统文化，积极主动融入住在国社会，争做中外文明交流的友好使者，华侨华人融入住在国仍面临诸多挑战。

在美国、加拿大等地，长者年岁愈大，福利部门担心福利被滥用，时隔1~2年这些部门就会寄信约面谈时间，确保申请福利的当事人依然健在。此外，当事人需要有足够的证据证明自己还活着，且收入、资产、居住地址等没有改变。一旦这些发生变化，发放的福利金也会随之改变。美国的一些机构如食物银行，会定期为低收入家庭提供免费食物。根据美国的一份行政命令草案，滥用公共福利可能影响美国绿卡或入籍申请，甚至导致申请被拒。所以，是移民的福利一定要争取，同时应避免滥用福利。遇到问题的华人长者可以拿着所有信件向社工或前往当地社区服务机构咨询。诚然，有少数华人骗取福利对华人移民的整体形象造成了极坏的影响，但这只是个别现象。媒体曾曝出，一对华裔夫妇故意隐瞒自己在纽约拥有两套房产，享受免费医疗福利6年。被查出后，两人被勒令退还十几万美元的医疗费，否则将遭到起诉。

另外，很多国家都有较强的商标品牌保护意识，对制造、销售假冒伪劣商品的打击和处罚很重，大部分经商的华侨华人能遵守当地的法律，但也有一些人怀有侥幸心理，为谋取私利铤而走险。2018年8月，在意大利都灵省桑泰纳市（Santena）的一个商业区，一名40岁的华人老板被起诉，店内超过100万件的服装、首饰、烟草、个人护理用品、眼镜等商品被查封，因为这些产品缺少一些基本信息，比如产地、使用方法、意大利语的产品说明

书以及可能存在的危险物质信息等。该华人老板已被警方以造假和商业欺诈罪控告，可能会因违反《消费者法》而受到制裁。

据欧浪网报道，西班牙华人出租车司机生意火爆，许多本土出租车司机开始向警方举报华人出租车司机无证经营。许多西班牙本土持证司机表示，许多中国司机利用中国的两款软件与中国游客保持联络，通过这一途径接待中国游客，且自定价格标准，已经扰乱了市场。其实，华人司机接待中国游客，语言文化背景相通，游客得到了便利，华人司机也赚到了钱，可谓是一举两得的事情。但问题在于这些华人司机并没有相关证件，并且打破了当地出租车行业的垄断。目前，警方在机场、车站等交通运输点的监管已经开始加强。华人司机无证经营一旦被发现，将面临惩处。无独有偶，2017 年 8 月，在意大利 Livorno 一位华人司机就因非法载客遭到警方处罚，警察对其开出了 1700 欧元的罚款单，吊销其驾照 12 个月，并收缴了他所驾驶的私家车。

留学海外的许多留学生都想通过做代购，减轻父母的经济压力。但有留学生因代购被举报，还惨遭遣返。因为大量代购，许多国家出现奶荒。留学生做代购，就让很多当地人看不下去了，甚至不顾“邻居情分”，选择了举报。警察一般都会按章办事，而留学生因为从事与其身份不相符合的代购活动，被驱逐出境。

还有的华人因晾晒腊肠，招来苍蝇，被邻居举报；有华人厨师，因伪造材料，被人举报遣返回中国；有华人要求员工超时工作，被下属举报……纵观相关案例，有些华人是因为“太能干”动了当地人的“奶酪”，所以难免让当地人产生不舒服的心理；有些华人是因为某些生活习惯和细节，影响到了邻居的正常生活；有些华人是因为没能“入乡随俗”，可能无意识下与当地习俗或法规产生了冲突……海外华侨华人，在异国他乡谋生存，实属不易，在融入住在国方面，仍面临诸多挑战。

（四）一些国家安全问题凸显，华侨华人海外打拼仍需提高警惕

据西班牙《欧华报》报道，截止到 2018 年的 4 年时间里，已有 10 名旅

西侨胞在偷盗案中与歹徒搏斗而不幸身亡。西班牙华人经营安全问题日益凸显，华人店铺遭盗贼光顾已成家常便饭，而华人群体也成为西班牙最易受到攻击和伤害的对象。在马德里市居住着大量的华人，由于华人喜欢在家中存放大量现金，许多犯罪团伙经常把华人住宅作为盗窃目标，因此华人需提高警惕，平时尽量不要在家中存放太多现金。

南非约翰内斯堡市华人聚集区安全事件频发。据不完全统计，2018 年 5 月共发生入室抢劫盗窃、聚众吸毒、打架斗殴、车辆跟踪抢劫、骚扰女性、偷窃等案件 10 余起。4 月 18 日西北省玛菲肯发生骚乱以来，西北省各地的暴乱抗议事件继续呈扩大蔓延趋势。此次骚乱中暴民专门哄抢包括华人在内的外国人的店铺。暴乱中，一些暴民首先让妇女和小孩冲在抢劫商铺的最前面，待商铺被撬开之后便会有大批暴民涌入，将商铺物品一抢而空。面对妇女和小孩，警方和保安无法使用橡皮子弹或其他武器来驱赶他们。

7 月 10 日，苏里南东部边境城市阿明那发生针对中国人店铺的打砸事件，多家华侨经营的店铺遭到袭击。中国驻苏里南大使馆高度重视，第一时间与苏里南警方和阿明那政府进行交涉，要求立即采取切实措施，保障中国公民的人身和财产安全。

近年来，中国持续保持世界留学生最大生源国地位，留学安全也始终排在中国家长和学生所关注话题的首位。《2018 年中国赴美留学生安全报告》显示，有 36% 的受访留学生在到达异国他乡之前，对相关信息只有零星了解。留学生安全意识匮乏是导致伤害发生的重要原因。35% 的受访留学生认为自身安全意识薄弱，仅有 20% 的受访对象表示知道如何应对校园枪击、恐怖袭击等突发事件。近 80% 的受访对象表示不知道或不确定如何应对在海外遭遇抢劫或绑架的情况。[①] 防范恐怖袭击是欧美国家维护本国安全的重中之重。对中国留学生来说，同样存在恐怖袭击的风险。此外，留学生因语言障碍、学业压力、文化冲突等因素导致的心理问题等也容易引发一些安全问题。

---

① http：//dy. 163. com/v2/article/detail/DOEEMVUQ0518PFTO. html.

在一些治安环境恶化的地区，不少华人民众缺乏维护社区治安的积极性。华侨华人要学会自救，社区里的守望互助以及信息的有效传播是其中关键，除了要自身保持警惕，还要把发现的可疑人物和事情及时报告给有关方面，提醒大家都加以注意。同时，要多与社区的警察认识，一方面多学习遇事后如何正确有效报警，另一方面也可以多支持当地警察的工作。此外，华人还应积极参与当地政府组织的管委会治安会议、表达关注，建立起积极、畅通的互助渠道，来共同维护当地的治安。

（五）海外华侨华人养老面临资源稀缺、社会关注度不够等问题

随着海外中国新移民的增多，以及早期出国的华侨华人逐渐步入中老年，华人怎样防老、如何养老成为迫切关注的话题。2018 年 7 月，中国人力资源和社会保障部宣布，对海外人员领取养老金认证将改为互联网视频认证模式。对于出国定居人员，如果已经参加基本养老保险，达到法定退休年龄并累计缴费满 15 年，按照规定可以领取基本养老金，加入外国国籍并不影响按规定享受养老保险待遇。外籍华人可以在境外享受按月领取社会保险待遇，但应当至少每年向社会保险经办机构提供一次由中国驻外使馆、领馆出具的生存证明。外籍华人也可以向社会保险经办机构提出申请，委托在中国境内的亲属或他人代领社会保险金。中国老人在国外如果已经入籍成为公民，或者得到永久居留权，可以按照规定申请社会福利。如果没有公民权或永久居留权，就不可能享受当地的社保金和退休老人的医疗保险，当然，贫困老人可以申请社会福利。

但是，由于语言、生活习俗等差异，华侨华人在国外养老也面临许多问题。据美国《世界日报》报道，美国南加州地区有着庞大的华人人口，每户华人家庭都会面临养老问题。大部分亚裔家庭偏向于将年纪大的父母接到家里或留在家里照顾。然而，当老人生活不能自理后，需要专业护理人员照顾，此时有人会考虑将老人送到安养院（Assisted Living）或疗养院（Nursing Home）。但目前在美国南加州，提供中文服务、中式餐点的安养院和疗养院屈指可数。

疗养院中的住户一般需要全天候的护理和监护，通常生活在需要更复杂的医疗保健条件下。相比之下，安养院的住户大多能够自理，只是需要有人辅助生活，如提醒吃药或简单的监护等。由于华人开办的安养院少之又少，近年来兴起一些小型的自营安养院，大概有十几个床位，这种小型安养院仅有一两个看护，最终也因为无法接纳更多老人而关闭。而规模较大的，有20~30个床位的不多。如果老人的就餐不佳、语言不通无法交流，很有可能造成身体和心理的不良后果。而安养院提供一个宛若家的温馨环境，由工作人员提供温暖的陪伴，让老人每天在工作人员照顾下，有规律地生活，并可从工作人员设计的各种活动中找到自尊与快乐。

此外，华人老人偏好中式餐点和用中文沟通，这些在美国主流安养院或疗养院一般都没有。有些华人家庭因为找不到能提供中华元素的老人照顾资源，只能将老人送回中国照顾。这类华人开办或者提供中式服务的安养院为老人提供三餐、照顾日常起居，还会举办各种团体娱乐活动。安养院一天的安排大致是早上起床帮助老人穿衣，上午有娱乐活动帮助老人锻炼脑力，防止大脑退化，午饭过后还有团体活动如园艺等，以及提醒和监督老人吃药。这类安养院每月价格约为4000美元。

除了把老人送到养老院，一些华人家庭会选择请看护到家里照顾老人。但是这类看护每小时至少50美元，费用昂贵，甚至有的看护人员并没有接受过专业训练，遇到紧急情况，难以提供及时的救护。

因为供需不平衡，许多有足够资金的华商，有意投资华人养老院，但是普遍存在疑虑和担忧。社会需要对华人养老院给予更多的宽容和支持，为华人老人提供一个良好的养老环境，并引导投资资金流向这一领域，为海外华人建立更多的养老场所。

（六）东南亚等地华人诈骗案频发，影响华社形象

据估计，藏匿在东南亚等地一些国家搞诈骗及配套服务的中国人至少有一二十万人，最多可达30万人。他们主要集中在柬埔寨、老挝、缅甸、泰国、菲律宾、马来西亚等国家。诈骗案件主要集中在电信诈骗、网络赌博诈

骗、资金盘诈骗三个领域，并且自成体系。而澳大利亚、马来西亚、韩国等地出现的不法分子甚至假冒中国驻外使领馆名义进行电信诈骗。尽管多国法律明确规定，禁止持旅游、商务签证打工；中国法律亦强调，外派劳务者不能持商务、旅游等签证出境。但一些务工人员法律知识欠缺、常识不足，以商务签证替代工作签证，一旦遭遇人身伤害、财务纠纷或其他意外，很可能因为身份不合法而得不到应有的及时、妥善处理，隐患无穷。博彩业合法的菲律宾马尼拉，柬埔寨西哈努克港、木牌、波贝及缅甸的掸邦等地，是网络赌博的主要聚集地。

2018 年 1 月，中国驻柬埔寨大使馆曾发布消息称，柬埔寨的一些赌场、网络博彩公司以高薪招聘“打字员”的名义，从中国招聘员工，有数十名中国公民抵达柬埔寨后发现实际工作与招聘广告不符，向使馆寻求保护。

2017 年底至 2018 年 4 月，中国驻缅甸曼德勒总领馆接到近百起中国公民赴缅甸佤邦、勐拉、勐波、勐平、木姐、果敢参与赌博，并被非法拘禁的求助案，当事人的人身安全和财产受到严重损害。据中国领事服务网消息，此类案件中，犯罪分子通过手机短信、微信、互联网平台发布“在缅甸有高收入工作、高额贷款、赌博赚‘快钱’、免费边境游”等为诱饵，为当事人提供“免费”机票，或协助当事人偷渡进入缅境后，引诱当事人参与赌博，在当事人欠下巨额赌资或拒绝赌博后，将当事人非法拘禁，并以殴打、辱骂、禁食等手段迫使当事人向中国国内家属索要赎金。

此外，欧美一些发达国家也存在金融诈骗、电话诈骗、微信诈骗等。据报道，美国洛杉矶假冒中领馆诈骗电话层出不穷。诈骗电话经常伪装成中领馆、中国公安局、中国工商银行等机构。① 在温哥华，一些当地华人群体中存在多个微信换汇群，用于人民币和加币之间换汇使用。然而有多名学生却因换汇而被骗取金钱。诈骗都是发生在当事人想用人民币与换汇群中的某人换取加币的时候。当事人通过微信把人民币转给了对方，却被对方迅速“拉黑”；结果不仅无法拿到对方应付的加币，而且再也联系不到对方进行

① 〔美国〕《世界日报》2018 年 8 月 3 日。

追讨。换汇微信群的存在，一是有些华人想要逃避在正规银行换汇时所需要缴纳的高额手续费；二是他们认为这样交易更快捷，操作也方便。却未想到，其中存在很大的风险。

当地民众也深受华人诈骗犯的影响。他们感受到的是当地楼盘价格的飙涨以及物价水平的水涨船高。据报道，柬埔寨西港中餐馆的菜价与国内大城市的定价基本相同，但其定价单位却是美元，几乎是国内的6倍。各种赌场、酒店以及租房价格也都高到令当地人发指。云南普洱市对面的佤邦、德宏州对面的木姐、临沧市对面的果敢、西双版纳州对面的勐拉，各类诈骗、网赌几乎已经公开化。有的窝点甚至直接打出军人保护的旗号，只为收取这些窝点更多的费用。而由于这些地区与缅甸联邦政府关系的特殊性，让想在此开展工作的警方几乎无从下手。

总体来看，华侨华人凭借自身的勤劳坚韧加上祖（籍）国的坚实后盾，经过长期艰苦打拼，经济基础和社会地位提高了，在推动世界文明交融和中外合作交流方面做出了积极贡献。但是，由于住在国移民政策的调整和经济发展面临的挑战等因素，由于侨情的不断变化，华侨华人的生存发展也面临新的机遇与挑战。

亚 洲 篇

Asia Reports

B.2
东亚侨情分析

朴美儒*

摘 要： 东亚的华侨华人主要分布于日本和韩国。2018年日本华侨华人人数不断增多。日本扩大外劳引进，为华侨华人在日本的发展提供了更广阔的空间。2018年西日本地区遭受严重水灾，日本华侨华人积极捐款，为中日关系发展注入新的正能量。2018年前往韩国旅游的中国游客减少，但是韩国仍旧受益于中国市场强大的购买力。中国留学生居在韩外国学生人数之首，但因韩国大学招生管理的问题及文化差异，中国留学生在融入韩国校园生活方面仍面临挑战。

关键词： 日本 韩国 华侨华人 外劳引进 中国代购 留学生

---

* 朴美儒，中国华侨华人研究所实习研究员。

东亚的华侨华人主要分布于日本和韩国。截至2018年6月，在日华侨华人突破80万人，在日华侨华人人数不断增多。为缓解劳动力不足，日本参议院通过了《出入国管理及难民认定法》修正案，允许企业雇用外国单纯劳动力。日本地方政府也出台相关政策措施吸引外国留学生留在本地就业。日本扩大外劳引进的各项政策，给未来日本新华侨华人的发展提供了良好的政策环境，为华侨华人在日本的发展提供了更广阔的空间。

2018年，中韩互为彼此重要的贸易伙伴国。同时，中国与韩国之间的人员交往仍很密切。2018年，中韩人员往来达947.1万人次，虽然前往韩国旅游的中国游客较往年减少，但是韩国免税店的发展仍旧离不开中国市场强大的购买力。在韩居住的外国人口总计为147.9万人，从国籍来看，在韩居住的中国朝鲜族共49.8万人，占外国人总数的33.7%；中国其他民族共21.2万人，占14.3%。截至2018年底，中国在韩留学生约6万名，居在韩外国留学生人数之首，但因韩国大学招生管理问题及文化差异，中国留学生在融入韩国校园生活方面仍面临挑战。

日本侨情

一　日本华侨华人突破80万人

日本法务省的数据显示，截至2018年6月末，在日外国人人数达2637251人，比上年增加75403人，创历史新高，约占日本总人口的2%。从国籍看，中国籍最多，首次突破80万人，占全体外国籍人口的30.1%。①

① 《2018，这些大事和在日华人有关》，《中文导报》https://baijiahao.baidu.com/s?id=1620809291934755633&wfr=spider&for=pc。

二　日本劳动力严重不足，在日华侨华人及留学生就业机会增多

众所周知，日本如今已经进入“高龄化”和“少子化”的“双化”时代，同时，日本的结婚率与生育率也持续走低，日本中央政府和地方政府推出种种改善政策也不见效，便将目光瞄准了外国移民。为缓解国内劳动力严重短缺的问题，2018 年 12 月 8 日，日本参议院通过了《出入国管理及难民认定法》修正案，这是日本有史以来第一次出台允许企业雇用外国单纯劳动力的法律，旨在扩大引进外国劳动力的数量。新修订的入管法从 2019 年 4 月起实施。日本政府初步计划以“特定技能”签证，5 年内在 14 个行业引进 345150 名外国劳动者，以弥补日本的劳动力缺口。日本扩大外劳引进的各项政策，为华侨华人在日本的发展提供了更广阔的空间。①

为刺激地方经济发展，日本地方政府意识到外国人才也是宝贵的劳动力，加大了吸引外国留学生的力度。日本群马县、大分县、香川县等地都积极开展就业志愿活动，邀请留学生到企业实习参观，开设了政府、企业、留学生三方交流会，了解留学生对于留在县内工作所持有的疑惑和不安，也了解企业对雇用外国留学生的担忧。日本地方政府希望能够通过持续性的交流活动，深入了解并解决留学生的就业难题，达到让留学生毕业后留在县内工作的效果。②

为了盘活人力资源，日本政府正在加速讨论放开副业限制，鼓励企业正式员工进行兼职。不少日本企业则顺应形势、先行一步，从 2018 年 5 月开始允许员工从事副业。一些日本企业的华人员工发挥自己的优势，利用空闲

① 《2018，这些大事和在日华人有关》，《中文导报》https：//baijiahao. baidu. com/s? id = 1620809291934755633&wfr = spider&for = pc。

② 《日本地方城市求贤若渴　为留住外国人才就业频出招》，http：//www. sohu. com/a/270143251_ 570249。

时间兼职，为访日中国游客及日本民众提供各种服务，既能增加自己的收入，又填补了相关服务人员不足的缺口。

三　在日华侨华人为日本暴雨灾区两次捐款献爱心

2018年7月，连遭数日暴雨袭击的日本冈山县仓敷大面积被淹，造成百余人死亡。同月，广岛县也因暴雨袭击发生了大规模的山体滑坡，导致多人失踪。日本政府向北陆、九州等西部地区的23个府县、约190万户430万人发出了疏散指示或建议。①

同月，中国驻日本大使程永华、驻大阪总领事李天然、驻福冈总领事何振良、全日本中国企业协会联合会②会长王家驯会见了日本总务大臣野田圣子，就日本西部地区遭遇暴雨灾害表示慰问，并面交了驻大阪总领馆、驻福冈总领馆及全日本中资企业协会联合会提供的捐款总计约2480万日元。

8月，中国驻日大使馆总领事詹孔朝、日本吉林总商会会长庄旭、日本福建经济文化促进会会长吴启龙、大使馆领事孙辰茜一行，专程拜访了日本总务省，转达了程永华大使对关西暴雨灾区的慰问，转交了来自十多个在日侨团、由华侨华人捐献的慰问金736万日元。两次捐款共计超3000万日元。

西日本地区遭受严重水灾，日本人民的生命财产遭受重大损失，生产生活遇到严重困难。生活在日本的华侨华人对此感同身受，踊跃捐款。两次捐款表达了在日中国同胞视日本为第二故乡，与日本人民团结一心，共同面对困难，为受灾地区重建尽微薄之力的心情。③

---

① 中国新闻网，http：//baijiahao. baidu. com/s？ id = 1605421321617982446&wfr = spider&for = pc。

② 全日本中国企业协会联合会于2015年在东京成立。该联合会是由东京在日中国企业协会、西日本中国企业联合会、名古屋中资企业协会、日本中部中资企业协会、新潟在日中国企业协会组成的自愿非营利性团体，目的是整合各地中资企业协会资源，更好地为在日中资企业服务。

③ 《华侨华人为日本暴雨灾区捐义款献爱心》，http：//www. chinaqw. com/hqhr/2018/08 - 09/198328. shtml。

四　在日新华侨喜爱在新中华街生活

老一代华侨华人在日本的发展主要是凭借“三把刀”——菜刀、剪刀、理发刀，即过去在日华侨华人的主要职业是厨师、裁缝、理发师等服务性行业。同老一代日本华侨华人不同，新一代华侨华人大多接受过良好的高等教育，具有较高学历，他们更愿意选择就职于信息技术相关的高科技企业，并且与中国有经贸往来的日本企业。目前，大多数在日华侨华人都在公司就职或从事教学科研领域的工作，还有相当一部分人从事信息技术、金融、环保、医疗等高新技术产业，仅有小部分从事贸易加工、运输和餐饮等传统产业。①

伴随着新华侨在日本的存在感和社会活跃度的增强，日本首都圈内的池袋和川口等地区出现了有别于横滨中华街、神户南京町、长崎新地中华街这“三大中华街”的新中华街。新中华街与传统中华街最大的不同之处在于，它们没有被“景点化”，而是作为一个日常购物和生活娱乐的平台，为在日华侨华人带来了切实的便利。新中华街的出现实际上促进了中日居民的和谐共处。②

韩国侨情

中国是韩国最大贸易伙伴、最大出口市场和最大进口来源国，韩国是中国第三大贸易伙伴和第二大外商直接投资来源地。2018 年中韩双边贸易总额达 3134.3 亿美元，增长 11.8%。其中，中方出口 1087.9 亿美元，比上年同期增加 5.9%；进口 2046.4 亿美元，增长 15.3%。截至 2018 年

① 《在日华人就业机会增多（侨界关注）》，《人民日报》（海外版）2018 年 8 月 7 日，http：//paper. people. com. cn/rmrbhwb/html/2018 - 08/07/content_ 1873043. htm。

② 《东京兴起多条新中华街》，《人民日报》（海外版）2018 年 10 月 15 日，http：//paper. people. com. cn/rmrbhwb/html/2018 - 10/15/content_ 1886094. htm。

底，韩国对华实际投资累计 770.4 亿美元，中国对韩国实际投资累计 76.4 亿美元。①

2018 年，中韩人员往来 947.1 万人次，其中韩国来华 419.3 万人次，内地居民赴韩 527.8 万人次。截至 2018 年底，韩国在华留学生约 6.7 万人，中国在韩国留学生约 6 万人，均居对方国家留学生人数之首。韩国有 23 家孔子学院和 5 家孔子课堂。②

韩国统计厅 2018 年 8 月 27 日公布的“2017 年人口住宅总调查”报告显示，以 2017 年 11 月 1 日为基准，韩国的总人口数为 5142 万人，较 2016 年（5127 万人）增加 0.3%。其中，在韩居住的外国人口总计为 147.9 万人，同比增加 6.5 万人，占韩国总人口数的 2.9%。62.2% 的外国人居住在首尔、仁川、京畿道等首都圈地区。外国人最密集的地区是首尔的永登浦，这里有 11.9% 的居民是外国人，其次是忠清北道阴城郡，外国人口占比为 11.2%。从国籍来看，在韩居住的中国朝鲜族共 49.8 万人，占外国人总数的 33.7%；中国其他民族共 21.2 万人，占比 14.3%。③

一　赴韩中国游客人数未恢复

韩国旅游发展局发布的数据显示，2018 年 1～10 月，访韩外国游客总计 1267.237 万人次，同比增长 14.1%，其中中国游客累计为 396.8977 万人次，同比增长 12.2%。萨德矛盾爆发前的 2016 年 1～10 月，访韩中国游客累计为 701.5203 万人次，与之相比，中国游客距离恢复至萨德矛盾爆发前

① 中华人民共和国外交部：https：//www.fmprc.gov.cn/web/gjhdq_ 676201/gj_ 676203/yz_ 676205/1206_ 676524/sbgx_ 676528/。

② 中华人民共和国外交部：https：//www.fmprc.gov.cn/web/gjhdq_ 676201/gj_ 676203/yz_ 676205/1206_ 676524/sbgx_ 676528/。

③《2017 年人口统计结果出炉　韩国成“全球老龄化速度最快国家”》，http：//www.icnkr.com/article-178563-1.html。

的水平仍有较大差距。①

由于自2017年3月起，中国下架赴韩团体游商品，中国旅游业至今未完全解除赴韩团体游的限制，韩国旅游业、免税店等遭受重创。多年来，韩国为接待中国游客，在基础设施方面也下足了功夫。在主要的景区周边，从大型商场到街边小店，几乎每家每户都雇用中国员工，基本上解决了沟通不便的问题。韩国的百货店、免税店、便利店等也都可以使用银联、支付宝等支付方式，还不时对中国游客推出特别折扣活动等。此外还有人工翻译、中文路牌等。韩国要把这些为中国游客量身打造的景点设施重新改造，为他国游客提供便利服务，短期内并不容易实现。② 从基数上看，中国游客人数即使再少，在赴韩外国游客整体中的占比也能长期保持第一。从消费能力看，中国人的消费水平也让其他国家游客难以望其项背。

据韩国免税店协会消息，2018年10月韩国免税店行业销售总额达14.38亿美元，同比增长28.6%，创史上第六大单月销量。2018年全年销售额将打破上年历史纪录（128亿美元），再创新高。③

二　韩国大学现嫌恶中国留学生怪象

近几年来，韩国政府积极吸引外国留学生，还制定了截至2023年吸引20万外国留学生的目标。据韩国教育部2018年9月10日的统计数据，2018年在韩外国留学生一共有14.2205万人，其中中国籍学生为6.8537万人，占比48.2%。④ 但是，随着大量中国留学生涌入，韩国大学里“嫌恶中国

① 《访韩中国游客仍未恢复至萨德前水平　日本游客填补空白》，https：//china. ajunews. com/view/20181213083123990。

② 《韩国旅游业不想依赖中国游客　然而没有那么容易》，《亚洲日报》，https：//baijiahao. baidu. com/s? id = 1617754665233216189&wfr = spider&for = pc。

③ 《韩国旅游业不想依赖中国游客　然而没有那么容易》，《亚洲日报》https：//baijiahao. baidu. com/s? id = 1617754665233216189&wfr = spider&for = pc。

④ 《在韩工作中国留学生：韩企气氛死板，上升空间小》，《亚洲日报》，https：//china. ajunews. com/view/20181123082948953。

人”现象愈发凸显。

在学习方面，韩国大学一般采取西方教育模式，除了考查出勤率，还通过小组发表、论文等方式对学生进行综合评分。在小组发表中，中国留学生由于语言不通，缺乏领导力。在“学分利益”的驱使下，多数韩国大学生会选择与能力突出的学生一组，避免与没有语言优势的外国学生合作。

而校方也默许各种对中国留学生的不公平待遇。举例来说，在宿舍分配方面，很多大学有着“欧美人优先中国人”的不成文规定。韩国大学宿舍并不是向所有学生提供，尤其是在寸土寸金的首尔地区，宿舍常常供不应求。同样是留学生，一些学校以宿舍数量有限为由规定欧美学生申请之后中国学生才能申请，或是仅允许欧美学生申请。

虽然随着留学生人数的日趋增加，留学生的素质和水平难免会良莠不齐，但是，一些管理不规范的大学打着零韩语基础入学、全额奖学金的幌子大肆招揽留学生，招到学生后只负责“招”、不负责“管”，令很多初到韩国的留学生处于“放养”状态，又因语言不通、环境不熟悉而无法很好地融入校园生活。

在如今这种多元化世界里，年轻人要学会尊重和理解文化差异，消除对彼此的误解和偏见。同时要摒弃以自我为中心的思考方式，创造和谐的大学环境。除了个人的努力之外，韩国大学也应该在“扩大规模”的同时做到“保证质量”。①

三　韩国人跨国婚姻更愿意选择中国新郎（娘）

韩国法务部 2018 年 9 月底发布的数据显示，截至 2018 年 6 月底，共有超过 15 万名韩国公民与外籍人士结婚，而这些外籍人士当中，有近 6 万人是中国籍。在韩国女性的涉外婚姻中，中国籍新郎数量最多，近 1.3 万人。

① 《韩媒关注韩大学“嫌弃中国学生”现象：分宿舍待遇不如欧美人》，参考消息，https：//baijiahao.baidu.com/s? id = 1611554132572495352&wfr = spider&for = pc。

其次是美国（2618 人）、越南（1955 人）、日本（1229 人）和加拿大（1114 人）。而韩国的外国新娘中，也以中国籍新娘人数居首，多达 4.5 万人。从地域分布来看，属首尔近郊的京畿道外籍配偶最多，约 4.41 万人。其次大多分布在首尔市、庆尚南道、仁川市以及忠清南道。京畿道、庆尚北道、忠清南道等地从事农业活动的人口比例普遍较高，由此可以看出这 15 万与外国人结婚的韩国人，大多数来自农村或在普通工厂工作。随着经济社会发展，韩国女性学历越来越高、经济更加独立，对男方条件的要求也随之提高。与韩国男性娶外国女性区别较大的是，韩国女性选择跨国婚姻，个人喜好所占的因素更大。①

四　中国朝鲜族聚居首尔西南部，融入韩国社会难成现实

中国朝鲜族虽然与大韩民族使用一样的民族文字，有着几乎一样的风俗传统，但实际上中国朝鲜族难以融入韩国当地社会。首尔西南圈下辖九老区、衿川区、永登浦区、铜雀区和冠岳区。目前，居住于首尔的中国朝鲜族共计 21.1 万人，其中超过 65% 集中于上述 5 区。由于成长环境和生活习惯差异，在教育、环境、社会安全等领域，中国朝鲜族与当地居民会时常发生大大小小的摩擦。为帮助在韩中国朝鲜族更好地融入韩国社会，减少与当地居民的摩擦，2018 年 11 月 27 日首尔市政府在国会举行“首尔西南圈民官协商”定期会议。会议集中讨论改善中国朝鲜族聚居地区形象的问题，加强对部分朝鲜族居民遵守交通规则、垃圾分类处理等社会秩序的教育，在案件多发地区增设监控，在跨国家庭儿童保育设施内安排专业翻译人员，对随父母入境韩国的青少年进行 5 小时的基本教育等内容也成为会议讨论的

① 新华社新媒体：《15 万对韩国涉外婚姻中，为何中国新郎（娘）最多?》，https：//baijiahao.baidu.com/s? id = 1614106957004271005&wfr = spider&for = pc。

焦点。①

每当韩国社会发生恶性暴力事件，中国朝鲜族总是莫名其妙地被韩国舆论攻击。韩国社会一直对中国朝鲜族存在偏见，认为其犯罪率高。但韩国刑事政策研究院 2017 年发表的官方统计关于外国人犯罪动向及特点的报告，以及警察厅的统计数据显示，2015 年以 10 万名人口为基准，韩国籍罪犯达 3369 人，而中国籍为 1858 人，即韩国人的犯罪率明显更高。韩国社会评论家朴权日表示，每次遇到超乎想象的残忍事件时，韩国人本能的思考方式会认为“这不是我们做的”，并且有把原因归结于外部的倾向。他还分析称，“朝鲜族的处境比较尴尬，既被定义为韩国同胞，但他们又不是韩国人。这种特殊的地位，使得朝鲜族很容易成为韩国人厌恶的对象和假想敌”。②

① 《超 6 成中国朝鲜族聚居首尔西南部》，《亚洲日报》，https：//china. ajunews. com/view/20181127080641166。

② 《韩国发生恶性凶杀案　中国朝鲜族频频躺枪》，亚洲经济网，http：//www. icnkr. com/article－179112－1. html。

B.3
新马泰菲文侨情分析

乔印伟*

摘　要： 随着中国国际地位的提高与“一带一路”的推进，中国与新加坡、马来西亚、泰国、菲律宾、文莱等国的交流合作取得进一步发展，人员交流更加频繁，经贸合作日益拓宽。新加坡连续五年成为在华投资最多的外资来源国；中国连续两年成为马来西亚制造业最大投资来源国；中国成为菲律宾最大贸易伙伴、第一大出口市场、第一大进口来源国。2018 年，马来西亚执政 60 年的“国民阵线”被反对党“希望联盟”取代，92 岁的马哈蒂尔再任总理，马来西亚政坛“变天”，华人社会震荡重组，成为东南亚乃至全球华人社会中的重大事件。妈祖金身赴新加坡、菲律宾“巡安”，进一步密切了中国与东南亚文化信仰等方面的联系。中国文学、书法、中医药、太极拳等在东南亚得到广泛传播；华文教育迎来新的发展机遇，在所在国家如马来西亚、新加坡等得到重视和发展；中国和新马泰菲文等国中文合作升级，多个华裔学生学中文夏令营来华游学。与此同时，中国游客在泰国、马来西亚等国人身安全事故频发，一些中国非法移民赴菲律宾等国遭到遣返，值得关注和警醒。

关键词： 华侨华人　新加坡　马来西亚　泰国　菲律宾　文莱

---

* 乔印伟，中国华侨华人研究所副研究员，研究方向为华侨华人、华文教育。

新加坡、马来西亚、泰国、菲律宾、文莱是东南亚的重要国家，中国人移居历史悠久，华侨华人人数众多，经济实力雄厚。这几个国家的侨情，既有传统侨居国的一些共同特点，又因为各个国家的具体情况不同而显示出各自的特色。二战后，随着新马菲文等国摆脱殖民统治取得独立或自治（泰国除外），华侨社会转化为华人社会，华人的族群认同式微。20 世纪 70 年代末中国改革开放后，中国和东南亚各国关系更加密切，华人族群认同焕发出新的活力。近年来，中国文学、书法、中医药、太极拳等在东南亚得到广泛传播；华文教育迎来新的发展机遇，在所在国家得到重视和发展；中国和新马泰菲文等国中文合作升级，多个华裔学生学中文夏令营来华游学；2018 年，妈祖金身赴新加坡、菲律宾“巡安”，进一步密切了中国与东南亚文化信仰等方面的联系。

随着中国国际地位的提高与“一带一路”的推进，中国与新马泰菲文等国的交流合作取得进一步发展，人员交流更加频繁，经贸合作日益拓宽，新增长点不断涌现。2015 年以来，中国已经成为东盟最主要的外资来源地之一。新加坡连续五年成为在华投资最多的外资来源国，中国连续两年成为马来西亚制造业最大投资来源国，中国已成为菲律宾最大贸易伙伴、第一大出口市场、第一大进口来源国。中国与东盟人员往来每年增加到近 5000 万人次，每周有 3800 多个航班往返于中国和东盟国家之间。越来越多的中国人赴东南亚各国来一场“说走就走的旅行”。中国游客在泰国、马来西亚等国人身安全事故频发；一些非法移民赴菲律宾等国遭到遣返，值得关注和警醒。2018 年，马来西亚执政 60 年的“国民阵线”被反对党“希望联盟”取代，92 岁的马哈蒂尔再任总理，马来西亚政坛“变天”，华人社会震荡重组，成为新马泰菲文等国华人社会中的重大事件。

2018 年 11 月 18 日至 20 日，国家主席习近平对文莱进行国事访问，为中文关系下一步发展做出顶层设计，促进双方在“一带一路”框架内合作的再升级。11 月 20 日，国家主席习近平首次访问菲律宾，具有历史性意义，是两国关系的重要里程碑。11 月 12 日，在李克强总理和新加坡总理李显龙共同见证下，中新两国政府在新加坡签署《自由贸易协定升级议定书》，不仅进一步充实中新“与时俱进的全方位合作伙伴关系”的内涵，还将对深化中国与东盟的经贸关系起到积极作用。

一　中国与新马泰菲文等国“一带一路”建设成果突显，经贸合作硕果累累

“一带一路”倡议给中国及东南亚各国带来了巨大的机遇。《中国海外投资指数2017》发布的数据显示，2015年以来，中国对东盟国家的投资情况发生了巨大的变化，越来越多的中国企业到东盟投资兴业，中国已经成为东盟最主要的外资来源地之一。双方贸易额从2003年的780亿美元跃升至2017年的5100亿美元。中国连续9年成为东盟第一大贸易伙伴，东盟连续7年成为中国第三大贸易伙伴。中国与东盟双向投资额累计超过2000亿美元。[①] 除了新加坡超越美国排名第一、马来西亚跃升至第4位之外，其他国家的排名也显著上升，泰国从第38位上升至第18位，印尼从第44位上升至第26位，菲律宾从第39位上升至第28位，越南从第40位上升至第30位。

新加坡连续五年成为在华投资最多的外资来源国。中新两国有很多合作项目，像苏州工业园、天津生态城、重庆的互联互通项目、广州知识城、南京生态科技岛和吉林食品区等。阿里巴巴也在新加坡设立了研究中心。中国商务部数据显示，中国对“一带一路”沿线国家的投资中，有近三分之一都是先流到了新加坡，而新加坡对中国的投资占“一带一路”国家对华投资总额的85%。新加坡正在打造四个平台来支持“一带一路”的发展。一是在金融方面，有很多中资企业到新加坡融资。二是在硬件设施方面，比如苏州工业园项目正在研究进行这方面的合作。三是在三方合作领域，除了找项目，也可以给“一带一路”沿线国家的官员进行培训。四是在法务合作方面。2018年11月12日，中新两国签署《自由贸易协定升级议定书》，对原中

① 《李克强在第21次中国—东盟领导人会议上的讲话》，中国政府网，2018年11月15日。

新自由贸易协定的原产地规则等6个领域进行升级，还新增电子商务、竞争政策和环境三个领域。该议定书实现了全面、高水平、互利共赢的谈判目标，有助于促进双方深化有关领域务实合作，不断增进两国企业和人民福祉。

马来西亚1974年与中国建交，两国在双边和国际地区事务中保持密切协调和配合，战略互信不断加深。马来西亚是最早响应“一带一路”倡议的国家之一，更是共建“一带一路”早期收获最丰硕的国家之一。自“一带一路”倡议提出以来的2013年至2017年11月，中马双边贸易额累计达11475亿林吉特；相比之前五年的7531亿林吉特，增长了52.4%。据中方统计，2017年中马双边贸易额为960.3亿美元，同比上升10.5%，占中国与东盟贸易额的18.7%。中国已连续9年成为马来西亚最大贸易伙伴。[①] 中国连续两年成为马制造业最大投资来源国，连续多年成为马工程施工承包的最主要合作方。

2013年以来，“一带一路”建设在泰国开花结果，中泰两国先后签署了关于共同推进“一带一路”建设、开展泰国东部经济走廊建设的谅解备忘录，为共建“一带一路”提供了政策制度保障。两国企业合作建设的泰中罗勇工业园是中国首批境外经济贸易合作区之一，截止到2018年10月，已有105家企业入驻。阿里巴巴、京东、华为等中国电商和科技企业积极参与泰国东部经济走廊数字化建设，建立地区数据中心，打造电商平台和智慧物流系统，助力泰国数字经济发展。两国央行签署规模700亿元人民币的双边本币互换协议，中方向泰方提供500亿元人民币合格境外机构投资额度，在曼谷设立人民币业务清算行。两国企业在金融科技、电子跨境支付等领域合作不断深入，支付宝、微信等电子支付方式全面入驻泰国商场和便利店。目前，学习中文已成为泰国社会新风尚，截止到2018年10月，有3.7万名中国学生在泰国学习，超过2.7万名泰国学生在中国留学。

自1975年建交以来，中菲两国在各领域合作不断拓展。杜特尔特总统2016年执政以来，已3次访华，两国关系出现了明显的发展。两年

① 《马来西亚总理马哈蒂尔将访华　中马关系受关注》，新华网，2018年8月17日。

来，中菲两国经贸关系快速发展，中国已成为菲律宾最大贸易伙伴、第一大出口市场、第一大进口来源国。2017 年，两国双边贸易额已突破 500 亿美元。[①]

2018 年是中文建立战略合作关系五周年，也是习近平主席提出“一带一路”倡议五周年。五年来，文莱积极响应并支持这一倡议，双方签署谅解备忘录，推动“一带一路”倡议同文莱“2035 宏愿”对接。两国经贸关系发展迅猛。官方统计，2017 年双边贸易额同比增长 36.5%，达到 10 亿美元，其中文莱对华出口额同比增长 58.8%，增速喜人。中方积极参与文莱基础设施建设，承建了大摩拉岛大桥、特里塞—鲁木高速公路、乌鲁都东水坝等工程，提升了文莱互联互通水平。文莱史上最大基建项目——淡布隆跨海大桥将把文莱东西两部分国土连在一起，两地路程也将由目前的两个多小时缩短至不到 20 分钟。

二　中国与新马泰菲文等国旅游文化交流更加频繁

“一带一路”“五通”之一的民心相通，是最重要的一环，加强旅游文化合作、扩大旅游规模、推销旅游产品及增强人民交流与文化交流等，都是可行之策。中国与东盟人员往来每年增加到近 5000 万人次，每周有 3800 多个航班往返于中国和东盟国家之间。数据显示，2018 年春节期间中国游客青睐的目的地主要集中在温暖的东南亚地区和日本。五大热门国家为泰国、日本、新加坡、越南、马来西亚。

新加坡旅游局公布的旅游数据显示，2017 年入境旅客从 2016 年的 1640 万人次增至 1740 万人次，其中，中国旅客达 3227000 人次，位居榜首；[②] 2017 年，超过 220 万中国游客赴马来西亚旅游。2018 年，造访泰国的中国观光客高达 1060 万人次，超过全年入境旅客的四分之一；[③] 2018 年，125

① 《习近平首访菲律宾将推动双边关系再升级》，中国新闻网，2018 年 11 月 19 日。

② 《中国首超印尼成新加坡旅游最大客源国》，中国侨网，2018 年 2 月 13 日。

③ 《2018 年泰国外籍观光客突破 3800 万　中国游客占比最高》，中国侨网，2019 年 1 月 23 日。

万中国人到菲律宾观光。[①] 2017 年，中国赴文莱游客达 5.2 万人次，中国成为文莱最大的游客来源国。越来越多的中国人赴东南亚各国来一场“说走就走的旅行”。

三　华文教育得到重视和发展

新加坡教育部和新加坡华文教研中心 2017 年进行的调查显示，近七成的雇员与近九成的雇主认为，掌握好华文在职场具有优势，能够和客户打交道，并和伙伴同事建立良好关系。母语教育仍是新加坡教育制度的基石，从学前、中小学到高等教育和终身学习，新加坡都积极鼓励母语学习。

2018 年 12 月 3 日，马来西亚财政部长林冠英宣布拨款 600 万林吉特给南方大学学院、新纪元大学学院及韩江大学学院三所当地华社兴办的大专院校。每所学院将获 200 万林吉特作为 2019 年的发展资金。林冠英表示，在 2019 年财政预算案首次制度化拨款 1200 万林吉特给“独中”，也为国民型中学拨款 1500 万林吉特作为发展资金。现在更进一步拨款给民办大专院校，让南方、新纪元和韩江三所大学学院也能受惠并减轻负担。在马来西亚 81 所华文中学中，除 1 所未提出申请及 14 所属于教会学校外，其余 66 所华中也都得到拨款。

2018 年 5 月 20 日，泰北中华文化教育基金会成立大会暨基金会理事会理事就职仪式在泰国清迈举行，中泰两国相关各界代表 300 余人出席。泰北地区有华侨华人近 200 万人，大小华文学校近 120 所，但大多数华校为补习学校，未纳入正规教育体系，面临资金、师资、教材缺乏等困难。为加强华文教育的统筹协调和资金保障，中国驻清迈总领馆 2017 年 5 月倡议成立泰北中华文化教育基金会筹委会，受到泰华各界的欢迎和支持。泰北中华文化教育基金会对于带动整个泰北地区华文教育事业全面发展、促进中泰民心相通和支持当地经济社会繁荣发展都具有十分重要的意义。

---

① 《习近平首访菲律宾将推动双边关系再升级》，中国新闻网，2018 年 11 月 19 日。

新加坡侨情

新加坡是以华族为主体民族的国家，总人口为561万人（2017年6月），公民和永久居民396万人。华族占75%左右，其余为马来人、印度人和其他民族。新加坡是一个多元文化的移民国家，促进种族和谐是政府治国的核心政策。自1965年建国以来，新加坡以稳定的政局、廉洁高效的政府而著称，其经济模式被称为“国家资本主义”。根据2018年的全球金融中心指数（GFCI）排名报告，新加坡是继纽约、伦敦、香港之后的第四大国际金融中心。2017年新加坡国内生产总值为3239亿美元，人均国内生产总值约为5.7万美元。《2018年新加坡经济调查报告》显示，2018年新加坡国内生产总值增长3.2%。2018年人类发展指数为0.899，居全球第11位。2018年，福建霞浦妈祖金身赴新加坡“巡安”，新加坡华族文化中心与高校合作联办系列文化活动，进一步强化了新加坡华族的文化认同。11月12日，中新两国政府签署《自由贸易协定升级议定书》，进一步夯实中新与时俱进的全方位合作伙伴关系。

（一）新加坡华族文化中心与高校合作联办系列文化活动

2018年4月23日，新加坡华族文化中心与新加坡国立大学中文系首次签署合作备忘录，接下来两年将推出一系列活动推广新加坡华族文化。合作备忘录为期两年，其间双方将开展三个已达成共识的项目——刊登并展示国大学生的作品、每年构思并举办两个公开讲座，以及在2019年举行国际学术研讨会，讨论新加坡本地华族艺术与文化等相关课题。2018年5月正式开幕的新加坡华族文化中心，旨在保留和发扬新加坡独特的本土华族文化，以及促进各族群间的相互了解。

（二）福建霞浦妈祖金身赴新加坡“巡安”

2018年11月6日，被誉为“妈祖第一行宫”的福建霞浦县松山天后行宫内香烟缭绕、鞭炮齐鸣，信众们手持清香，身披黄色绶带，在天后正殿为即将启程赴新加坡“巡安”的妈祖金身举行祭拜仪式。霞浦松山天后行宫妈祖此次赴新加坡“巡安”交流为期5天，其间护驾团成员还将参加“首届世界（新加坡）和谐文化节暨琼州天后宫165周年庆典”，于天福宫、兴安会馆天后宫、福州会馆天后宫等宫庙开展联谊交流。

（三）新加坡福建籍侨领谢全辉去世，生前捐赠家乡逾千万元

新加坡著名侨领谢全辉先生2018年8月27日在新加坡去世，享年69岁。谢全辉先生出生于1950年2月16日，1959年随母亲漂洋过海远渡新加坡。他不畏艰难困苦，1973年在新加坡创立了私人建筑公司后，又先后创办10多家酒店、贸易、建筑、科技等公司，成就了一番事业。几十年以来，谢全辉心系桑梓，乐善好施，捐赠给家乡修建小学、村路、村影剧院、老人会等公益事业善款逾1500万元人民币。他还从2011年起，每年春节捐赠3万元人民币慰问谢塘村70岁以上老人，8年间从未间断。

马来西亚侨情

马来西亚是一个多元民族多元文化的国家。马来西亚在20世纪90年代经济发展突飞猛进，为“亚洲四小虎”国家之一，现已成为亚洲地区引人注目的多元化新兴工业国家和世界新兴市场经济体。2018年，马来西亚的人口估计为3240万人。自1957年独立以来，华族人口比率不断降低，从当时占总人口的38%下降到2016年的23.4%（2016年华族总人口6645600人），2017年下降到23.2%（2017年华族总人口667万人），2018年虽然增加至669万人，却下降到总人口的23%。

马来西亚与中国传统友谊源远流长。马来西亚1974年与中国建交，中马关系始终走在中国与东盟国家关系的前列。中国已连续6年是马来西亚外国游客最大来源国之一。2017年，超过220万人次的中国游客赴

马来西亚旅游。中马两国友好合作关系蓬勃发展，呈现出全方位、多领域、深层次的良好发展势头。2018 年，马来西亚华文教育因政府的支持拨款等措施进一步改善。5 月 9 日的大选中，“希望联盟”获胜，结束了“国民阵线”60 年的执政历史，马华社会震荡并开始重组。

一　华人政党与政治

“2018 马来西亚年度汉字”评选 12 月 8 日在吉隆坡中华大会堂总会揭晓，经过世界各地马来西亚籍人士投票，“变”字以逾四成的得票率中选。“新”字则以超过 37% 的得票率居于第二位。“变”及与“变”字异曲同工的“新”字名列前两位，代表马来西亚民众对国家现况的一致看法，既反映马来西亚 2018 年大选政局“变天”，体现马来西亚政治格局、政治观念的变化，也展现民众对国家新未来的期待。

（一）马来西亚大选“希望联盟”获胜，结束“国民阵线”60 年执政

5 月 9 日，马来西亚第 14 届全国大选投票，全国共有约 1494 万名合格选民。朝野各党共角逐国会下议院 222 席和 12 州的 505 席州议席（不包括东马的沙捞越州）。官方计票显示，92 岁的前总理马哈蒂尔所带领的反对党“希望联盟”（PH）胜选，终结执政联盟“国民阵线”（BN）60 年的执政。“希望联盟”共获得 113 席，其中公正党赢得 104 席（包括盟党以蓝眼旗帜参选的议席），民主行动党 9 席（只包括东马行动党以自家党徽上阵的议席）。“国民阵线”赢得 79 席。其他政党方面，伊斯兰党夺得 18 席，“希望联盟”的盟友政党沙巴民族复兴党 8 席，国家团结党 1 席，独立人士3 席。①

马来西亚实行简单多数选举制度，通常在国会下议院取得多数席位的政

① 中国新闻网，2018 年 5 月 10 日。

党可以组阁。马来西亚注册政党有 40 多个。巫统、马华公会和印度人国大党等政党组成“国民阵线”联合执政。2015 年 9 月，人民公正党、民主行动党和国家诚信党组建“希望联盟”，取代已分裂的反对党联盟人民联盟。前总理马哈蒂尔带领的“希望联盟”胜出大选。马华公会署理总会长魏家祥在亚依淡以 303 张多数票险胜，这是马华公会在本次大选中获得的唯一议席。自马来西亚 1957 年独立以来，以巫统为核心的政党联盟一直连续执政。然而，此次“国阵”的议席数从上届大选的 133 个锐减至 79 个，“国阵”长期压倒性胜利的时代一去不返。

（二）马华公会推“828无拉港宣言”，重新定位寻求选民支持

8 月 28 日，马来西亚马华公会推展“828 无拉港宣言”，并决定放下历史政治包袱，从无拉港州议席补选开始，以马华党徽重新出发，确立政治新定位，寻求选民的认同及支持。马华公会总会长廖中莱指出，马来西亚第 14 届大选实现建国以来的第一次政权轮替，是马来西亚民主发展的一大里程碑。马华公会诚心接受人民选票的抉择，决定在新政治的道路上，扮演好新的政治角色。廖中莱指出，马华公会推展的无拉港宣言包括：第一，马华痛定思痛，决定“走一条马华自主的路，走一条服务全民的路”；第二，坚持民主法治、推动民主自由、伸张平等正义；第三，马华坚持推动透明、高效与廉洁良政；第四，肯定政党轮替、朝野互相制衡的民主政治精神，落实“有效监督、理性制衡”；第五，全力落实健康的两线制，争取支持重回政治主流。廖中莱重申，马华必定坚守底线，确保大马华裔基本权利，包括华文教育得以永续发展，不容任何人以打造马来西亚人为借口，导致华裔同胞丧失本质的特征。廖中莱说，无拉港宣言确立了马华的全新方向和定位。

（三）马华领导层选举，魏家祥当选新任总会长

11 月 4 日，马来西亚前执政联盟成员党马华公会举行 2018 年大选落败后的首次领导层选举。原任署理总会长魏家祥当选新任总会长，其阵营的署理总会长候选人马汉顺也顺利当选。马华这次党选首次采用扩大代表制，有

权投票者从往年的2000多名中央代表，扩大到全国188个区会的约32400名区会代表。这些区会共设160个投票站，因为部分区会共用投票站。总计票中心则在马华总部。马华这次采用的新党选制度类似美国总统选举“选举人团”（Electoral College）制度。新制度规定全国188个区会按党员人数而获得1~7张的选举人票，总数为636票。候选人只要获得其中半数选票即318票就算当选。

（四）马来西亚公务员申请者华裔仅占1.6%

马来西亚总理署部长刘伟强2018年10月16日指出，公共服务委员会（SPA）2015年至2018年6月的数据显示，公务员申请者中，华裔只有1.61%。在申请公务员的族群中，马来族最多，占总数的79.66%，沙巴土著占7.84%，沙捞越土著占5.59%，印裔占3.21%，其他种族占1.84%，华裔占1.61%，原住民占0.25%。

二 华文教育与文化

（一）华文小学有学生51.8万余人，过去10年减少11.2万余人

马来西亚华校教师会总会（教总）2018年9月2日发布的一份报告显示，从2008年到2018年，马来西亚华文小学（华小）在校学生减少了11.2万余人，下降幅度达17.8%。报告称，2008年，马来西亚华小拥有学生逾63万人，2018年则下降到51.8万余人。马来西亚13个州中，除纳闽州以外，有12个州华小学生同期都呈现下降趋势。报告指出，马来西亚民众出生率下降和人口老化是华小学生人数下降的主要因素。过去10年间，马来西亚以马来语为主要教学媒介的国民小学学生人数也下降了8.46%，以泰米尔语为主要教学媒介的泰米尔小学学生人数更是大幅下降22.54%。

目前，马来西亚总计1298所华小中，逾六成位于乡村地区，但只有三

成学生在乡村地区华小就读。马来西亚有近百所华小的学生人数不超过30人，更有10所华小学生人数少于10人。与此同时，马来西亚有141所华小的学生人数超过1000人，更有6所华小的学生人数超过3000人。为了重振华小生命力，2018年9月，马来西亚教育部计划拨款加快推进“10+6”+“10”共26所新建和搬迁华小的工作，部分校舍的兴建工作可于2019年完成。

（二）马来西亚政府向华中华小拨款6500万林吉特

2018年12月27日，马来西亚教育部副部长张念群透露，马来西亚政府2018年向国民型华文小学（华小）拨款5000万林吉特，拨款已于26日首次以电子转账的方式全部完成。张念群还表示，马政府已于12月21日向国民型华文中学（华中）发放1500万林吉特维修特别拨款。

华文中学分为国民型华文中学和华文独立中学，除81所华中外还有61所“独中”。2017年马来西亚华中（不含“独中”）在校生为10.7万余人。张念群称，除去415所属于政府学校的华小以外，其余883所受政府资助的华小中，有68所未提出申请，37所属于教会学校，6所已经获得迁校基金，其余772所则根据估价、学生人数、所属地区等条件获得金额不等的拨款。而在马来西亚81所华文中学中，除1所未提出申请及14所属于教会学校外，其余66所华中也都得到拨款。

（三）马来西亚华社兴办的三所大专院校获政府拨款

2018年12月3日，马来西亚财政部长林冠英宣布拨款600万林吉特给南方大学学院、新纪元大学学院及韩江大学学院三所当地华社兴办的大专院校。每所学院将获200万林吉特作为2019年的发展开销。林冠英表示，希望联盟政府感激华社努力为国家造育英才，现在更进一步向民办大专院校拨款，让南方、新纪元和韩江三所大学学院也能受惠并减轻负担。

（四）马来西亚首座民办华人博物馆试营业

2018年5月1日，由马来西亚华人社团“中华大会堂”组织筹建的华人博物馆，在吉隆坡迎来试营业，这是大马第一座民办华人博物馆。华人博物馆占地面积超过1200平方米、耗资500万林吉特（约合950万元人民币），收藏逾800件珍贵文物，以及历史资料、档案和照片，将展现华人在这片土地的奋斗史。博物馆共分为15个展区，采用时间顺序，展现不同时期不同的历史场景和文物，除了静态文物、图片和布景外，也有动态的宣导影片。在不同的展区，可看到古旧的历史原貌，例如原味原汁的“德兴金铺”、“华昌”、“翠香楼”、“华美洋服”、“福章书店”等。博物馆将突显600多年来，华人参与马来西亚建设与发展的过程，希望年轻人能多了解先贤做出的贡献。博物馆将定时更换展物和主题，让展览更丰富、多元和互动。据不完全统计，目前，全球华侨博物馆、纪念馆、展览馆等已有近50家，中国之外则有8个国家建立了20座华人博物馆。

泰国侨情

泰国是世界新兴工业国家和世界新兴市场经济体之一。2016年，泰国总人口约为6886万人，华侨华人约有900万，占全国人口的13%。泰国华人主要居住在曼谷和半岛中部。泰国华人同化程度非常高，20世纪之前移居泰国的华人和华泰混血，大多已经完全融入当地社会，不被计算在华人人口之中。泰国华人经济实力强、融入当地深、作用发挥大，侨团数量众多、历史悠久、运行规范，是推动中泰两国多领域合作、发展中泰友好关系的重要力量。多年来，泰国华人通过建立侨团敦睦乡谊、团结互助、贡献社会，既推动了侨胞在住在国的发展，也为泰国经济发展、社会稳定发挥了积极作用。2018年，前往泰国旅游的中国游客高达1060万人次，创历史新高，中国游客在泰国发生至少8起事故，值得警醒。中国人也成为曼谷公寓的最大买家。

（一）2018年泰国外籍观光客3800万人次，中国游客占比最高

2018年，泰国外籍观光客突破3800万人次，造访泰国的中国观光客高

达1060万人次，超过全年入境游客的四分之一，比2017年的950万人次增加逾百万人次。2018年3800万观光人次为泰国国库带进2兆泰铢收入，相对于2017年3560万人次的1.8兆泰铢、2016年3250万人次的1.6兆泰铢，已经是连续3年增长。

（二）中国人成曼谷公寓最大买家

中国买家在曼谷房地产市场上占据主导地位。泰国公寓业协会名誉主席巴色·达杜拉亚沙迪2018年8月指出，2017年，出售给外国买家的公寓楼总价值达710亿泰铢（约合21亿美元），占曼谷公寓买卖总价值的27%。其中三分之一（约236亿泰铢）是出售给来自中国内地和中国香港的买家——这个数字远高于2016年的130亿泰铢。2018年，中国人对泰国房地产开发的投资已经超过了包括日本人在内的其他所有外国投资者。[①]

（三）谢氏兄弟再度蝉联泰国首富

2019年5月3日，福布斯公布2018年泰国50富豪榜，正大集团谢国民家族以总资产9377亿泰铢，约合人民币1875亿元蝉联泰国首富，六度问鼎这一王座。如今由谢国民掌舵的正大集团，是世界最大的华人跨国集团之一，业务涉及农牧业、食品业、商业零售业、制药、房地产、国际贸易等多个领域。1979年，中国改革开放的帷幕刚刚拉开，深受父亲教诲的谢国民兄弟便做出了到中国投资这一令世界经济人士震动的决定。正大集团选择在刚辟为经济特区的深圳投资，取得了深圳市“001号”中外合资企业营业执照，还拉来了世界知名的农牧企业——美国大陆谷物公司合资建厂。之后，又相继在珠海、汕头领取了“001号”外商营业执照，成为改革开放后第一个在华投资的外商集团。此后，正大集团在中国发展迅猛。短短几年，便扩展到了农牧、水产、石化、房地产、医药、零售、摩托车、电信、金融等多个领域。

① 《中国人成曼谷公寓最大买家》，参考消息网，2018年8月10日。

（四）中泰全力开展翻船事故搜救工作

据不完全统计，2018 年，中国游客在泰国发生至少 8 起事故。2018 年 7 月 5 日，两艘载有 122 名中国游客的游船在返回普吉岛途中，突遇特大暴风雨发生倾覆。8 日，泰国总理巴育就普吉游船倾覆事故向习近平主席和李克强总理致亲署信，对事故遇难者表示沉痛哀悼，对遇难者家属和受伤人员致以诚挚慰问。巴育总理表示，泰王国政府和所有相关部门高度重视事件处置，迅速向受影响人员提供紧急救助和妥善安排，及时成立了搜救指挥中心，积极开展搜救工作，对事故的全面调查也已展开。泰方将继续尽最大努力搜寻失踪人员，并向所有受影响人员和家庭提供必要帮助和支持。泰国政府有决心尽最大努力避免类似悲剧再次发生。同日，泰国外长敦也向王毅国务委员兼外长致电慰问。7 月 9 日，外交部发言人介绍，经多方核实，两船乘客中共有 127 名中国公民，其中有 5 人未登船，实际登船人数 122 人。其中 75 人获救，41 人不幸遇难，另有 6 人失联。

（五）81名泰国华裔青少年结束扬州“寻根之旅”

2018 年 4 月 26 日，81 名参加 2018 年海外华裔青少年“中国寻根之旅”春令营的泰国华裔青少年结束在扬州为期 8 天的文化寻根和中文学习之旅。“这段美好的游学生活将成为每一个营员永久而珍贵的回忆。”来自泰国的华裔青少年徐月芬代表全体营员在闭营仪式上发言时说，他们来自泰国不同的学校，在来扬州之前他们互相都不认识，今天，他们已经结下了深厚的友谊。在扬州，他们零距离接触中华传统文化，学习中文。她表示，会把此行的快乐带回泰国与家人、老师、同学、朋友分享，做一个传播中国声音的小使者。

（六）泰国华裔企业家参政，宣布创建“新未来党”

华裔企业家塔纳通・宗龙伦吉，中文名字庄海文，2018 年 3 月 15 日宣布创建“新未来党”，意欲投入泰国议会选举，推动国家摆脱政治对立。塔纳通强调，一段时期以来政坛各方过分关注政治斗争，而过少关注泰国经济发展，让国家失去太多机遇，新未来党有意改变这种政治现状。“就解决泰国社会问题、引领社会前进，新未来党不会是一个小党，而是一个主要政党”，塔纳通说，“我们要与为泰党、民主党以及支持现政府的政党奋力争夺选票。我们一定要成为泰国的主要政党。”①

菲律宾侨情

菲律宾位于亚洲东南部，是一个群岛国家。2016 年，菲律宾人口 1.03 亿，华人约为 200 万人，占全国人口的 2%，遍布全菲各地。菲律宾侨团历史悠久且数量很多，现有大小侨团 3000 余个。中国改革开放后，有一些新移民进入菲律宾。自 1975 年建交以来，中菲关系总体发展顺利，各领域合作不断拓展。杜特尔特总统 2016 年执政以来，已 3 次访华。近年来，中菲两国经贸关系快速发展，中国已成为菲律宾最大贸易伙伴、第一大出口市场、第一大进口来源国，2017 年两国双边贸易额已突破 500 亿美元。2018 年，125 万中国游客访菲律宾。湄洲妈祖“巡安”菲律宾，进一步密切了中菲关系。2018 年 11 月 20 日，中国国家主席习近平首次访问菲律宾，掀开了两国合作的新篇章。

（一）习近平首访菲律宾，携手共绘中菲关系新蓝图

2018 年 11 月 20 日，中国国家主席习近平首次访问菲律宾，中菲两国元首一致决定在相互尊重、坦诚相待、平等互利、合作共赢基础上建立中菲全面战略合作关系，这一日将载入中菲关系史册。两年来，通过 6 次会晤，习近平同杜特尔特不断巩固共识，增进友谊。

中菲元首此次会晤，论历史，谈今朝，望未来，所谈及的内容丰富，亮点频多：从制定宏大的双边规划远景图，到具体的安全、发展、人文三大支柱领域等务实合作，深化“一带一路”倡议同菲律宾发展战略对接，从共

① 《泰国华裔企业家参政　宣布创建“新未来党”》，新华网，2018 年 3 月 17 日。

同维护南海和平稳定，到携手推动中国—东盟关系优化升级，推动东亚合作得到更大发展……

会谈后，两国元首共同见证了多项双边合作文件的签署，其中包括两份重磅文件：《中华人民共和国政府与菲律宾共和国政府关于共同推进“一带一路”建设的谅解备忘录》和《中华人民共和国政府与菲律宾共和国政府关于油气开发合作的谅解备忘录》。菲律宾总统杜特尔特表示，“这是中国国家主席13年来首次到访，具有历史性意义，是两国关系的重要里程碑，将掀开两国伙伴合作的新篇章”。

（二）125万中国游客到访菲律宾，较2017年增长29.62%

2018年，有710万名游客抵达菲律宾，较2017年的662万人次增长了7.25%。韩国仍然是菲律宾的首要客源，有158万韩国人到菲律宾观光。中国排名第二，125万中国人到菲律宾观光，较2017年增长了29.62%。

（三）在菲中国劳工有上升趋势，许多以游客身份赴菲

菲律宾政府于2015年至2017年，签发了115752张外侨就业许可证。其中，51000张许可证发给中国人。2015年至2018年，有约2000名中国人受聘于建筑业。根据劳动法，没有符合资格的菲律宾人胜任，才可以签发外侨就业许可证。移民局说，2017年至2018年，只有2万名外籍人士获批工作签证。菲律宾劳工部2018年11月26日确认，有大量外国游客涌入并最终在菲就业，尤其是中国公民。移民局再次警告外籍人士，不要在没有申请到必要的工作签证或特别工作签证的情况下在菲律宾经商，工作签证的有效期为1~3年，而特别工作签证的有效期为3~6个月。

（四）近三年被遣返外国人以中国公民数量最多

菲律宾移民局记录显示，2016年至2018年，在被菲律宾驱逐出境的外国人中，中国公民最多。2016年，有40名中国公民被遣回中国；2017年，有

1248 名中国公民被遣回中国；2018 年 1 月至 10 月期间，有 222 名中国公民被遣回中国。有大量外国游客涌入并最终在菲就业，尤其是中国公民。

（五）湄洲妈祖千年来首次“巡安”菲律宾

2018 年 10 月 20 日至 25 日，湄洲妈祖祖庙董事会护驾湄洲妈祖，千年来首次“巡安”菲律宾，其间进行了妈祖“巡安”马尼拉、驻跸花园口临时行宫、慈善捐赠、民俗文艺演出和妈祖祭典等妈祖文化交流活动。此次湄洲妈祖金身应菲律宾马尼拉慈航禅寺及华侨代表所邀，妈祖“巡安”菲律宾是践行妈祖“立德、行善、大爱”精神。2009 年，妈祖信俗被列为世界人类非物质文化遗产，如今有上万座从湄洲祖庙分灵出去的妈祖庙（天后宫），遍布 45 个国家和地区，全球妈祖信众多达 3 亿余人。妈祖“巡安”菲律宾，成为中菲两国民间友好交流的历史见证。菲律宾前总统、马尼拉现任市长埃斯特拉达批复，在 10 月 23 日湄洲妈祖临时驻跸的马尼拉花园口临时行宫所在地，建设水泥结构的妈祖行宫，供菲律宾妈祖信众瞻仰膜拜。埃斯特拉达表示，批复在马尼拉建立菲律宾妈祖行宫，是“妈祖下南洋”等活动的延续，也是马尼拉市政府对马尼拉慈航禅寺举行妈祖活动的再次支持。祈愿妈祖保佑菲律宾风调雨顺，国泰民安。

（六）菲律宾华裔学生学中文夏令营开营

4 月 1 日，由国务院侨办、福建省侨办主办，集美大学、华侨大学、泉州师范学院和泉州南少林国际学校承办，菲律宾菲华商联总会永远名誉理事长陈永栽资助组织的 2018 年“中国寻根之旅”菲律宾华裔学生学中文夏令营在厦门集美大学举行开营仪式。940 名菲律宾华裔青少年齐聚一堂，开启近两个月的文化寻根和中文学习之旅。

（七）陈锦燕获海外菲律宾人优越成就总统勋章

旅居秘鲁十多年的菲律宾华人女性陈锦燕，12 月荣获 2018 年度海外菲律宾人优越成就总统勋章。在颁奖时，总统赞扬她在为秘鲁的贫困菲律宾人提供宝贵援助以及在为海外菲律宾社区创造团结和归属感方面的良好作用。陈锦燕被公司派往秘鲁工作，十多年来，无论服务对象是客户、员工、学生、观众或者是苦恼的人，她都热诚相待，提供人道主义援助。在秘鲁利马，有个生活着170多名菲律宾人且不断发展壮大的社区，她经常以志愿者协调员的身份配合菲律宾驻秘鲁大使馆工作。她还帮助陷入不利境地的菲律宾人，特别是妇女和儿童。她在移民、法律、劳工和福利问题等方面提供建议和帮助，发挥关键作用。

文莱侨情

文莱位于加里曼丹岛西北部，是一个以原油和天然气为经济支柱的国家，两者收入占整个国家国内生产总值的50%。2016年文莱人均GDP为26939美元，居世界第26位。中国与文莱友好关系源远流长。2017年文莱总人口为42.13万人，华人占10.3%，总数约4万人。他们既充分融入当地社会，又相对完整地保留了中华文化传统。2018年11月18日至20日，国家主席习近平对文莱进行国事访问，促进了中文双方在“一带一路”框架内合作的再升级。

（一）习近平对文莱进行国事访问，促进中文合作再升级

2018年11月18日至20日，国家主席习近平对文莱进行国事访问，同文莱苏丹哈桑纳尔举行会谈，实现两国元首短期内历史性互访。这是习近平主席对文莱首访，也是中国国家元首时隔13年再次访问文莱。习近平主席访问文莱，为中文关系下一步发展做出顶层设计，促进双方在“一带一路”框架内合作的再升级。2018年是中文建立战略合作关系五周年，也是习近平主席提出“一带一路”倡议五周年。五年来，文莱积极响应并支持这一倡议，双方签署谅解备忘录，推动“一带一路”倡议同文莱“2035宏愿”对接，两国经贸关系发展迅猛。据官方统计，2017年双边贸易额同比增长36.5%，达到10亿美元，而其中文莱对华出口额同比增长58.8%，增速喜

人。2018 年，中文贸易额 18.4 亿美元，同比上升 86%。其中，中方出口 15.9 亿美元，同比增长 149.8%，中方进口 2.5 亿美元，同比下降 29.5%。中方从文进口的商品主要是原油，向文出口的商品主要为纺织品、建材和塑料制品等。两国在投资、承包劳务等方面合作成效显著。截至 2018 年 11 月底，中方在文累计签订工程承包合同额 31.3 亿美元，完成营业额 30.1 亿美元，中方对文各类投资存量 2.7 亿美元。[①]

中文建交 27 年来，两国关系一直被视为大小国家平等相待、和睦相处的典范。文莱不但是亚投行 21 个首批意向创始成员国之一，还是中国企业在东南亚投资活跃之地。在人文交流领域，2003 年中国给予文莱公民免签待遇，2016 年文莱给予中国公民落地签待遇。官方统计数据显示，2017 年，中国赴文游客人数达 5.2 万人次，中国成为文莱最大的游客来源国。

（二）中华中学延续中文教育近百年

文莱中华中学是文莱多所中文学校中规模最大、历史最长、师生人数最多的学校，也是当地坚持中华文化传承的表率。文莱中华中学创办于 1922 年。当初，文莱当地华人筹办这所学校是为了传承汉语、延续中华文化。经过近百年发展，这所学校目前已涵盖从幼儿园到高中各阶段的教育，在校学生超过 2300 人。[②] 近年来，通过 G20 杭州峰会、世界互联网大会、中国国际进口博览会等国际盛事，文莱社会更加关注中国发展，而当地人学习中文的热情也更为高涨。目前，文莱中华中学的非华裔学生占到了 26%，且人数还在持续增加。

为了让孩子们学习更地道的中文，学校多次从中国聘请专业教师。学校给学生们提供了各类社团活动和兴趣班，比如中国传统乐器演奏、书法、国画、武术、诗歌朗诵等，让孩子们从小就有机会接受中华传统艺术文化的熏陶。文莱中华中学还定期组织冬夏令营、寻根之旅等赴华交流活动。

① 外交部网站，https：//www.fmprc.gov.cn。

② 央视网，2018 年 11 月 19 日。

（三）知名侨领刘锦国去世，曾被册封为文莱丕显

文莱华人领袖刘锦国 2018 年 1 月 7 日在斯里巴加湾市去世，享年 98 岁。刘锦国 1920 年生，祖籍福建小金门，是文莱最大的零售业主、农场主，是文莱华和百货商场、华和机械农场以及华和文化基金会董事长。刘锦国对华友好，支持两岸和平统一。他热心慈善事业，提倡发展华文教育，2008 年 5 月曾回厦门祭祖。文莱苏丹哈桑纳尔·博尔基亚 2004 年册封刘锦国为丕显（Pehin，是文莱平民能够获得的最高荣誉），成为文莱华人四位平民出身的丕显之一。

B.4

越老柬缅印尼侨情分析

罗　杨*

摘　要： 2018年，越南、老挝、柬埔寨、缅甸、印尼的侨情稳中有变。在经济领域，越南华侨华人企业面临国内和国际市场的双重机遇与挑战；老挝的湘商崛起；柬埔寨华商在该国多年的战乱结束后涅槃重生；中缅“人字形”经济走廊的建设为缅甸华侨华人经济注入新的活力；印尼中资企业的高科技项目成果突出。在社团活动方面，这五国华侨华人的传统社团继续发挥弘扬中华文化、办好华文教育、做好公益慈善等职能，重视青年工作、充当经贸合作的中介，是部分传统社团的新特点，来自中国的投资者纷纷以省籍或行业为单位组建商会组织。在文化教育和传媒方面，上述各国的华侨华人文化都日益成为该国多元民族文化的组成部分，随着“一带一路”倡议的推进，这五国的华文教育和华文媒体有了新的发展机遇。

关键词： 侨情　经济合作　社团活动　文化教育和传媒

2018年，随着中国“一带一路”建设的推进，中国与越南、老挝、柬埔寨、缅甸、印尼五国的联系进一步增强，中国在这五国的进出口贸易、对

---

* 罗杨，中国华侨华人研究所副研究员、学术管理中心主任，研究方向为东南亚社会与文化、华侨华人。

外投资、援助、旅游客源、来华留学生人数等领域的比重不断上升。越南、缅甸、印尼的华侨华人人数总体平稳，柬埔寨、老挝的新侨数量增长显著，并且多数来自福建、广东等传统侨乡以外的省份。上述五国都制定了相应的经济政策，响应中国的“一带一路”建设，越南华商积极融入该国国民经济体系，老挝的湘商崛起，柬埔寨将西港经济特区打造为“一带一路”上的样板工程，中缅“人字形”经济走廊建设取得新进展，印尼中资企业高科技项目成果突出。“一带一路”建设不仅给这五国的华商经济注入新的活力，也促进了中华文化的传播、华文教育的繁荣、华文媒体的兴盛，越南传统的华人建筑遗迹入选国家级文化遗产，老挝革新开放后首份华文报纸创刊，柬埔寨华人创办的第一所大学柬华理工大学进入筹备阶段，中缅传媒合作新平台“中缅联合出版（数字）编辑中心”成立，印尼各地区的华文教育机构联系更加紧密。总体而言，五国侨情，稳中有变，老侨坚守文教阵地，新侨重在商业开拓，随着这五国的进一步改革、发展、开放，中国与它们的联系不断增强，华侨华人仍有很大的发展空间和发展机遇。

越南侨情

“一带一路”推动着中国与越南在商贸、物流等方面建立更加紧密的联系，作为邻国，越南从中获益颇多。据统计，近年来越南通过跨境劳务合作试点进入中国务工者近 30 万人次。开展跨境劳务合作是中越经贸合作和沿边产业转型升级的迫切需求，一方面解决了边境地区招工难、用工贵等问题；另一方面，越南边民可以更加方便地到中国打工、做生意，享受共建“一带一路”带来的红利。[①] 目前，中国是越南最大的进口来源国，占其进口总额的三分之一，同时中国还是越南第 4 大出口对象国。中越两国的双边贸易呈现加速增长的趋势，在过去 10 年间增加了 10 倍，增速在中国的主要贸易伙伴中名列前茅，而 14 年来，中国一直是越南最大的商贸合作

① 越南中国商会微信公众号，2019 年 4 月 26 日。

伙伴。① 2018 年，中越两国实现了双边贸易额突破 1000 亿美元的目标，中国成为首个创下这一纪录的贸易伙伴，双方还达成了共建跨境经济合作区、跨境旅游合作区等重要共识。②

中国政府"一带一路"奖学金等给越南学生带来更多留学中国的机会。目前，在广西的越南留学生已达 3000 多人。③ 赴中国留学的越南留学生已超过 1 万人，在全球赴华留学的学生当中，越南排在第 10 位。2015 年，中越两国人员往来超过 300 万人次，④ 而到 2017 年，两国人员往来已突破 1000 万人次。⑤ 越南统计总局公布的数据显示，中国是越南第二大客源国。

一　侨情概述

1999 年，越南人口普查数据显示，华族有 862371 人，占越南总人口的 1.1%；2009 年，越南的华族有 823071 人，占越南总人口的 0.96%，华族是越南第 8 大民族。⑥ 2013 年，越南华侨华人的人数将近 100 万人。⑦

1959 年，越南劳动党成立"华人工运干事处"，动员华人参与抗美斗争。20 世纪 70 年代的排华运动过后，1987 年，越南为了加强对华人的管理，越共中央民运部设立了华人工作委员会，并在省、市级设立了华人工作处，在郡、坊级设立了华人工作组，专门负责华人事务。2012 年 3 月，胡志明市华人工作机构被纳入民族管理机构"民族处"统一管理。

---

① 《西贡解放日报》2018 年 12 月 20 日。

② 《西贡解放日报》2018 年 12 月 20 日。

③ 越南中国商会微信公众号，2019 年 4 月 26 日。

④ 黄日涵、陆琮渊：《越境克难，迈向新局：越南华侨华人》，皮书数据库，2016 年 8 月，http：//www.pishu.com.cn/skwx_ps/databasedetail? contentType = literature&subLibID = &type = &SiteID = 14&contentId = 7370611&wordIndex = 2。

⑤ 《西贡解放日报》2018 年 12 月 20 日。

⑥ 人口统计数据摘自维基百科。

⑦ 黄日涵、陆琮渊：《越境克难，迈向新局：越南华侨华人》，皮书数据库，2016 年 8 月，http：//www.pishu.com.cn/skwx_ps/databasedetail? contentType = literature&subLibID = &type = &SiteID = 14&contentId = 7370611&wordIndex = 2。

在文化方面，华侨华人在越南生存发展历史悠久，保留了会馆、宫庙等很多文化遗迹，也传承着春节、元宵、清明、端午、重阳等民俗活动及舞狮、戏曲等文艺形式，这些物质文化遗产和非物质文化遗产已成为越南多元民族文化的重要组成部分。

二　经济合作

2017 年，越南的经济增长率达 6.8%，[①] 其国内经济逐步摆脱衰退困境，进入稳步增长的阶段，越南日益成为全球投资商瞄准的新兴市场。华人企业在过去一年中取得可观的业绩，尤其是华人集中的胡志明市第十郡的华人中小企业，营业额普遍增长 5% ~10%。[②]

2018 年，越南经济领域主要有两方面的变化与华侨华人紧密相关。一是与东盟的自由贸易协定生效，华侨华人企业面临国内市场和国际市场的双重机遇与挑战；二是越南国会拟审议的《特别经济行政区法（草案）》引起越南国内部分地区的反华情绪，甚至爆发了示威游行。过去一年中，华侨华人在经济领域呈现出两大特点：一是进一步融入越南国民经济体系，二是加强与中国的交流合作。

（一）自由贸易协定促使华商转型

2018 年 1 月起，越南与东盟各国签订的自由贸易协定生效，东盟各国的汽车、电器、食品等商品进入越南市场的关税大幅降低，甚至以零关税进入越南，而越南对东盟各国的出口商品也可享受相应的关税优待。这对于越南国内的华商而言，既是机遇也是挑战，它使越南进一步与国际市场接轨，华商可以抓住出口商机，扩大市场；面对蜂拥而至的外国商品，华商必须稳住国内市场，与外国商品竞争。一些越南华商在这一新的经济贸易格局中积

---

① 《西贡解放日报》2018 年 2 月 10 日。

② 《西贡解放日报》2018 年 2 月 10 日。

极转型，例如，由越香集团投资的越鸿纺织制衣公司，2017 年营业额达 1900 万美元，2018 年该公司斥资 1000 万美元从欧洲引进新的生产设备，同时扩大生产车间，过去，该公司生产的牛仔布料有 35% 出口，65% 内销，但从 2018 年起，有六成是出口，四成为国内市场服务，预计营业额将达到 3600 万美元。[①]

（二）《特别经济行政区法（草案）》引起反华风波

越南《特别经济行政区法（草案）》中，拟设立北部沿岸的广宁省云屯县（Van Don）、中部庆和省北云峰县（Bac Van Phong）及南部坚江省富国岛（Phu Quoc）为 3 个经济特区，计划给予外商租地期限最长延至 99 年等优惠。有民众认为，若这项规定生效，来自中国的投资者与劳工将涌入这 3 个具有战略地位的经济特区，部分政治投机分子借机煽动民众。6 月 10 日，胡志明市、芽庄、河内等地发生非法集会，成百上千名抗议者举着标语和横幅走上街头，有人甚至打出口号“不能把土地租给中国人，一天也不行”。11 日，越南平顺省公安部门已经拘留与事件有关的 102 人。[②] 越南媒体报道称，允许外国企业在特区租用土地 99 年，并不是越南的首创，泰国等东南亚国家就有这个政策。由于租赁者是企业而非外国政府，将这个问题与主权相联系完全是少数人的政治策略。13 日，中国驻越南大使馆召开越南中国商会及各分支机构主要负责人座谈会，分析评估越南多地发生涉华示威对在越中资企业的影响。

此次反华风波由于越南中央和地方政府及时采取措施，及时派出公安警力维持秩序，事态得到有效控制，未造成人员伤亡和财产损失。仅有少部分在越南南方的中资企业受到示威民众冲击，但很快陆续复工。

（三）华商积极融入越南国民经济体系

2004 年，越南政府选定每年的 10 月 13 日为越南企业家日，企业家协

---

① 《西贡解放日报》2018 年 2 月 10 日。

② 柬埔寨柬单网，2018 年 6 月 12 日。

会自2005年起举办评选模范企业和模范企业家活动。2018年，企业家协会共评选出100家模范企业和100位模范企业家。他们不仅在生产经营领域奉公守法，为上十万劳工创造就业机会，上缴财政预算上十万亿元越南盾，还热心社会公益活动。在100家模范企业中，有多家华人企业。每年4月，越南优质国货企业协会在胡志明市举办“优质国货展”，2018年参展企业达300多家，有很多华人企业参展，该项活动在越南国内影响日益扩大，已成为消费者了解国货、购买优质产品的重要平台。

（四）与中国经贸往来增多

2018年，中国多个省市政府领导和企业家代表团在“一带一路”倡议的号召下访问越南，华侨华人成为中越经贸合作的桥梁。例如，3月，安徽省侨联、侨胞代表团访问了安徽省在胡志明市的商会办事处，了解侨胞在越投资情况，考察越南市场，寻找商机以带动更多安徽商人前来越南投资，截至2018年，已有22家安徽企业在越南投资。8月，由越南工商总会、中国—东盟中心、吉林省商务厅联合举办的“中国（吉林）—越南经贸交流会议”在胡志明市举行，来自吉林省的9家各自领域的龙头企业，与越南企业进行行业对口洽谈。11月，中国（广东中山）—越南经贸合作交流会在胡志明市举行，2017年中山市与越南的进出口贸易额达9.9亿美元，截至2018年，中山累计在越南的总投资额达3200多万美元。12月，由博鳌亚洲论坛、越南外交部、河内市人民委员会、越南工商会、中国驻越南大使馆联合主办，越南中国商会协办的“中越促进经济合作论坛”在河内举行，这是博鳌亚洲论坛成立以来首次在越南举办会议活动，来自中国130余家企业的逾200名代表，同越南近200名代表一道对接交流，深化中越经贸合作。

三　社团活动

自1989年底起，越南政府允许华人社团在国家指导下重新组织活动，称为“复组”，并逐渐将医院、会馆、庙宇等退还给华人社团。目前，越南的华侨华人社团众多，类型多样，既有穗城、义安、二府、海南、崇正、温陵、霞漳等地缘性的传统会馆，友谊、胜利、群声等歌剧社，精英堂等龙狮团，具有华人传统特色的粤剧、潮剧、琼剧、福建古乐等乐团，妙法寺、慈德寺、法宝寺等宗教团体以及各个宗亲会，也有以中资企业为主体的中国商会及其各个地域分会、行业协会。

（一）传统会馆：扶贫济困

越南的华人群体以广东、福建和海南三大群体为主，穗城、义安、二府、海南、崇正、温陵等会馆是他们的主要活动场所。传统上，会馆的主要职能包括励学、敬老、济贫、保存族群文化、开展社会公益活动等。各个会馆之间保持密切联系，例如，华人会馆集中的胡志明市第五郡，穗城、义安、二府、海南、崇正、温陵、霞漳、三山、福安会馆等每季度定期聚会，各派代表出席，分别报告在上一季度的活动情况；临近春节，胡志明市各华人会馆举行新春团拜聚会，二府、穗城、义安、海南、崇正、温陵、三山会馆的代表分别使用福建、广东、潮州、海南、客家、华语和越语向大家拜年，祝贺地方政府与会馆代表新春吉祥。这些定期的联谊活动增进了各会馆之间的情谊。

会馆除了秉承传统的职能外，也积极响应越南官方的政策，尤其是在扶贫方面。例如，胡志明市华人工作委员会公布了依照2016～2020年阶段全市贫困标准公认第五郡提前完成“无贫困户之郡”目标的决定，并向在扶贫工作中做出贡献的82个集体及124名热心人士颁发奖状，其中就有穗城、义安、二府、海南、崇正、温陵等华人会馆。郡委书记武进士表示，第五郡是该市首个获市级公认没有贫穷户的郡，能取得这个成绩，与各华人会馆的努力扶贫工作分不开。2001～2017年，各华人会馆已与第五郡祖国阵线委员会配合，捐助逾79亿元越南盾（约230万元人民币）扶助郡内各贫困户；2018年，该郡的华人会馆、华商等扶贫捐助逾20亿元越南盾（约58万元人民币）。[①]

① 《西贡解放日报》2018年11月7日。

（二）越南中国商会：新模式、新业态

越南中国商会是在中国驻越南大使馆指导下并经越南政府有关部门批准，于2001年成立的非营利民间社团组织。它成立之初仅有百余家企业会员，现有近700家会员单位，主要是中国在越南的独资、合资企业、大型（工程）项目单位以及中资公司驻越南代表机构等。它先后成立了胡志明、海防、广宁分会，组建了云南、湖南、福建、广东、山东、浙江、川渝、广西企业联合会，以及光伏行业协会和医疗健康产业协会。

越南中国商会积极参与越南的经贸活动。例如，2018年2月，越南外交部与河江省人民委员会共同在河内举办“河江推介会”，这是越南外交部首次配合地方组织的活动，也是一种新型模式，直接为国际友人介绍当地优势，吸引外商投资，中国商会应邀出席。5月，越南中国商会、越南中国商会光伏行业协会主办的中越商贸促进交流会在北江市举行，越南中国商会光伏行业协会会长杨勇智表示，“一批中国国内光伏行业巨头，在越南建成了海外最大的垂直一体化太阳能基地。我们正致力于将光伏产业打造成中国企业在越南的一张亮丽名片”。①

越南中国商会一直为中越双边经贸发展发挥着纽带作用，向中国国内企业提供越南当地政府有关优惠政策以及行业的投资点，向越资企业介绍中国的投资发展机会等。2018年，商会多次接待中国代表团（见表1）。

表1　2018年越南中国商会接待来访的中国代表团

来访时间	来访代表团	来访目的
2018年3月	中国石化化工销售有限公司代表团	了解驻越工程承包、投资、贸易等情况及越南的投资环境
2018年3月	北京中海华通能源科技有限责任公司代表团	了解越南相关政策、管制条件以及税收、劳工、工业区等情况，越南石油、天然气主要分布情况和中国驻越南石油天然气企业的基本情况

① 越南中国商会2018年6月1日报道。

续表

来访时间	来访代表团	来访目的
2018 年 3 月	中国机电产品进出口商会代表团	双方就越南中国商会业务联络情况，反映企业经营困难的协调和沟通渠道，与驻越其他国家、地区商会的联络机制进行了深入交谈
2018 年 3 月	中国国际贸易促进委员会代表团	双方签署了中国国际贸易促进委员会与越南中国商会合作协议
2018 年 4 月	云南省贸促会代表团	双方就越南茶业、书画、传统手工艺品、家具、机械、药材、大米、食品、纺织等行业的市场准入条件、税收情况、检疫检验等进行了深入交流
2018 年 10 月	广西防城港代表团	希望越南中国商会加强与防城港市政府沟通，为双方合作、发展牵线搭桥

资料来源：根据越南中国商会网站相关资料整理。

四 文化教育

（一）共享多元文化

在文化方面，越南官方日益强调各民族文化多元并存、交流共享，华人文化成为越南多民族文化的组成部分。例如，越南成立了“各少数民族文学艺术协会”，该会包括华族、占婆族、高棉族等逾 300 名会员，华人占多数，并以各华文中心的师生为主。该会出版文学书籍，传播各民族文化艺术，尤其是华人的书画艺术、曲艺等。4 月 19 日是越南的“民族文化日”，胡志明市华人集中的第五郡、第十郡开展各项丰富的庆祝活动。第五郡青联会举行 2018 年少数民族青年联欢会，组织青年参观越南历史博物馆、胡志明纪念馆，以及该市最具历史与文化价值的建筑物之一穗城会馆。第十郡华人委员会与民运科、祖国阵线委员会、妇联会、青联会联合举行了少数民族青年联欢会，18 名勤奋学习、工作，积极参加文体、教育、社会慈善等活动的优秀少数民族青年获得表彰，其中有 16 人是华人青年。2018 年 11 月 23 日是胡志明市成立 320 周年纪念日以及第十四个越南“文化遗产日”，第五郡华人委员会举办了文化遗产盛会，该郡的 19 个历史文化遗迹中有 11 个国家级和8个市级文化建筑遗迹，穗城、义安、二府、海南、温陵、霞漳、丽朱、明乡、义润等会馆获列国家级艺术建筑遗迹。

（二）发扬励学传统

在教育方面，励学是华人的传统活动，各个华人会馆、华商、宗教团体、宗亲会等都积极开展励学活动。励学金通常分为奖学金和助学金两种，奖学金是奖励取得优异成绩的华人子弟，助学金则是帮助家境贫困、刻苦勤学的华人子弟完成学业，一般设有小学、初中、高中到大学各种学级的奖助学金，近年来增加了硕士、博士的奖助学金。例如，胡志明市第五郡励学会在2018年增设了许多新分会，同比增加了16个，全郡现有203个励学分会，分布于各坊、宗祠、学校、街区等，有3万多名会员。[①] 各福建会馆从1999年起便成立福建励学会，主要由二府、温陵、霞漳、三山4家福建会馆联合筹办，2008～2018年，福建励学会已拨出41.5566亿元越南盾（约合120万元人民币）用以励学工作，除了培育上千名大中小学生，还培育了11名硕士、1名博士生。[②] 海南会馆在近5年来向琼裔子弟颁发奖助学金15.634亿元越南盾（约合44万元人民币），向各团体励学会捐助约3.5亿元越南盾（约合9万元人民币）。[③]

老挝侨情

老挝将中国"一带一路"倡议视作国家经济社会发展的"天赐良机"。自1986年以来，老挝政府打开国门，积极吸引外国投资，但这些外国投资多集中在自然资源方面。老挝吸引外资的最大瓶颈在于，它是一个"陆锁国"，运输成本高于邻国。中国的"一带一路"倡议提出后，老挝启动了若干项目，将运输系统与邻国连接起来，充当区域内的物流枢纽，将"陆锁国"变成"陆联国"。

---

① 《西贡解放日报》2019年1月5日。

② 《西贡解放日报》2018年11月5日。

③ 《西贡解放日报》2018年12月31日。

例如，中国为建设中老铁路提供支持，这条铁路从中老边境通往万象，是昆明—新加坡铁路网的一部分，途经泰国和马来西亚，2022 年将投入运营。

2018 年，中老两国贸易额达 26.8 亿美元，同比增长 15%，[①] 中国位居老挝投资来源国榜首，是老挝第二大贸易伙伴。中老两国的合作全面推进，9 座中方投资建设的水电站项目进入商业运营，另有 10 个项目正在建设中，8 个输变电线路项目已经上马，中国公司投资的 52 个矿产项目已进入开采实施阶段。中老铁路于 2016 年全线开工，预计建设期 5 年，建成后万象至中老边境将由现在的 12 个小时缩短至 3 个小时以内。因此，它将是一条互联互通、利国惠民的经济动脉。目前老挝直飞中国有多条航线，中老之间的直航有力推动了双边的各项交流合作，2016 年中国到访老挝的人数超过 54 万人次。

一　侨情概述

老挝现有华侨华人约 30 万人，占老挝总人口的 4.4%。其中，老移民 2 万~3 万人，主要是广东移民；新移民有 27 万~28 万人，尤以广东、湖南、云南的移民居多。老挝南部的华侨华人主要是从广东潮汕移居而去，老移民居多。北部则是新移民居多，早期主要是来自云南的边民。随着老挝 20 世纪 90 年代实行革新开放政策，中国新移民纷纷到老挝寻找发展机会，中国移民大量入境，2000 年后主要是来自广东的新移民。近年来，湖南新移民人数增长迅速，大多来自邵东县，目前有将近 20 万邵东县人在老挝开设日用品店、五金店等。[②]

在文化教育领域，2018 年，老挝最负盛名的寮都中学迎来 81 周年校庆，《中华时报》的创办结束了自 1986 年老挝革新开放以来没有华文报纸的历史。

二　经济合作：湘商崛起

在经济领域，老挝华侨华人最突出的特点是湘商的崛起。20 世纪 90 年

① 老挝广东商会网站报道，http://www.gdlaos.com/index.php?c=article&id=639。

② 彭伟步：《田野调查手记：老挝华人为何多娶老挝女子为妻》，澎湃新闻 2018 年 5 月 15 日。

代开始，一批湖南人通过中老边境唯一的国家级口岸磨憨口岸，一路往南，肩背担挑，走村串巷，售卖服装和小商品等。如今，老挝和湖南之间开通了2条直航航线，实现了“两小时交流圈”。2017年，老挝驻长沙总领事馆开馆，这是新中国成立后，外国政府在湖南设立的第一个领事机构。目前，湖南在老挝投资的企业有160多家，在老挝的外国投资中名列前茅，是湖南在海外最大的经商群体。[①] 万象街头，中文招牌随处可见，因为80%的店主是湖南人，被称为“湖南城”，在老挝全国据说“凡有井水处，都有湖南人”。

湘商在老挝的革新开放、经济发展中发挥着重要作用。首先，在分布的行业方面，从最初售卖服装、小五金，到卖手机、摩托车，再到商贸流通、基础设施建设、制造业，湘商涉足的领域不断扩大，新型农业、用大数据指导产业拓展等老一辈湘商不曾涉足的领域，被新一代湘商经营得有声有色。其次，湘商在很多行业占据相当比重。例如，摩托车是老挝人最常用的交通工具，湘商李文科引进了老挝首条摩托车生产流水线，约占老挝全国销量的三成，年产值达1亿多元人民币；湖南人卿科渊开的日用品市场是目前老挝最大的一家，老挝90%以上的陶瓷制品都来自这里，平均每个老挝人使用其3件陶瓷制品；李良双的电子集团市场占有率达30%；唐凯的快餐店是目前万象快餐业第一品牌；万象的地标建筑不无采用湖南人张坤的钢铁厂生产的钢材。最后，这一群体成为带动湖南和老挝经济发展的重要推动力。湘商将中国相对先进的技术和经营管理方式带入老挝，也把老挝的优秀文化带回湖南。湘商的部分产业，已经成为老挝当地的富民项目。例如，2007年起，湖南人刘小民在老挝北部的“金三角”地区投资2.4亿元人民币，打造5万亩橡胶园，这是中国和老挝政府在当地推广的“罂粟替代种植计划”，在橡胶园打工的当地村民得到实惠，走上脱贫致富的道路。而位于湖南邵阳市的湘商产业园，截至2018年，有586家企业，有很多是老挝湘商开办的，张坤在当地建了和万象一模一样的钢铁厂，他努力学习首钢、宝钢的技术和管理经验，然后输送到老挝钢厂。

---

① 芒果云，《湘商闯老挝（一）》，2018年12月3日。

三 社团活动：新侨团、新融入

老挝传统的、全国性的华侨华人社团是万象中华理事会，又名永珍中华理事会，下属机构有万象寮都中学、永珍善堂、福德庙、伏波庙、寮都教育基金会、寮都修校委员会、中华妇女会、中华少狮团、寮都校友总会等。新兴的社团主要有2005年成立的老挝中国商会，下设湖南商会、浙江商会、广东商会、福建商会以及巴色商会、川圹商会、琅勃拉邦商会等。湖南商会于2008年成立，在老挝有7个分会；浙江商会于2013年成立，有3个分会及140个会员；广东商会于2015年成立，注册会员单位200多个；福建商会成立于2015年，目前拥有1000多名会员，多数是在波乔及老挝北部各省从事香蕉等水果种植的农户。

目前，在老挝最活跃的全国性商业侨团是于2015年成立的中华总商会。它已成为老挝政府连接华侨华人企业的桥梁，代表企业向政府表达意见建议，为企业发展营造良好的社会环境。例如，2018年9月，商会与老挝国家工商会联合主办了博鳌亚洲论坛万象会议，这是博鳌亚洲论坛第一次在老挝办会，来自中国和老挝的200多位企业家参会。在中国的“走出去”“引进来”过程中，虽然它是一个商业性的侨团，但发挥着政治、经济、文化、医疗等综合性的作用。2018年老挝中华总商会接待来访的中国代表团以及出访情况分别见表2、表3。

表2 2018年老挝中华总商会接待来访的中国代表团

来访时间	来访代表团	来访目的
2018年1月	中国侨联“亲情中华”艺术团	弘扬中华文化、慰问海外侨胞、加强中老友好
2018年3月	中国纺织工业联合会、中国社会科学院代表团	考察老挝本地的纺织企业，在调研基础上向中国政府、老挝政府和澜沧江—湄公河合作机制提出促进当地纺织服装行业发展的具体政策建议，推动政府间项目落地老挝

续表

来访时间	来访代表团	来访目的
2018 年 3 月	国务院侨务办公室代表团	希望把海外侨社和侨胞的愿望和诉求带回，向国内有关部门反映
2018 年 5 月	广西华商会代表团	了解老挝社会、经济、教育、文化及劳动力发展现状，以及相关的社会发展政策，希望有机会与老挝在经贸和文化交流等方面合作
2018 年 8 月	云南老挝光明行活动	完成筛查病例 130 例，实施白内障免费手术 101 台
2018 年 10 月	湖北省侨联代表团	希望与老挝中华总商会开展友好合作，推动湖北省企业“走出去”，欢迎商会企业到湖北投资兴业
2018 年 11 月	“丝途·昂扬”考察团	举办相关推介活动，助推中国文化“走出去”
2018 年 12 月	中国侨联代表团	商会向代表团一行介绍了日常工作及未来规划，代表团希望商会能够继续发挥中国与老挝之间的沟通作用，为中国以及老挝的发展贡献力量

资料来源：根据老挝中华总商会网站的相关报道整理。

表 3　2018 年老挝中华总商会出访情况

出访时间	出访地	出访目的
2018 年 1 月	北京	参加“东南亚国家华侨华人社团侨领代表团活动”
2018 年 6 月	昆明	参加“第十六届东盟华商会暨第 5 届中国—南亚博览会”
2018 年 8 月	北京	参加中国侨联“第十次全国归侨侨眷代表大会”
2018 年 9 月	仰光	参加由缅甸中华总商会主办的“第十四届世界华商大会”
2018 年 12 月	北京	参加“庆祝改革开放 40 周年大会”

资料来源：根据老挝中华总商会网站的相关报道整理。

四　文化传媒：革新开放后首份华文报纸创刊

2018 年 2 月 2 日，在老挝举行的首届“一带一路”老—中合作论坛开幕式上，《中华时报》宣布正式创刊，结束了自老挝革新开放以来没有华文报纸的历史，这也是该论坛的主要成果。《中华时报》初期以电子刊为主，纸质版报纸每半月一期，主要为老挝华人和在老投资兴业、工作居住的中国公民提供中文信息服务。《中华时报》创刊后，得到中国国内媒体的积极支持。2018 年 5 月，老挝中华总商会携《中华时报》受邀参加了由《人民日报》(海外版)、杭州市人民政府等举办的第三届海外华文新媒体高峰论坛；7 月，由人民日报社、老挝新闻文化旅游部主办的“2018 澜沧江—湄公河合作媒体峰会”在万象开幕，人民日报社与《中华时报》签署合作协议。

《中华时报》创刊当日，新华社中国经济信息社与老挝中华总商会宣布，以“一带一路”国家级综合信息服务平台新华丝路为基础，共同成立老挝首家促进两国间政府、机构、企业合作的综合信息服务平台。该平台通过集约化、个性化服务，为赴老挝的中方机构和企业，以及赴华的老方机构和企业提供一站式全方位综合服务。

柬埔寨侨情

柬埔寨是“一带一路”沿线重要支点国家。中国的“一带一路”与柬埔寨的“四角战略”对接取得新进展。李克强总理访柬，签署了 19 项合作文件，西港特区作为“中柬务实合作的样板”，入园企业已逾 130 家，建区和入园企业共完成投资 7.8 亿美元，为当地提供约 2 万个就业岗位。① 根据柬方统计，中国是柬埔寨第一大贸易伙伴、第一大进口来源国、第一大援助国。中国企业在柬埔寨修了最长的路、建了最多的桥、铺设了最长的光缆。

“一带一路”促进中柬两国广泛的人文交流，民心交融。2018 年，中国访柬游客突破 200 万人次，中国已经成为柬埔寨第一大外国游客来源国，中柬之间每周有 398 个航班，中国政府奖学金已累计接收了 2000 多名柬埔寨留学生。中柬合办的柬埔寨皇家科学院孔子学院已经在柬培训学员 8 万多名，教学点遍布柬 12 个省市及多个国家机构。② 中国“亲情中华·欢聚金

① 柬埔寨中国商会网站，2018 年 9 月 19 日。

② 《柬华日报》2019 年 4 月 25 日。

边”等文化活动在柬埔寨广受欢迎，柬埔寨皇家舞团“相约北京”艺术节专场演出使中国观众领略到柬埔寨文化的魅力。

一 侨情概述

目前，柬埔寨华侨华人已超过百万人，约占柬埔寨总人口的7%。根据柬埔寨官方公布的数据，2017年底，在柬埔寨居住的中国人有近10万人，其中有7.8万人居住在西港。截至2018年，在柬的中国人已超过21万人。但也有人估计，实际在柬埔寨的中国人可能远不止这个数，2018年仅在西港的中国人就有12万人以上。[①] 在柬埔寨的中国人中，约40%来柬不到一年时间，39%在西港，他们最主要的投资目的地是金边、暹粒和西港。柬埔寨华人中，90%以上来自潮州，福建、广肇、海南、客家是另外四大来源地，而近年来去往柬埔寨的中国新移民则来自各个省份。

在政治方面，2018年是中柬建交60周年，中柬双方举行了隆重的庆祝活动，并正在打造具有战略意义的命运共同体。以洪森为首的柬埔寨官方越来越重视华侨华人的力量，多名华人进入柬埔寨政坛。尤其是2018年4月，“洪森总理与柬埔寨华人华侨共享团结饭暨庆祝柬埔寨新年盛宴”活动隆重举行，洪森总理与众多柬埔寨高官同6000名华侨华人共享团结饭，展开零距离交流，洪森总理承诺，“我保证在今后执政的10年里，我将每年都会与柬埔寨华人华侨共享团结饭的盛会”。[②]

在社团方面，全柬华人的最大社团组织柬华理事总会在新的理事会领导下焕发出新的活力，中国各省份的商会组织纷纷成立。

二 经济合作

在经济领域，与柬埔寨人相比，华侨华人占据了极大优势。华人在促进

① 柬埔寨柬单网，2018年12月25日。
② 《柬华日报》2018年4月10日。

柬埔寨与中国的经贸往来中发挥了重要的中介作用，他们也从为大量中国游客服务的产业链中获得商业收益，通过与中资企业合作创造经济价值。例如，柬埔寨第一大银行加华银行的创办者是一位华人，加华银行与中国多个银行建立业务联系，成为支付宝结算银行，在柬埔寨完成结算后把款项打给支付宝，收取结算费用，与支付宝实现双赢。加华银行与支付宝的合作，一方面使中国游客在柬埔寨的消费更加便捷，另一方面也帮助阿里巴巴在柬埔寨开辟了新的金融市场。

在柬中资企业已成为柬埔寨最重要经济力量之一、最重要建设队伍之一、贡献最大的团体之一。另据柬埔寨中国商会新任会长陈长江介绍，柬埔寨中国商会电力企业为柬提供80%以上的发电量；路桥建工类企业修建柬埔寨最多的桥、总量最长的路及大量基础设施；金融类企业为柬埔寨众多大项目及民生类企业提供融资，资产总额在39家银行中占比接近10%；纺织类企业数量众多，为柬埔寨提供最多的就业机会；航空物流企业不断开通航空及海上通道，为柬埔寨对接外部扩展人员及物资运输线；水泥建材类生产企业替代大量建材进口，弥补柬埔寨产能缺口；在房地产、通信传媒、批发零售、旅游、酒店、农业等各行各业，柬埔寨中国商会的会员单位都在积极发挥作用，成为各行各业的领头羊及最重要贡献者，也是柬埔寨税收收入的最大贡献者之一。[①]

2018年，在华侨华人的组织和推动下，中柬经贸合作领域主要有三大亮点。

（一）举办“2018中国—东盟博览会柬埔寨展”

“2018中国—东盟博览会柬埔寨展”于3月30日在金边钻石岛会议展览中心正式拉开帷幕。[②] 本次展览是东博会主题国系列活动之一，专门为柬埔寨企业与中国企业开展经贸合作搭建的重要平台。参展单位和企业共290家，展位数共计440个，展览规模达8000平方米。中国知名企业纷纷报名

① 《柬华日报》2018年6月23日。

② 《柬华日报》2018年3月25日。

参展，不仅有东博会举办地——广西的企业，还有中央直属企业和来自中国山西、福建、浙江、湖南、广东等20个省区的企业参展，是规模最大的一次东盟国家巡展。东博会秘书处与柬埔寨商业部密切合作，利用双方的数据和优势资源，既邀请了中国和柬埔寨两国知名和优势企业参与，也邀请一大批具有很强互补性和巨大市场潜力的中小微企业携特色商品参展；既有传统贸易型企业参展，也有对外工程承包、基础设施建设等投资合作企业，以及高新科技领域的企业参展。在展览的同时，还举办了柬埔寨投资推介会、重点省区（山西）推介会、重点合作项目签约仪式，以及中国—柬埔寨技术对接洽谈会、贸易对接会、经济园区考察等一系列经贸促进活动，为中国企业“走出去”提供更直接的对接服务。

（二）举办“柬埔寨（四川）商贸博览会”

“柬埔寨（四川）商贸博览会”于2018年6月在金边中柬商贸城举行。展览面积超2.4万平方米，来自中柬两国的近百家企业参展，其中四川企业40余家。四川省“一带一路”促进会秘书长李东川介绍，博览会重点展示综合家具、装饰建筑材料、陶瓷卫浴、灯具灯饰、定制家具、石板石材、五金配件、油漆涂料等四川建材家具产品和国内知名品牌，并同步开展现场展销活动。[①] 博览会举办场馆中柬商贸城一期建筑已经完成，与博览会同期正式开业，将成为柬埔寨首家大型综合商贸建材商城，结束柬埔寨没有成规模建材市场的历史。商贸城是由中国成都八益家具集团在柬埔寨金边市投资的大型综合体项目，占地810亩，集大型批发市场、仓储物流、商业街为一体，包含了30万平方米批发市场、15万平方米仓储物流园、1万平方米活动广场、500余间排屋、湖畔别墅、酒店会议中心等，2023年将建成为东南亚最大的商贸物流综合体。根据柬埔寨的税务制度，到2023年商贸城的批发市场和物流园区建设完成时，商贸城内的交易及衍生交易将为柬埔寨每年创造约1亿~2亿美元的税收。

① 《柬华日报》2018年4月11日。

（三）举办华侨华人与柬埔寨市场商贩共进“友谊饭”

为了增进华侨华人与金边市各个市场商户的联谊与交流合作，由柬华理事总会主办的“友谊饭”盛宴于2018年6月19日晚在钻石岛会展中心隆重举行，来自乌亚西市场、铁桥头市场、奥林匹克市场、中央市场、下市仔、旧街市场、PC市场、朱德奔市场、沙立波市场等的2000名商户，以及华侨华人社团的500人应邀参加此次盛宴。柬华理事总会会长方侨生表示，市场商户对推动经济发展具有重要作用，同时，也是柬华理事总会不可或缺的伙伴，因为柬华理事总会成员与商户都有经商合作，所以加强与市场商户的友好往来至关重要。柬华理事总会是政府与市场商户的协调单位，因此柬华理事总会与市场商户共进友谊饭，旨在了解商户的需求和困扰。[①] 这已是柬华理事总会与市场商户在2018年第二次共进“友谊饭”，在柬埔寨引起良好反响。

三　社团活动

柬埔寨华社主要有三大社团，各有侧重。柬华理事总会是本地华人的组织，虽然它后来逐渐吸收了另两大社团的一些成员作为顾问等；中国商会面向在柬中资企业，即来自中国大陆的新侨和在柬埔寨短期工作的中国人；柬埔寨中国港澳侨商总会的会员主要来自香港和澳门。这三个社团基本囊括了在柬华侨华人，承担着华文教育、传媒、经贸、宗教等职能，形成柬埔寨华社的主要架构。

（一）柬华理事总会：新一届理事会经济职能增强

柬华理事总会成立于1990年12月26日，属下有5大会馆，分别是潮州会馆、福建会馆、广肇会馆、客属会馆、海南会馆，还有13个宗亲会，50多所华校、5万多名学生，60多个地方分会，以及醒狮团、庙宇、互助会等社团单位。2017年，柬华理事总会新一届理事会成立，提出了“服务百万华人华

① 《柬华日报》2018年6月19日。

侨”的口号。作为柬埔寨华社最大的组织，柬华理事总会凝聚着华社各界精英，发挥着协调全柬华社各项事务的重要作用。由于新一届理事会成员多是柬埔寨经济领域的佼佼者，因此，柬华理事总会的经济职能不断增强，总会利用当地华人的人脉关系，协调新侨在柬埔寨拓展业务，招商引资，为柬埔寨经济发展做出贡献。2018 年柬华理事总会接待来访的中国代表团情况见表 4。

表 4　2018 年柬华理事总会接待来访的中国代表团

来访时间	来访代表团	来访目的
2018 年 1 月	浙江省广东商会代表团	了解柬埔寨投资环境
2018 年 3 月	云南省保山市政府代表团	为建立生物医药、特色农业、新能源、科技园、产业园和文化交流等重要领域的合作，以及技术合作示范点
2018 年 3 月	福建省工商联合会代表团	寻找商机与合作，为福建企业开拓柬埔寨市场建立渠道
2018 年 3 月	国务院侨办代表团	进一步加强与柬华理事总会的关系、友谊并加强合作
2018 年 4 月	云南省红河学院代表团	为支持柬华文教事业，红河学院将向柬埔寨提供两个柬华教师赴华短期培训项目
2018 年 5 月	山西省人民政府外事侨务办公室代表团	加强与柬华理事总会的交流合作，了解柬埔寨华侨华人情况
2018 年 5 月	中国国际贸易促进会山东省委员会代表团	希望山东企业通过考察，更多地了解柬埔寨市场，也希望山东企业能实现在柬埔寨落地
2018 年 5 月	四川省侨联代表团	四川省侨联“亲情中华 · 美丽四川”艺术团在柬埔寨金边举行慰侨演出
2018 年 5 月	云南民族大学代表团	希望建立合作，使柬埔寨学生能够有机会到云南民族大学留学深造
2018 年 5 月	香港汕头商会代表团	了解柬埔寨目前的发展情况，希望来柬埔寨投资
2018 年 6 月	中国商务部流通产业促进中心代表团	主要关注柬埔寨的能源、食品、土地成本、人才培养、贸易和投资政策等
2018 年 6 月	北京师范大学代表团	了解柬华文教育的发展情况与面临问题，希望能够向柬华理事总会提供力所能及的帮助
2018 年 7 月	南宁市代表团	举办“南宁市—金边市投资环境推介洽谈会”，进一步促进柬埔寨与南宁市的经济合作
2018 年 9 月	桂林市代表团	增进双方了解，建立联系与合作
2018 年 9 月	潮州市代表团	落实潮州市委贯彻国家“一带一路”倡议，并将潮汕文化向海外推广和发展
2018 年 10 月	广东、深圳及湖北的商会代表团	了解有关柬埔寨投资、经济和税务等各相关行业的相关情况

续表

来访时间	来访代表团	来访目的
2018年10月	广东省投资发展促进会代表团	考察投资环境，寻求合作机会，促进产业转移，共谋两地发展之商机
2018年11月	广西百色市外事侨务代表团	增进互相了解，为促进两地文化、教育、商贸等方面的合作发挥桥梁作用
2018年11月	云南省文山州侨联代表团	加强沟通和联谊，以及双方的进一步合作
2018年11月	广西壮族自治区外事侨务办公室代表团	了解柬埔寨华文教育情况，并且会继续给予更多的支持和帮助
2018年12月	中国侨联代表团	了解柬埔寨华侨华人的发展，促进柬埔寨华社各界同中国联侨更加紧密的交流与合作
2018年12月	中国东盟商务理事会代表团	为双边的合作搭建桥梁，柬华理事总会为中国东盟商务理事会来柬投资提供必要的协助
2018年12月	广东省侨联代表团	走访当地侨社，探望柬埔寨侨胞并了解当地的情况
2018年12月	中国国际贸易促进委员会山东省委员会代表团	加深与柬华理事总会的相互了解，推动和促进贸易进出口，为山东省企业招商引资

资料来源：根据《柬华日报》的相关报道整理。

（二）柬埔寨中国商会：地方商会兴起

柬埔寨中国商会成立于1996年，目前登记注册的中资企业逾百家，会员单位包括国有企业、民营企业和个体商业者等。随着中柬之间经贸往来的不断深化，中国商会下属的中国大陆各省份分会日益增多。2018年5月，柬埔寨中国北京总商会在金边成立，截至2018年，北京总商会已经有50多家会员企业，100多位会员，是北京企业在柬埔寨联系和交流的重要平台。5月，柬埔寨浙江商会慈善工作小组成立，先后在浙江台州、临海、黄岩区、温州市、平阳县、青田县、丽水市、金华武义、宁波奉化等市县区捐款累计达人民币98万元，柬埔寨境内捐款累计达32000美元。9月，柬埔寨中国江苏总商会成立，截至2018年，已招纳江苏企业200多家，遍布在首都金边、西哈努克等10余个城市，涉及地产、金融、建筑、服装、农业、酒店、交通运输等各个行业；柬埔寨潮汕商会首届理事会理事就职庆典于9月10日在金边举行，商会经过多年筹备，终于进入实质性运转阶段。11

月，有两个商会成立。柬埔寨台州商会在筹备期间，就已接待了上海市奉贤台州商会商务考察团，台州籍商人在柬发生交通意外，商会筹备组第一时间捐助救治资金并派人看望；2016 年，全球吉商联合会成立，柬埔寨吉林总商会是第 8 个海外吉商组织，标志着柬埔寨正式纳入全球吉商的网络。

（三）柬埔寨中国港澳侨商总会：发挥地缘优势

柬埔寨中国港澳侨商总会成立 20 年来稳健发展，截至 2018 年有 90 余家会员企业，行业涵盖广泛，涉及制衣制鞋业、金融、保险、医药、航运物流、酒店餐饮、印刷、塑胶、纸制品、工程机械、通信器材、房地产开发、工程建筑、矿业及各类进出口贸易等产业，为本地民众提供 25 万个就业职位。商会有不少会员企业从事制衣业，多数是早期从珠江三角洲转移过来的，所以商会及会员企业一直以来与广东保持着密切的往来关系。此外，商会的很多会员来自香港，为配合香港特区政府加强与东盟国家的经贸、文化交流，在香港贸易发展局的指导下，在柬埔寨中国港澳侨商总会的基础上于 2016 年成立了柬埔寨香港商会，并加入环球香港商会联盟。

四　文化教育

2018 年，柬埔寨文化教育，尤其是华文教育方面主要有两件大事。

（一）“柬华理工大学”筹备工作取得新进展

在柬华理事总会的努力下，“柬华理工大学”项目已得到柬埔寨教育部的支持，教育部希望这所由柬埔寨华人开办的大学成为柬埔寨一所具有国际标准的大学。6 月，柬华理事总会又与天津工业大学签署了《共建柬华理工大学战略合作框架协议》。根据协议，该大学初期以培养本科层次的应用技术型人才以及相关的技能培训为目标，后期将扩展至硕士、博士等层次的人才培养。大学运作初期，设立 10 个本科专业，包括纺织工程、机械工程、计算机科学与技术、电气工程、食品科学与工程、土木工程、建筑学、企业管理、国际贸易、酒店管理，每专业每届1个班招收30人，10个专业每届共计招收300人。柬华理工大学学制为四年，本科毕业生将同时获得柬华理工大学及天津工业大学的本科毕业证书和学位证书。柬华理事总会会长方侨生捐赠3000亩土地，作为大学的建设用地，大学的教学楼等硬件设施费用全部来自柬埔寨华侨华人的自发捐资。大学建成以后，不仅为柬埔寨培养人才，还面向周边国家招生。

（二）开办“柬华师资培训中心”

柬埔寨华文教育事业历经沧桑，20世纪五六十年代是柬埔寨华文教育的黄金时代，全国共有230多所华校，但七八十年代的战乱迫使华校关闭，形成20年的华文教育断层，几乎一代华人不识中文。柬华理事总会成立以来，致力于恢复开办华校，至今全国有58所华校，5万多名学生，其中，潮州会馆下属的端华学校有学生1万多人，是东南亚学生人数最多的华校。现任会长方侨生就职以来，将“弘扬中华文化，发展华文教育”作为柬华理事总会的重要任务。但根据统计，全国华校至少缺300位老师，尽管每年有国侨办和国家汉办派来的支教老师，柬华理事总会仍需培养和储备师资力量，由外部“输血”转变为自我“造血”。2018年5月，柬华理事总会创办了师资培训中心，从各地招收了68名学生参加为期两年的免费培训，他们完成学业后，至少要到华校任教3年。8月，柬华理事总会又与柬埔寨福建总商会、福建闽江师范高等专科学校签署了合作协议。此外，培训中心每年定期选拔50名优秀华校老师参加为期20天的培训，学习先进的教育理念、课堂教学模式等，提高华校教师的教学水平。

缅甸侨情

新中国成立后，缅甸是第一个与我国建交的非社会主义国家，周恩来总理曾9次访问缅甸，也是中国对外唯一以“胞波”（意为同胞）相称的国家。近年来，中缅双方政治互信明显增强。

缅甸国务资政杜昂山素季在多个场合表示，缅甸欢迎“一带一路”倡议，将进一步确定合作领域，与缅甸国家发展规划对接，满足人民希望和两国需求。2018 年，中缅两国签署《共建中缅经济走廊的谅解备忘录》，将共同在中缅边境建立经济合作区。杜昂山素季认为，中缅经济走廊是“一带一路”的重要组成部分，可以帮助缅甸建设更多基础设施，实现国内的互联互通。①

在“一带一路”倡议推动下，中国已成为缅甸第一大外贸伙伴和第一大外资来源国，并第一次成为缅甸外国游客最大来源国。② 截至 2018 年 5 月，在缅甸依法完成公司注册的中国直投企业有 242 家，投资额达 201.582 亿美元，其中 211 家企业（投资额为 17.194 亿美元）已启动运转业务。③目前，在缅中边境设立对外口岸 21 个，截至 2018 年 3 月，边贸总额高达 78 亿美元。④ 由于零关税的利好政策，缅甸服装行业的 500 多家企业中，中国投资的达 300 多家，其他 200 多家是缅甸当地华人以及韩国、日本等国投资。在工业方面，工业园以及路桥、码头等基础设施建设方面中缅两国的合作都日益扩大。

一　侨情概述

20 世纪 90 年代以来，来自中国的新移民壮大了缅华社会的力量。截至 2018 年，缅甸华侨华人总人数约为 300 万人，约占缅甸总人口的 5%，祖籍主要是云南、福建、广东。由于缅甸与云南地理接壤，所以上缅甸的大部分华侨华人来自云南，总数估计超过 200 万人。近年来，有数万云南籍华侨华人从缅北移居仰光。云南商人主要在缅甸从事木材、玉石等原材料买卖，以及餐饮、边境物流、服装批发等。祖籍福建、广东的华侨华人主要聚居在以仰光为中心的缅甸中南部地区，即下缅甸。福建籍华侨华人主要集中在下缅

① 〔缅甸〕《金凤凰》中文报 2019 年 4 月 27 日。

② 〔缅甸〕《金凤凰》中文报 2019 年 2 月 8 日。

③ 缅甸华商网，2018 年 7 月 6 日。

④ 缅甸华商网，2018 年 6 月 3 日。

甸的仰光、毛淡棉、土瓦等地，由于下缅甸地区缅甸政府管制比较严，很多福建籍华侨华人已经融入缅甸当地。福建商人主要从事建筑、娱乐、小商品买卖等行业，他们与泰国、菲律宾、马来西亚、新加坡等国的福建籍华侨华人互动往来密切。早在19世纪，就有广东人来到缅甸东南部地区，早期积累了较多的财富。20世纪60年代由于缅甸政府的反华政策，有部分广东籍华侨回流中国，现在缅甸的广东籍华侨华人相对于云南籍、福建籍的华侨华人而言人数不是很多。广东商人主要从事餐饮、原材料买卖、小商品买卖等，也有部分从政的。广东会馆在缅甸相对比较分散，更多的是以家族形式存在的馆所，如李家馆、梁家馆等。

缅甸是一个多元民族国家，共有40多个民族，缅族人数最多，但缅甸政府至今仍不承认印度人、孟加拉人等的法定少数民族地位。近年来，我驻缅使馆积极鼓励华侨借助缅甸民主转型的契机，传播中华优秀传统文化，融入缅甸主流社会。

二 经济合作

2018年9月，缅甸成立实施“一带一路”指导委员会，委员会共有27名成员，其中包括18名联邦部长，国务资政杜昂山素季任委员会主席。根据缅方通告，成立该委员会是为了更好地落实“一带一路”倡议下共建中缅“人字形”经济走廊的相关事务，委员会的职责包括积极地对接“一带一路”倡议，在参与共建“一带一路”过程中，指导缅甸联邦政府与省邦政府各级之间的协调工作以及相关政策，全力推动重大经济投资项目，有计划、有规划地招商引资。“一带一路”倡议使中缅两国的经济合作不断增强，为当地华商和中资企业带来商机。

（一）中缅“人字形”经济走廊建设取得新进展

北起中国云南，经中缅边境南下至曼德勒，然后再分别向西、南延伸到仰光新城和皎漂经济特区的“人字形”中缅经济走廊，形成了三端支撑、三足鼎立的跨国经贸合作格局，缅甸政府分别启动了“仰光新城”与“曼德勒度假新城”项目与之对接。仰光新城项目总规划面积达1500平方公里，与中国深圳、上海浦东、韩国仁川的开发面积基本持平，计划建设5个新城区，建造两座桥梁，铺设26公里道路和建设面积10平方公里的工业区。2018年3月31日，缅甸仰光省政府宣布成立仰光新城开发公司，公司为仰光省政府百分之百所有，采用公私合作模式运营，并吸引海外投资。4月30日，仰光新城开发公司与中国交通建设股份有限公司签署了仰光新城基础设施和新地区建设的框架协议。5月5日，缅甸中华总商会发起成立“缅中仰光新城建设投资总公司”，公司的主要投资人是缅甸华商和中资企业及企业家，实行股份制独立经营，拟筹集资金5000亿元缅币（每股10000缅元），在仰光新城的港口、新经济区建设项目、新国际机场、交通枢纽项目、大型中高档住宅项目及城市公共基础设施建设项目中投资。“曼德勒度假新城”项目是位于曼德勒—彬武伦车路旁彬萨村的1万英亩开发区，根据规划，区内包括旅游业、信息业、轻工业等多个版块。其中，7000英亩由联邦中央政府负责开发，旨在纳入中国“一带一路”规划中，另外3000英亩属曼德勒市政府开发，计划交由缅甸民营企业负责，在缅北中华商会的积极努力下，一些缅甸华商企业已经获得开发权。

（二）驻缅商务代表处不断增多

2018年12月20日，云南德宏州贸易商会驻仰光商务代表处正式揭牌成立，至此，德宏州贸易商会驻缅商务代表处已增至6所，包括仰光、内比都、曼德勒、腊戍、八莫、密支那六个商务代表处，为中缅两国交流合作搭建了良好平台。德宏州位于中缅边境最前端，下辖瑞丽、畹町等重要国家级口岸，德宏州贸易商会驻缅甸商务代表处是德宏州委、州政府和瑞丽国家重点开发开放实验区下设的专门对缅经贸交流的机构。商务代表处开通了Facebook账号，主要向缅甸用户介绍中国市场，面向中国用户也注册了微信公众号，主要介绍缅甸市场、经济贸易、招商投资政策等信息。

三　社团活动

缅甸华社经历了20世纪60~80年代的排华时期。1988年，缅甸开始实行改革和开放，华侨华人社团进入复苏阶段。现在缅甸华侨华人社团很多，主要有缅甸中华总商会、缅甸福建同乡会、缅甸广东工商总会、仰光云南会馆、曼德勒云南会馆、缅甸金多堰慈善总会、仰光华人妇女协会、缅甸中国企业商会等。

（一）缅甸中华总商会：从排忧解难到商务平台

缅甸中华总商会是由旅缅的福建、广东、云南华侨华人共同组织的商会，是缅甸历史最悠久的商会，也是缅甸商务团体里最大的华侨华人商务团体，甚至据说是缅甸当地最大的华侨华人团体。它1909年成立于仰光，原称缅甸中华商务总会，初期活动主要是保荐华侨领取护照，排解侨商纠纷，团结华商共谋发展。1930年，商会将名称改为“缅甸华商商会”，成为缅甸政府承认代表华侨商界的唯一合法机构。2015年，为了商会发展的需要，在全体理监事的推动下，正式更名为“缅甸中华总商会”。目前，商会有2000余家会员单位，其中包括缅甸80%的大型企业，共有1200位会员。商会自2016年开始筹备青年组，已有150多名青年企业家参与。商会与中国的经贸往来十分密切（具体见表5）。

表5　2018年缅甸中华总商会接待来访的中国代表团

来访时间	来访代表团	来访目的
2018年1月	香港工商业考察团	就在缅甸投资、办厂、贸易、税务、劳动成本等共同关心和感兴趣的具体事宜进行了交流和探讨
2018年1月	湖南省外事侨务代表团	在仰光省合作“仰光新城项目”，以及就教育、农业、工业园区开发建设等项目投资事宜进行了广泛的交流
2018年3月	江西省外事侨务代表团	希望能够同缅甸中华总商会在内的华商和社团开展广泛的合作，共同促进双方在资源互补等领域的合作
2018年3月	上海森林特种钢门有限公司代表团	详细了解缅甸的经济发展状况和投资环境，为企业在缅甸建立东南亚地区的特种钢门生产基地提供经营决策

续表

来访时间	来访代表团	来访目的
2018 年 3 月	宁波费舍尔控股集团	深入了解缅甸经济发展契机和相关法律法规，考察市场并寻求在缅甸建立集团在东南亚地区的综合服务平台和中缅跨境电商产业联盟
2018 年 4 月	复旦大学管理学院代表团	了解在土地开发、新国际机场建设、工业区开发、城市公共交通枢纽建设、电力设施等方面投资发展的商机
2018 年 4 月	云南省国际贸易促进会代表团	推介将于 2018 年 6 月在昆明举行的第 5 届“南博会”等一系列大型展览会和经贸及商务论坛
2018 年 5 月	广西壮族自治区投资促进局代表团	在农业、贸易、矿石开采、生态资源等方面开展服务和合作
2018 年 5 月	天狮集团代表团	在招商投资、华文教育事业、天元大学招生办学等领域开展合作
2018 年 6 月	四川省投资促进局代表团	寻求“仰光新城”项目合作商机
2018 年 7 月	山东省德州市企业家考察团	寻求在缅甸投资辣椒制品、医疗设备、机械设备、环保科技产品等，举行了中国德州—缅甸贸易与投资合作对接会，邀请缅甸企业家参加“2019 中国—东盟（德州）企业经贸合作展览会”
2018 年 7 月	北京大学国家发展研究院代表团	希望有机会能够和缅甸高校合作，协同发展
2018 年 7 月	广州市花都区商务局代表团	希望能够在缅甸找到经营电商的相关企业进行沟通交流
2018 年 7 月	南宁市企业家代表团	进一步加强南宁市和缅甸中华总商会之间的交流与合作，邀请商会参加“第 12 届国际园林博览会”
2018 年 9 月	湖南省工商业联合会代表团	引导湖南的企业家到缅甸寻找商机，进一步深化湖南省工商联与缅甸中华总商会的交流与互助
2018 年 10 月	广东省政协外事侨务委员会代表团	进一步增强联系，加深了解，加强交流合作
2018 年 11 月	中国抗战将领、远征军将士后裔、民革北京市西城区祖统专委会代表团	探访各位华人侨胞远征军的后裔，交流了解华人社团的生活状况
2018 年 11 月	江苏省工商联代表团	邀请缅甸中华总商会的代表到江苏参观考察，协同发展，共创辉煌
2018 年 11 月	安徽省侨联代表团	进一步了解缅甸的发展情况，加强安徽与仰光的经贸合作
2018 年 11 月	中国国际贸易促进委员会天津市分会代表团	加强天津与缅甸华商之间的商贸往来
2018 年 11 月	中国侨联代表团	达成良好的战略合作关系，增强联系，协同发展

资料来源：根据缅甸中华总商会网站的相关报道整理。

（二）缅甸中国企业商会：新分会开拓新领域

缅甸中国企业商会于2017年11月正式注册，2018年9月在仰光举行成立大会。过去一年来，商会注册会员单位从100多家增加至近300家，理事单位从15家扩充至34家，并在持续增加。2017年4月，商会的纺织服装分会成立；同年11月，房地产及建筑行业分会及ICT通信分会成立；2018年6月，相继成立了农业分会、旅游及服务业分会、电力分会；12月，与中国对外承包工程商会正式签署合作备忘录并携手成立缅甸分会。在中缅两国的经贸往来中，商会发挥着桥梁纽带作用，携手中缅两国企业，共同推动中缅经贸合作发展。

（三）缅甸福建青年联谊会：着力解决社会老龄化问题

2018年12月23日，缅甸福建青年联谊会成立大会在仰光缅甸中华总商会举行。各个侨团的主要负责人经过多次商议酝酿和一年多的准备，挑选了一批有朝气、有担当、有能力的青年才俊，共同成立缅甸福建青年联谊会。它是由49个宗亲社团联合组成的非营利性青年公益组织，在缅甸福建同乡总会指导下开展工作，是联系华侨华人社团青年的平台，也是缅甸华侨华人社团近年来着力解决后继乏人、青年一代对社团活动缺乏热情、社团组织老龄化等问题的举措。

四　文化教育

（一）福庆学校：缅甸华文教育的一面旗帜

2008年，缅甸福庆学校与中国云南大学在中国国家汉办的批准下，成立了缅甸首家孔子课堂。截至2018年，福庆孔子课堂已将汉语教学推广至12所寺庙学校、2所私立中学，包括曼德勒大学、国防大学在内的14所大学院校，2 所医院职业中心，以及中色镍矿、海螺水泥厂 2 家中资企业等。福庆学校已在缅甸开设 58 个教学点，培养了 1.8 万余名学员。[①] 福庆学校已成为缅甸华文教育的一面旗帜，带动缅甸，特别是缅北地区涌现出一大批优秀华文学校。云南大学副校长张力表示：福庆学校孔子课堂已成为缅甸民众、青年一代学习中国语言文化的重要平台，“缅中语言文化研究中心”“缅中汉语教学中心”“缅中友好职业技术学院”先后在这里挂牌成立。福庆孔子课堂多次获得中国国家汉办授予的荣誉称号，是云南大学在海外创建孔子学院（课堂）的成功典范。[②]

（二）“中缅联合出版（数字）编辑中心”：中缅传媒合作新平台

2018 年 12 月 29 日，缅甸《金凤凰》中文报社与中国云南民族文化音像出版社、上海交通大学出版社在仰光发起成立了“中国主题与民族文化缅甸联合出版（数字）编辑部”［也简称“中缅联合出版（数字）编辑中心”］。该中心将在中缅两国的图书出版、推广和文化交流方面发挥重要的中介作用。一是中缅双方将推荐各自的优质图书在当地出版，发掘两国优秀的精品图书分别向两国读者推荐，其中，在缅甸当地以缅语、英文为主要语种，合作出版一批反映中国主题与民族文化的精品图书，同时也将反映缅甸历史文化的精品图书推广至中国。二是将不定期在中国和缅甸开展精品图书巡展、文化和出版交流论坛，邀请当地出版机构、文化领域的专家学者参加，组织两国文化和出版机构互访参观，进行短期交流学习。三是将组织两国的作者与读者进行面对面交流，并走访高校、图书馆、科研机构等。该机构成立的目的是以书为媒，让缅甸读者了解中国，让中国读者认识缅甸，为加强和扩大中缅文化交流合作发挥独特而重要的作用。

---

① 〔缅甸〕《金凤凰》中文报，2019 年 2 月 19 日。

② 〔缅甸〕《金凤凰》中文报，2019 年 2 月 19 日。

印度尼西亚侨情

印尼是东南亚第一大经济体，也是“一带一路”建设的重点国家。截至2018年，中国连续8年为印尼最大贸易伙伴，并成为印尼第三大投资来源国和最大的外国游客来源国。2018年，中国和印尼之间的贸易额达774亿美元，到访印尼的中国游客达200多万人次，均创历史新高。① 中资企业在带来资金、技术的同时，也为当地增加了税收，解决了就业。

华族是印尼民族大家庭中的一员，华族的文化和习俗丰富了印尼的多元文化。中国和印尼两国的文化交流也日益频繁和密切，中国成为印尼留学生的留学首选地，印尼也跃居第六大赴华留学生来源国，中国和印尼已合作成立六所孔子学院，培养了大批懂汉语的专业人才。

一　侨情概述

华人是印尼的主要族群之一，约占总人口（2.65亿人）的4%。印尼华人的祖籍地主要是福建和广东。自从实行改革开放政策以来，中国的新移民大量进入印尼，大城市如雅加达等部分地区开始形成中国新移民的聚集地。② 粤籍华人有1200多万人，③ 闽籍华人也超过1000万人。大体而言，客家人多分布在爪哇、苏门答腊北部、邦加、勿里洞、西加里曼丹；潮州人主要集中在苏北省的棉兰、占碑，苏南省的巨港，爪哇岛的雅加达、三宝垄和泗水，西加里曼丹省的坤甸等地；广府人多在加里曼丹东南部、苏门答腊东岸、邦加、苏拉威西、马鲁古和努沙登加拉群岛等地。④

---

① 〔印尼〕《国际日报》2019年3月8日。

② 陆琮渊、黄日涵：《走过风雨，迎向未来：印度尼西亚华侨华人》，“一带一路”智库，2016年8月，http://www.ydylcn.com/skwx_ydyl/databasedetail?contentType=literature&subLibID=undefined&type=undefined&SiteID=1&contentId=6872819&wordIndex=3。

③ 〔印尼〕《国际日报》2015年11月17日。

④ 杨宏云：《印尼棉兰华侨华人史》，厦门大学出版社，2016，第31页。

2018年是印尼的选举年，省长、市长、县长都进行选举。华人大多参加印尼的主流政党，而不是自己组建政党。最近两届大选，有17位华人当选议员，而2018年大选委员会公布的国会和地方代表议会的议员候选人名单里，国会华人议员候选人有23人，地方代表理事会议员有5人,[①] 表明华人精英的参政意愿不断增强。

二　经济合作

2013年，习近平主席在印尼首次提出“21世纪海上丝绸之路”的构想。五年来，在中国“一带一路”倡议的带动下，大量的中资企业、中国资本、中国品牌来到印尼，参与并推动当地经济社会发展。2018年，中国和印尼之间的经济合作呈现出三方面的特点：一是中国在印尼的投资中有很多是高科技项目，二是“授人以渔”、“取之于民，用之于民”，三是中国各省份纷纷加大“走出去”的步伐。

（一）中印尼合作：高科技项目成果突出

除了传统产业，中资企业在推动两国科技创新和新型产业合作方面成效显著，既有以雅万高铁为代表的基建项目，也有小米、OPPO手机等数码产品，京东等互联网公司在印尼创新创业。印尼人口红利和国内消费市场潜力巨大，电子商务、移动支付等互联网新兴行业潜力有待进一步挖掘，泗水等城市正在努力发展智慧城市规划。据中国驻泗水总领事顾景奇介绍，目前，中兴、华为、京东等中国公司均已在印尼取得不俗成绩，对印尼消费转型和技术升级起到了重要作用；中企在一卡通、城市市政工程网络建设等领域技术先进、经验丰富，相信将为印尼创造更多增长点。格力电器泗水旗舰店2018年1月正式开业，印尼经销商和社会民众对中国品牌的良好评价和热切期待令人感动，“让世界爱上中国

① 〔印尼〕《国际日报》2018年11月15日。

造”在此日益形成共识，预示着中国优势产品和优势行业有望给印尼带来新一波产业升级和消费转型。[①] 五菱汽车、OPPO 手机等中国先进制造业代表企业近年来纷纷在印尼设厂，LOTI 等中国时尚企业则联手新加坡“数字时装周”等新兴业态共同开拓印尼市场。市场分析认为，由此带来的技术转移、人才流动、品牌效应等有力地推动了印尼新兴制造业产能的整体提高。印尼投资协调委员会主席莱姆邦表示，2019 年可能有一家中国手机制造企业和韩国汽车制造企业将落户印尼廖内省，投资规模分别高达 10 亿美元和 8.25 亿美元，“这均将有力带动 2019 年的印尼投资展望”。[②]

（二）中资企业：“授人以鱼，不如授人以渔”

截至 2018 年，在印尼的中爪哇省、东爪哇省、日惹特区、马鲁古省和北马鲁古省内，中国企业有近 40 家，已落实投资约 6 亿美元，员工总数约 13000 人，而中国籍员工不到 1000 人。中资企业秉承“授人以鱼不如授人以渔”和“取之于民，用之于民”的发展理念，培训本地员工，回馈当地社会。例如，2018 年 3 月 9 日，印尼总统佐科亲临东爪哇省泗水市锦石县，出席国家战略基建项目——吉配保税港工业园一期落成仪式。该项目由印尼上市公司 AKR 集团与国营第三港务公司强强联合、中国交通建设股份有限公司等中国公司参与开发建设。佐科对该工业园与当地伊斯兰习经院等院校开展人才培训合作，提高当地民众就业的做法表示肯定，希望该人才培养模式可以被效仿和推广，积极推动印尼职业教育发展，为更多企业输送优秀人才。[③] 又如，中兴公司与当地大学开展校企合作，为学校提供优惠教学设备，为贫困学生提供奖学金和实习机会，实现了校企互利共赢；东方希望集团先行垫付资金帮助当地发展养殖业，向农户提供免费鸡苗，待养成后按市场价收购，极大地提高了农

---

① 〔印尼〕《国际日报》2018 年 2 月 6 日。

② 〔印尼〕《国际日报》2019 年 1 月 7 日。

③ 〔印尼〕《国际日报》2018 年 3 月 12 日。

户收入；部分中企已由本地员工担任中层领导，为当地培养了一批白领和蓝领人才。

（三）中国投资：福建等地加大投资力度

福建等地加大对印尼的投资力度。2017 年，福建省与印尼进出口贸易额达 59 亿美元，增长了 42%，印尼成为福建在东盟的第二大贸易伙伴和第一大进口市场；截至 2017 年，福建省在印尼设立的企业有 69 家，中方投资额为 27.6 亿美元，印尼已成为福建在东盟的第一大投资地。同时，印尼在福建累计投资项目 290 个，实际到资 5.4 亿美元。[①] 2018 年，福建省商务厅、印尼福建社团联谊总会又在雅加达主办了“中国福建—印尼经贸合作对接会”，使福建和印尼的经贸合作不断深化和拓展。2018 年 10 月，中国国际贸易促进委员会温州市委员会（国际商会）组团出访的经贸代表团，在雅加达举行了温州特色产业经贸推介会。印尼浙江商会温州籍企业家代表，印尼服装生产商协会、电气技术协会、金属加工和机械协会等纷纷参会。这是温州市第一次在印尼举办温州特色产业对接经贸交流推介活动。在“一带一路”倡议的带动下，温州投资者与印尼当地企业开展互利互惠的投资合作，先后建成投产了青山园区的兰碳厂、振石冶炼厂、金麟镍业冶炼厂等颇具规模的企业以及各类贸易公司。

三　社团活动

1998 年以后，宽松的社会环境为印尼华人社团的复兴提供了条件。1999 年瓦希德上台之后，印尼全国成立的华人社团达 400 多个，[②] 2008 年增加到 540 个。客属总会、客属联谊会、潮州乡亲会、梅州会馆、广肇总会

① 〔印尼〕《国际日报》2018 年 5 月 7 日。

② 杨宏云：《20 世纪 80 年代以来印尼棉兰的华人社团与社团领袖》，厦门大学博士学位论文，2009，第 48 页。

等社团纷纷复办。2018 年，印尼华人社团组织的活动主要有两大亮点：一是更加重视青年工作，使更多的年轻人参与社团活动；二是商贸职能增强，与中国各省份的“走出去”活动衔接更加紧密。

（一）各社团加强青年工作

目前，印尼的许多华人社团都面临老龄化、组织结构改革、更新换代等迫在眉睫的问题，因此，很多社团将青年工作提上日程。2017 年 1 月，印尼中华总商会成立了青年部，2018 年 2 月，正式举行了青年部首届理监事就职典礼，任期为 2017 年至 2022 年。首届主席翁玮光表示，“青年部将凝聚、团结华裔青年企业商贾，为推动印尼的经济建设做出努力；青年部将为成员提供可靠的商业资讯、以实际行动协助推动国家经济建设、协助中小企业在经济建设中充当重要角色、加强青年部成员的友谊”。① 3 月，中华总商会西爪哇分会在万隆福清会馆举办了青年部成立就职典礼，新上任的青年部主席周鑑斌说：“身为青年人，我们看到了发展迅速的全球化网络商业时代、电子商务，一直到如今的大数据化时代。有很多商机，也会有不少被淘汰。我们必须改变经商方式，利用青年部这个平台，在西爪哇、东爪哇甚至到国外，到凡有商会的国家开展网络商务。”②

9 月，印尼福清社团总会第 10 届青年论坛在雅加达召开，来自 15 个地区分会的百余名青年出席。目前，福清社团总会有 29 个地区组织的福清同乡会，每年由各地乡亲轮流承办该活动，2019 年第 11 届青年论坛将在万隆举行。

成立于 1999 年的华裔总会，在印尼全国有 72 个分会，属下也设立了青年部、青年企业家协会等专门培养年轻一代社团成员的组织。

印尼海南总会也将推广华文教育作为 2018 年的工作重点，雅加达海南

---

① 〔印尼〕《国际日报》2018 年 2 月 7 日。

② 〔印尼〕《国际日报》2018 年 3 月 31 日。

同乡会已经与海南大学和海口师范学院达成共识，每年为印尼海南总会提供10～20个奖学金名额，为印尼海南子弟提供三至四年的学习优惠，学员在海南的学费与住宿全免，总会补贴50%的来回路费。

（二）响应“一带一路”倡议，发挥中介作用

随着“一带一路”建设的推进，中国近年来加大了对印尼的投资与合作，各省纷纷派出代表团出访，当地华社成为接待来访、牵线搭桥的重要中介。例如，成立于2001年的印尼中华总商会是非营利性华商组织，在印尼华人社会中影响广泛，声誉良好，多次接待来访的中国商贸代表团（见表6）。

表6　2018年印尼中华总商会接待来访的中国代表团

来访时间	来访代表团	来访目的
2018年1月	海尔国际智慧教育公司代表团	宣传智慧教育，在印尼各学校推广传统电脑使用的普及化
2018年1月	中国信永中和会计师事务所代表团	和印尼的审计、税务和法律机构签署合作协议，近年来到印尼投资的中国企业越来越多，有必要在当地建立专业机构，为到印尼投资的中国企业提供良好的服务
2018年3月	中国商务部亚洲司代表团	宣传定于2018年11月5日至10日在中国国家会展中心（上海）举办首届中国国际进口博览会
2018年4月	吉林省商务厅代表团	加强交流合作，寻找商机
2018年4月	香港海内外华商联合会代表团	了解印尼当地的经贸、投资等状况，希望能够与当地的企业家合作，共享更多的商机，欢迎更多的印尼商人到香港观光考察、投资兴业
2018年4月	香港中华总商会代表团	为企业家提供更多更准确的投资对接、政策介绍等一系列商业资讯，共同推动双方在经贸领域的合作取得更大的成果
2018年6月	中国德州市代表团	积极参与“一带一路”倡议，并带领、帮助、支持德州市企业家到东南亚进行经济发展，深化德州市的各项商务活动，并希望能够在印尼寻找适合的商机
2018年7月	中国社会科学院代表团	为了进一步宣传“一带一路”倡议，使更多的中国企业走出国门，到包括印尼在内的东南亚国家参与当地的基础设施建设

续表

来访时间	来访代表团	来访目的
2018 年 7 月	吉林省经济技术合作局代表团	邀请中华总商会的理事们参加 2018 年 8 月在延吉举办的第 12 届中国延吉—图们江地区国际投资贸易洽谈会
2018 年 7 月	厦门宁德商会代表团	了解印尼的风土人情、投资政策等，为厦门宁德商会会员前来投资兴业铺平道路
2018 年 7 月	福建省外事办代表团	联络海外乡亲，推动福建与印尼的经贸合作、文化、科技交流
2018 年 8 月	广西壮族自治区侨联代表团	帮助更多的广西企业“走出去”，与印尼企业寻求商业合作
2018 年 9 月	杭州市代表团	杭州市是 2022 年第 19 届亚运会的主办城市，此次印尼之行是为了吸收举办亚运会的经验
2018 年 9 月	中国贸促会机械行业分会代表团	希望能够与印尼华商企业互相沟通、加强交流，在印尼寻找适合的合作伙伴
2018 年 9 月	苏州市代表团	加强交流，探讨合作商机
2018 年 10 月	集友银行代表团	为更多的香港公司来印尼发展、投资提供咨询和帮助
2018 年 11 月	中国—东盟博览会代表团	作为 2019 年中国—东盟博览会的主题国，希望印尼中华总商会能组织更多优秀企业参会
2018 年 11 月	陕西省侨办代表团	加强双方的了解互信
2018 年 12 月	青海省海外联谊会代表团	加强信息沟通、商务合作
2018 年 12 月	大连福建商会代表团	介绍大连市工业等产业的发展状况，进一步加强双方在经贸、投资等领域的交流与合作
2018 年 12 月	中国贸促会代表团	进行实地考察，希望在东南亚地区开展进出口贸易
2018 年 12 月	辽宁省人大代表团	介绍辽宁省在工业、炼油、铁路、高速公路等领域的情况，吸引投资
2018 年 12 月	四川省内江市代表团	把内江市的农业与加工产品及绿色食品推销到包括印尼在内的国际市场

资料来源：根据印尼《国际日报》等相关资料整理。

四 文化教育

1954 年，中国和印度两国签订了《中印关于中国西藏地方和印度之间的通商和交通协定》，协定的序言中确立了和平共处五项原则，被印度称为

“潘查希拉”。当时的印尼政府也借用了“潘查希拉”作为立国原则，即“信仰神道、人道主义、民族主义、民主和社会公正”五项基本原则。在“潘查希拉”原则下，印尼的华人将自身视作印尼多元族群文化的组成部分，他们既传承和维系华族的文化传统，也积极与其他族群在文化上交融互鉴。

（一）加强族群交流，共享多元文化

2018 年 3 月，印尼华裔总会和潘查希拉辅导机构合办了“潘查希拉之星火”研习班，印尼孔教最高理事会青年组、印尼潮州乡亲总会青年组、印尼华裔总会各地方分会青年组等均参加了研习班。这是特别针对印尼华裔青年的组织，主要目的在于巩固潘查希拉精神为建国理念，并且积极推广和宣传。印尼华裔总会也积极与其他族群进行交流，2018 年 1 月，与穆联代表、伊联代表进行了会谈。华裔总会计划为伊斯兰教习经院的学生或清真寺的年轻学生开展“学习中文的奖学金计划”，逐步分批派学生到中国学习中文，参加师资培训，邀请伊斯兰教领导到中国参访，与中国的伊斯兰教徒交流。穆联负责人表示，“这恰恰符合潘查希拉的第五项原则，即维护印尼全体人民的社会公平待遇。当今时代并非只有西方国家有强大的实力，中国作为拥有全球四分之一人口的大国也同样值得学习”。[①] 2018 年元宵节期间，林德纯（Darmadi Durianto）印尼民族之家基金会（YRKI）、Yayasan Gema Cita Nusantara 基金会、巴德芒安（Pademangan）观音庙共同举办了元宵嘉年华，旨在倡议印尼的各个宗教团体团结协作。整个活动包括大伯公游神、年例游神、舞龙舞狮表演、拍卖活动等，附近民众热情参与其中，当地乡政府、村政府及安全机构也持积极态度，保证了本次活动的顺利进行。主办方希望该项活动能成为不同族群、不同宗教的人们团结互助的纽带。

---

① 〔印尼〕《国际日报》2018 年 1 月 5 日。

（二）印尼各地区华文教育机构之间的联合更加紧密

2018 年 5 月，印尼华文教育联合总会（印尼华教总会）举行第一届理事会成员就职典礼。它的前身是成立于 2005 年的印尼华文教育协调/统筹机构联合秘书处。2017 年 12 月，在印尼华文教育协调/统筹机构第七次全国代表大会上，为适应华文教育发展的新形势，与会各省代表通过决议，将联合秘书处改组为印尼华文教育联合总会。多年来，该机构在组织中国奖学金、冬夏令营和师资培训等项目上，为印尼华文教育发展做出了巨大贡献。印尼高等院校中文系协会是全印尼高等院校汉语语言、中国文学、汉语教育及汉学系的共同组织，成员由全国 26 所设有汉语、中国文学、汉语教育、汉学专业的公立及私立高等院校组成。协会 2015 年成立，2016 年起每年召开一次全国大会。该协会致力于促进全印尼高等院校中文教育网络的建立与合作发展。

（三）印尼的华文教育与中国教育机构等的联系更加密切

2018 年 10 月，由中国国家汉办总部与印尼教育部主办的“HSK 留学·就业展”在雅加达开幕。2017 年，首届教育展吸引了近两千人参观、参展，很多印尼学生通过教育展接触和了解了中国的高校和相关高等教育方面的情况，很多中资企业和本地企业也招募到了人才。2018 年，北京师范大学、上海外国语大学、华东理工大学、东北师范大学、西北工业大学、天津大学、上海大学、华南理工大学、吉林大学、中国石油大学（北京）、西安电子科技大学、厦门大学、江南大学、中国科学技术大学和上海交通大学共 15 所中国知名高校参展。11 月，第 15 届印尼留学中国教育展在雅加达举行。中国留学服务中心自 2003 年起，连续在印尼举办了 15 届“留学中国”教育展。“留学中国”教育展已经形成了品牌及规模，不仅展示了中国优质的教育资源，吸引了大量的印尼学生赴华留学，也向印尼人民展示了中国改革开放的成果，加深了两国间的文化交流。印尼教育部也邀请了数十所印尼的大学代表来到教育展现场，与中方院校进行沟通交流，部分院校还带来了合作意向书。

欧 洲 篇

Europe Reports

B.5
西欧、北欧、中欧侨情分析

胡修雷*

摘　要： 2018 年欧洲华侨华人社会既得到了住在国政界、商界、学界的高度肯定与赞誉，也遭遇了各种歧视与不公平对待，华侨华人开始尝试全面融入欧洲社会，在经贸、文化、科技、政治等多领域都做出了贡献。一些欧洲富裕小国得到中国新移民的青睐，欧洲各国之间的华人移民行为持续不断。随着中国的发展和强大，中国国内的一些生活方式更是开始传进欧洲的华人圈，欧洲华侨华人正在经历从努力生存到融入主流的过渡时期。

关键词： 欧洲侨情　移民　融入　一战劳工　中欧旅游年

* 胡修雷，中国华侨华人研究所学术交流研究部副主任，主要研究方向为华侨华人与国际移民、侨乡治理等。

2018 年是中欧旅游年，也是中国与欧盟建立全面战略伙伴关系 15 周年、中国—欧盟领导人会晤机制建立 20 周年。中欧关系迎来新契机，为欧洲华侨华人提供了进一步发展的重要机遇。这一年，300 万欧洲华侨华人经历了英国脱欧带来的阵痛、法国“黄马甲”抗议运动及欧洲民粹主义兴起等事件，收获了纪念一战百年、缅怀华工的感动，见证了法国、英国、德国、荷兰、挪威、奥地利等住在国领导人访问中国。中欧高层会面和互访促进双方经贸和文化往来更加密切，推动中欧双方实施更多互惠政策，加强当地政府、商会及相关机构与华侨华人的沟通，共同开展一些合作项目，帮助华侨华人更好地融入欧洲社会。2018 年欧洲华侨华人社会既得到了住在国政界、商界、学界的高度肯定与赞誉，也遭遇了各种歧视与不公平对待，从参政议政成绩斐然，到维权罢市、抗议歧视与暴力掷地有声。总的来看，欧洲华侨华人走过了波澜不惊的一年。

一　中欧旅游年带火欧洲游，华侨华人在欧洲展现出强大购买力

2018 年 1 月 19 日，中欧旅游年在意大利威尼斯开幕。之后，中欧双方在旅游年框架下共举办了 100 余场形式多样、内容丰富的宣传推广活动，加上世界杯的举办更是带火了欧洲旅游。统计数据显示，2018 年第二季度预定欧洲游的人数同比增长超过 100%，环比第一季度增长 94%。欧洲是中国游客选择的第二大目的地区域，占比 13%，仅次于亚洲。[①] 2018 年，欧洲有 7 个国家对中国游客提供免签、落地签入境便利待遇，包括阿尔巴尼亚（4 月到 10 月旺季免签）、波黑（5 月 29 日免签生效）、俄罗斯（团体游客、世界杯旅游者免签），黑山对组团游客免签，以及圣马力诺、塞尔维亚免签，乌克兰开放落地签。每周有 600 多个航班往返于中欧之间。便利的签证政策和交通吸引了大量中国游客前往欧洲。法国旅游发展署报告称，法国接

---

① http：//www. chinanews. com/cj/2018/09 - 14/8627573. shtml.

待的中国游客数量在欧洲排名第一，2018 年有 230 万名中国游客赴法国旅游，同 8 年前的 60 万人相比，数量翻了近两番，其中大巴黎地区接待的中国游客占了近一半。

中国人旅游和购物刺激了正在复苏的欧洲经济。在欧洲，由于大量中国游客的到来，从事导游职业的当地华人超过 20000 人。华人一直都是奢侈品的一大消费族群；许多奢侈品店的华人顾客比例可高达 60%，其中包括在本地生活的华人及来欧洲旅游的中国人。另外，在欧洲中国留学生和代购群体也不容小觑。欧洲华人在房地产市场上更是“稳操胜券”，他们正在以比其他欧洲人更快的速度购买房地产。新的研究显示，在中国出生的欧洲居民，涉足房地产市场的可能性比其他欧洲居民高出 23%。① 另一方面，近年来，欧洲零售业的前景虽不容乐观，但有越来越多的品牌另辟蹊径，靠中国代购来拯救自己。据《欧洲金融评论报》报道，中国因为人口众多有着极强的购买力，尤其是近年来，中国消费者对国外商品的兴趣可谓与日俱增。在这时，有部分欧洲商家瞅准时机，通过代购渠道，将大量商品销往中国。

二　法、英等国官方民间共祭一战华工，各界人士缅怀华工贡献

2018 年 11 月 11 日是第一次世界大战停战 100 周年纪念日，也是“中国劳工旅”参战 100 周年纪念日。法、英等国华社纷纷举行系列活动，纪念华工参战 100 周年。11 月，法国电视三台播出了以一战华工为主题的纪录片。11 月 11 日，巴黎凯旋门下，法国总统马克龙邀请 72 位国家元首共同参加一战胜利 100 周年纪念仪式。其中，华裔女生诵读的一段中文书信，把近百年来被整个西方社会遗忘的华人劳工推到台前，华工形象前所未有凸显在国际舞台，唤醒人们重新审视这段被尘封的记忆。

① 《华人号》2018 年 7 月 14 日，https：//www. 52hrtt. com/hu/n/w/info/D1530689804988。

据记载，1916年英国战时内阁批准征募中国劳工，并将其正式命名为“中国劳工旅”。一战期间，英法两国在中国山东、河北等10多个省份招募了14万华工赴欧洲西线战场，其中约8万为山东人。华工到达欧洲后，约有10万人隶属于英军，其余4万人归法军指挥。此外，还有数百名学生从事翻译工作。华工们告别故土，远涉重洋，在残酷的战场上从事搬运武器、制造枪弹、修筑工事、清理战场等艰辛繁重的后勤工作。据不完全统计，死亡和下落不明者约2万人。至今，在法国、英国、比利时及其他地区仍散落或集中分布着华工的坟茔。然而，长期以来，西方社会并未对参战华工的重大贡献给予足够的认可。但时间不会磨灭一战华工的光辉，越来越多的欧洲国家政府、相关机构开始回顾、正视这段历史，欧洲各国华人开始为参战华工四处奔走，筹建纪念碑、纪念馆等。

3月15日，“纪念‘一战’停战百年，缅怀参战华人”委员会筹备会在法国外籍兵团退伍华人协会举行。旅法侨界、文化界及法国政界代表出席了会议。会上确定了纪念活动和纪念委员会的中法文名称，并初步拟定了委员会的各部门负责人名单。委员会成员以华裔新生代为主，各大华人社团的负责人也参与其中。此后，欧洲各地华社举行了各式各样的纪念活动。3月25日上午10时30分，法国北部城市Erin举行了纪念一战华工遇难100周年暨立纪念石碑仪式。当地协会GRHAT特别邀请了法国外籍兵团退伍华人协会参加了纪念活动。据悉，一战时期，Erin市区有许多英军的坦克军工厂，很多华工被招募到这里参与维修保养坦克的工作，他们的技术非常精湛。这些在一战时期远赴欧洲的华工应该得到更多的怀念与尊敬。

清明节，来自中、法、英三国的代表及旅法侨学界代表来到法国北部索姆省的诺莱特华工墓园缅怀一战华工。在最大华工墓地nolel-sur-mer（80）的中国公墓举行了纪念仪式，这里埋葬有842名华工。中国驻法大使翟隽、领事部主任陆青江参赞，法国国会议员、法中友好小组主席陈文雄，索姆省副省长贝努瓦·勒麦尔，索姆省议会主席洛朗·索蒙，英联邦战争公墓管理委员会主任卡尔·利弗西齐，努瓦耶勒市市长让·路易·德玛海斯特等中法英要员以及法国华侨华人会主席任俐敏、法国外籍兵团退伍华人协会会长陈建青、全法中国学者学生联合会主席刘源辉等旅法侨学界代表等400人参加。2018年该市还建立了华人参战纪念博物馆。此外，在阿拉斯市（Arras）的华人参战纪念碑等地也举行了纪念活动。

2018年9月，一战华工雕像在里昂火车站落成，圣康坦市也为一战华工竖立一座雕像。这些纪念活动，承载的是对历史的共同记忆，表达了对14万华工的告慰以及对和平的渴望。

11月11日，一战华工祭奠仪式在法国北部索姆省努瓦耶勒的诺莱特墓园举行。努瓦耶勒市政府、山东侨务代表团、旅法侨界代表、中法文化教育交流基金会、法国外籍兵团退伍华人协会等先后为华工墓敬献花圈。两位来自山东的华工后裔程玲、马京东和来自法国的华工后裔菲利普·徐还按照山东传统方式祭奠先辈。

11月12日下午，中国驻法国大使馆和巴黎13区政府在鲍德力古公园联合举办一战华工追思活动。中国全国人大常委会副委员长吉炳轩出席追思活动并讲话。法国国民议会法中友好小组主席陈文雄，中国驻法大使翟隽，巴黎13区区长顾梅，凯旋门长明火委员会主席达利将军，法国国家老兵和战争受害者办公室主任拉克多，法国外交部亚大司司长马捷力，法国总统亚洲事务顾问阿莉丝·胡佛以及旅法侨学界、中资机构代表和一战华工后代代表出席了仪式。位于鲍德力古公园的一战华工纪念碑建于1998年11月，它是经法国政府批准、由巴黎13区华侨华人积极推动于一战停战80周年之际设立的。20年来，这里已经成为旅法华侨华人和巴黎市民纪念和缅怀一战华工的主要场所。

11月12日，由山东省人民政府外事侨务办公室主办，法国吴建民之友协会、法国山东同乡会、法国山东商会、法国华侨华人会协办，山东华侨会馆承办了一战华工图片展。巴黎政府官员、法国华侨华人代表、华工史专家、华工后裔等各界人士在图片展开幕式及随后进行的座谈会上发言，对华工所做的历史贡献表示高度肯定。他们支持法国主流社会正视华工历史，认为这将对中法友谊起到积极的促进作用。多名与会者呼吁继续加强对一战华工史的研究和教育工作，旨在让中法民众永远铭记这段历史。

在英国，2018 年 3 月 11 日举行的纪念碑筹款活动——《为了迟到的祭奠》义卖、义演、义诊吸引了逾百名旅英华侨华人参加，共拍卖出 50 余幅画作。“确保我们铭记”建碑筹款运动计划筹款 25 万英镑，在伦敦修建一座一战华人劳工纪念碑。根据计划，该碑在中国制作完成后随火车用一个月的时间穿越欧亚大陆抵达伦敦安放。

8 月 15 日，纪念一战华工捐躯百年活动在英国利物浦举行。英国女王代表、梅西塞德荣誉军官 Mark Blundell 在纪念仪式上表示：“我们不应遗忘这些华工。”中国华工多年轻壮健，来自山东，当年他们乘坐的船只首先驶过太平洋，秘密穿过加拿大，循大西洋到达西欧，选择此路线是要避开地中海的德国战船。1917 年 4 ~ 5 月，6.5 万名华工由 27 艘轮船运载抵达利物浦，进而被派往其他地区。一些留在英国挖战壕，做杂工或直接参军；另一些则被送往海滨城市 Folkestone。他们在那里聚集，并循水路赶赴比利时和法国战场。部分华工从事耕作、修路、铺建战壕，部分人在利物浦支援战事，后来因为暴发巨大瘟疫，部分人病逝于利物浦市多家医院。

“铭记历史　珍爱和平——一战华工史料图片展”11 月 6 日在伦敦中国城举行。该图片展共展出历史珍贵照片约 200 幅，涉及华工征募、远渡重洋、贡献牺牲、战后遣返、后世祭奠等内容，其中不少照片系首次公开。展览以史料、图片展板为主，辅以影像播放，直观、立体、全方位地展示一战华工的历史和贡献。部分一战华工后裔来到展览现场，向观众讲述他们祖辈们艰辛与悲壮的经历。

11 月 11 日，比利时北部的波普林格（Poperinge）举行了纪念华工的活动。2017 年，这里修建了一座群雕以纪念华工，中国驻比利时大使曹忠明、波普林格市长德雅盖和山东外侨办副主任吴冠等先后讲话。比利时等地还举行图片展，展示一战华工的历史贡献。

三　欧洲华侨华人从努力生存到力争融入主流社会

长期以来，欧洲华侨华人分布呈现出全覆盖、大集中、小分散的特点。由于欧洲华商整体实力不强，许多华商经常在小商人和打工者的身份之间转换。近年来欧洲华侨华人有不少新移民，其中打工者群体比较多。据研究，法国华侨打工群体的月收入中位数为1800欧元，意大利华侨打工群体的月收入中位数为1500欧元。① 另外，随着近年来华人受教育水平的提高和大量精英新侨的到来，华侨华人开始尝试全面融入欧洲社会，在经济、社会、文化交流等许多领域都做出了贡献。随着中国的发展和强大，中国国内的一些生活方式更是开始“渗透”进欧洲的华人圈。

欧洲华人职业的转变经历了一个过程。对于老移民来说，语言是最大的障碍，进入主流职场的机会微乎其微。限于能力和资本，许多华人的移民生活都是从做体力工开始的，例如做清洁员、劳工、零售人员及出租车司机等。2011年后，欧洲年轻华人移民的语言水平大幅提升。越来越多的新一代移民开始在欧洲从事财经商业、法律政治、医疗保健、工程建筑、财务会计等职业。

2018年欧洲人口普查数据描绘了欧洲教育、职业等方面的状况。总体上，超过80%的欧洲工作人口从事服务行业，而获得中小学教育以上学历的人口比例有显著提升。欧洲华人的职业和教育状况，与全国整体状况相比虽有很多相似之处，但更具备自己的特点。调查发现，做生意的华人移民中，有76%是在到达欧洲之后开始他们的第一次创业。根据该报告，华人移民企业主注重创造新工作和扩展经营的趋势意味着他们可能在未来10年内为欧洲创造高达20万份的新工作。因此，华侨华人已经遍布欧洲各行各业，未来华人职业选择的特点及倾向性会更加模糊。

① 林源西：《迷茫与希望：欧洲年轻华侨群体的生存状态》，《丽水学院学报》2017年第4期。

四　欧洲假警察横行多年，瞄准华人

法国发生“黄马甲”运动及斯特拉斯堡恐袭以来，法国的治安形势和交通安全一直比较复杂，加上英国、德国等欧洲国家接收叙利亚难民后暴露出的一系列社会问题。2018 年，中国驻欧洲各国使馆纷纷发布安全提示，提醒当地华侨华人及中国游客提高安全意识，确保人身安全。

由于欧洲社会治安整体下降，犯罪率上升，各国抢劫、偷盗等刑事案件频发，针对华人的刑事犯罪案件呈上升趋势。据当地媒体报道，意大利假警察作案猖獗，尤其是在罗马、佛罗伦萨和拿波里等大城市。假警察作案的目标主要是亚裔。匪徒认为华人比较喜欢随身携带现金，而且意大利语水平普遍偏低，见到“警察”不问前因后果就乖乖就范。“假警察”的套路后来蔓延到欧洲其他国家，英国、法国、西班牙均有华人特别是中国游客中招。“假警察”抢劫游客和商户的现象在欧洲已存在多年，受害者不少损失巨大，甚至命丧黄泉。

除了游客，假警察的目标还包括每天携带大量现金出入的华人商户。更有甚者，他们给外国裔商家打电话，声称要收“治安管理费”，要求其向指定的账户汇款。为免遭损失，华文媒体、侨团及中国驻欧洲各国使领馆多次呼吁，请华侨华人加强安全防范意识，避免造成人身财产损失。案发后也要记住车号及相貌等特征及时报案。

英国侨情

目前，每年来英国旅游的中国公民已经超过了 100 万人，在英国学习的中国留学生超过了 19 万人，中资机构有 500 多家。2018 年，中英两国贸易额首次突破 800 亿美元，中英增加 8 条直航新航线，两国之间航班增至每周 168 班，人员往来超过 150 万人次。随着中英人员往来的快速增多，部分华人新移民和中国游客在海外往往会因为风俗习惯、法律意识、社会责任意识的不足，造成一些问题。为了尽快了解、熟悉英国生活，给当地中国游客、旅英侨胞、留学生提供一份实用和接地气的指南，2018 年 3 月 28 日，《中国公民旅英指南》宣传片发布会暨领事保护工作座谈会在中国驻英使馆举行。在英中资机构、留学生、华侨华人、媒体代表以及当地旅游、商业机构代表等近百人出席了发布会。中国驻英国大使刘晓明在发布会上致辞，领事部总领事费明星公参主持播放片花微视频，发放宣传品，并听取领事保护方面的建议。这是自 2015 年中国驻英使馆推出“中国公民旅居英国指南”网站后，以视频短片形式推出的中国公民信息指南，为不同的旅英人群提供有关英国的全方位旅游、学习、工作和生活实用信息。

2018 年，英国保守党推出的华裔地方议员候选人共有 18 位，这是一个创历史纪录的数字。自 2015 年英国有了第一位华裔国会议员后，目前在上议院也有第一位华裔议员。2018 年成倍增长的候选人数量，充分表明英国华裔参与政治的兴趣越来越浓。

（一）英国脱欧政策摇摆不定增加华人就业和经商难度

英国脱欧进入具体操作阶段后，国内外反对的声音一直都很大，实际上是民众对英国政府政策的否定，以及社会矛盾激化与社会分裂不满的一种表现形式。现行的“欧盟人员自由流动”规定，欧盟其他 27 国公民可自由进出英国，并在英国工作和生活。但随着英国即将退出欧盟，这一切都将完结。虽然英国内阁已同意以一套“可行的新系统”，取代欧盟人员自由流动。新系统将“顾及到英国的最佳利益，同时促进英国的生产力”，但在新方案明确之前，特别是脱欧临近，外劳签证条件收紧，移民政策不确定性如阴云笼罩，增加了华人和欧洲劳工找工作的难度，同时也令商家难找到合适的雇员。

大量亚裔劳工的留英工作机会，很明显被内政部的法律所限制。华人商铺受到的影响越来越明显，许多中餐馆已经招不到劳工。不确定性在于，究竟欧盟国家的劳工能否顺利留英也是未知数。这给零售业带来很大问题，脱欧让行业面临人力资源荒。另外，即使新移民系统向“高技能劳工”倾斜，亦未能完全解决现有的移民难题。只有惠及高技术劳工的政策，还远远不够。政府必须顾及所有阶层、各领域人士的利益。比如，当某个领域突然急需人手，缓慢的签证制度将成最大绊脚石，服务行业就最有可能出现季节性需求激增的情况。

（二）华人社区新老移民分化明显，多元化关怀需求增加

根据英国国会上议院发布的《在英华人社区组织：不断变化的形势、挑战和未来战略》报告，英国的华人社区主要位于伦敦、曼彻斯特、伯明翰、利物浦，大都成立于20世纪80年代，这些社区近十年来面临着建立以来严重的压力和挑战。由于地方政府提供的资金大幅削减，华人社区服务的持续提供、人员招聘面临挑战。其中较小的社区有些关闭了，有些减少了服务。与此同时，华人社区的人口状况也发生了变化，老一辈的华人正在衰老，新一代的华人移民数量正在增加。这对于华人社区服务提出了新的要求。

首先，二战后来到英国的第一代中国移民中的大部分目前处于老龄化阶段，但是他们的英语水平较低，难以融入英国主流社会，华人社区中心需要提供很多翻译服务，同时需要给予他们文化方面的特殊关怀和家庭服务关怀。其次，当地政府资助资金的减少，使华人社区的关怀质量降低，精神关怀很难继续，一些华人社区甚至没有足够的钱支付午餐。最后，新移民尤其是中国大陆移民近几年不断增加，他们则需要咨询服务。以伯明翰华人社区为例，90%的咨询服务使用者是大陆移民，他们需要关于住房、学校和健康方面的咨询。由于对于当地文化和法律不了解，他们还面临着被欺凌和被欺骗的问题。针对这些问题，报告建议华人社区可以从几个方面着手：使资金来源更加多样化并开发新的来源，提升管理和服务质量以吸引更多捐助者和潜在的公司援助，雇用并培训更有才能的志愿者，使说普通话和粤语的移民能够更好地融为一体，重塑华人社区组织形象来吸引其他华人以及非华人社区加入。

（三）英国移民局粗暴执法，引致伦敦华埠爆发大规模罢市游行

7月5日下午，英国内政部执法人员在伦敦华埠一家餐馆逮捕无证劳工时，其行事粗暴，移民局车辆急于离开，不顾道路安全，差点撞上马路上一名和平抗议的聋哑婆婆。该事件引起公愤，伦敦华埠商会宣布7月24日中午12时将罢市5小时，抗议粗暴执法，要求内政部正视移民执法人员长久以来对华人餐饮业歧视性的钓鱼式搜捕行为。此次罢市大行动由伦敦华埠商会发起，获得众多华人社团支持。

7月24日，伦敦市中心著名的唐人街中餐馆、超市、商铺等170多个华人商家集体罢市，来自英伦三岛的1000多名华侨华人沿街游行到内政部，抗议执法人员5日钓鱼式执法搜捕黑工。这是伦敦华人社会历史上最大规模的罢市游行。大伦敦警队已主动向华人表示歉意，并积极提出方案，回应华人的诉求。内政部在回应媒体查询的声明中称，2018年前6个月执法人员曾前往唐人街7个地点，其中5次共带走了19人。伦敦华埠是英国经济、旅游、文化产业的重要支柱，但华人没有得到政府对等的尊重，反而被粗暴对待。华人工党主席梁新尼、华人自民党创始人钟翠映等英国三大政党的华人代表对事件也表示关注。

（四）利物浦重启新唐人街计划，竭力展现中华文化与现代元素的平衡

华人是利物浦最大的少数族裔，但是唐人街的常住华人人口，从20世纪中期开始减少，现在只剩下1.2万人。据英国广播公司报道，2018年5月，投资2亿英镑的利物浦新唐人街计划将重新启动恢复，意味着利物浦唐人街迎来新的转机。利物浦是英格兰西北部重要的港口城市，来自世界各地的商船、货物在此周转，不同文化背景的移民在此交汇、扎根与繁衍。利物浦唐人街的历史可追溯至19世纪60年代，当时的利物浦已经奠定了作为欧洲与中国之间主要商贸点的地位。抵达利物浦的华人，在这里立足奋斗，成为欧洲首支初具规模的华社力量。据老一辈利物浦华人回

忆，最早来到利物浦的那一批中国人，以广东人为主，包括台山人、客家人以及广州人。他们大多是水手出身，到利物浦后大多以开洗衣店起家。利物浦的城市博物馆内专设有“广东”展厅，展出了大量来自广州的文物，这些文物都是在黄埔港一口通商时期通过商船运到英国的。由此可见广州与利物浦的历史渊源。20 世纪五六十年代，更多的移民到达，进一步提高利市华人社群的地位。

以前利物浦的唐人街是全欧洲最热闹的唐人街。时至今日，利物浦仍坐落着全欧洲最高的中国牌楼。一些城市的传统唐人街具有重要历史价值，反映了欧美发展史中不可缺少的一个组成部分。芝加哥南唐人街通过政府、小区团体与居民的合作，提升华裔居民的话语权，制订“华埠远见计划”，使芝南唐人街欣欣向荣。唐人街的振兴应处理好中华文化元素同商业、宜居的现代元素之间的平衡。同时，华人群体自身也应主动组织协调，共同筹划，积极与政府部门沟通，为唐人街的未来发展献计献策。

（五）华资青睐英国房地产市场，政策风险增加

英国脱欧的决定并没有阻挡不断加速的海外投资者到英国投资房地产的趋势。英国房地产市场具有流动性强、交易速度快和法律环境稳定的特点，特别是在过去几十年里，英国政府对本地和外国买房者一视同仁，因此吸引了全球的投资者。近 20 年来，英国城市房产增值明显，租金回报率高。除了商业地产，由于留学、移民等需求，居民住宅也是中国大小投资者关注和投资的重要区域。过去几年，中国大开发商纷纷以不同方式投资英国的商业和居民住宅房地产市场。在伦敦市场一些资产价格 5 年间出现翻倍的情况下，很多华人投资者又将目光转向曼彻斯特等其他城市。

另一方面，华人投资英国房地产的政策风险也在增加。约克大学的调查研究显示，2014 ~2016 年，伦敦 13% 的新房被没有居住在英国的海外投资客买走。伦敦国王学院（KCL）发布的研究报告则显示，海外买家比例每增加 1%，英国房价将上升 2.1%，强调了海外买家炒高了英国房价。根据这

两份调查，英国政府认为由于当前海外买家和英国人支付的购房税率完全一样，让海外买家购房更容易，会造成英国房价越来越高，并使得英国本地人购房难度加大。因此，英国政府准备向海外投资者增收1%～3%的印花税，这给华人投资英国房地产蒙上了一层阴影。

（六）全英首届华人田径运动会在伦敦举办

2018年10月2日，全英首届华人田径运动会在伦敦芬斯伯里公园举办。作为英国最大的华人跑团，主办方“跑动英伦”将体育与文化融合在一起，以“爱生活　爱运动　爱微笑”为口号，举办了一场与众不同的运动会，并为祖国国庆献礼。运动会在古典中国舞蹈中拉开帷幕，中国驻英国大使馆卢海田参赞为运动会致辞并宣布比赛开始。此次运动会项目包括儿童接力跑、团体竞技、个人赛及体育娱乐项目等。来自英国中资机构、华人团体和中文学校等社会各界70支队伍参赛，共计1000余人参与其中。

主办方“跑动英伦”表示，希望以运动的方式将海外华人召集起来，重温学生时代的运动热情，锻炼身体，结交新友，寻找归属感。此次运动会得到众多英国华人表演团体的支持，包括英国华人合唱团、婉琳舞蹈学院、英国恒龙武术俱乐部、艺曲中英民乐坊、中英戏曲协会、Urban Kpop Dancestudio等。“跑动英伦”成立于2016年8月，由英国各地的跑步爱好者组成，现为英国最大的华人跑团。“跑动英伦”的成立旨在推动在英华人体育运动、凝聚华人力量，向世界展示在英华人的运动风采。

法国侨情

法国有70余万华侨华人，是华人最多的欧洲国家。根据法国高等教育部数据，2016年至2017年，有28760名中国学生在法国的文凭教育中进行注册，数字总体保持稳定。法国的汉语教育历史悠久，如今在法国，汉语成为和英语、西班牙语并列的第二外语之一。虽然学习汉语的人数规模还比不上学习英语和西班牙语，但在法国学汉语的人数增长最快。据中国驻法国大使馆提供的数字，2018 年在法国学习汉语的人数已经超过 11 万人，这使法国成为学习汉语人数最多的欧洲国家。2018 年中法两国贸易额突破 600 亿美元，中国来法旅游人数增至 230 多万人，有 4.6 万名中国留学生在法学习。

法国的主要侨团有：法国中国和平统一促进会、法国华侨华人会、法国华人进出口商会、法国浙江商会、法国温州商会、法国文成联谊会、法国美丽城联合商会、法国法华工商联合会、中法友谊互助协会、法华建筑业联合会、欧洲龙吟诗社等。

法国华侨华人会的前身是“旅法华侨工商互助会”，创办于 1949 年，该组织中有许多在一战和二战中同法兰西人民共患难、为反法西斯做过重大贡献的华工，直到 1971 年 8 月经法国政府批准正式成立，首届主席是杨岳先生。成立初期，其成员多为浙江籍华侨，也有中国其他省份的华侨和中国留法学生。其宗旨是服务侨胞，爱国爱乡，促进法中友谊。法国华侨华人会于 1974 年购买了位于巴黎三区的 47 rue au maire 的一个铺位作为会址，现址在巴黎四区庙街 43 号。

（一）过半法国华侨华人聚居于大巴黎地区，经商人数众多

法国华人的移民历史是从第二次世界大战时开始的。随着中国经济开放以及国有企业的改革，越来越多的中国移民涌入法国。法国是世界上第六大移民国家，目前有 600 万左右移民，占法国总人口的 10%。其中华人移民有 70 多万人，主要有两大群体，一个是 20 世纪 70 年代从东南亚各国去法国的潮汕人，占 40%；另一个是 20 世纪 80 年代以后从浙江前往法国的温州人、青田人，占 50% 以上。来自中国其他地区的移民只占很小的部分。20 世纪 70 年代中期以后，法国华人人口迅速增加并跃居欧洲首位。1975 年，东南亚难民（其中 80% 是华人）在巴黎 13 区形成中国城之后，由散居的华人形成的自主商业圈成了巴黎华人的象征。目前大巴黎地区的华侨华人有 30 多万人，主要集中在美丽城、龙城唐人街和 13 区。

在法国比较引人注目的是温州人。20世纪80年代后温州人开始到法国打工经商，从巴黎一个叫“寺庙街”的地方起步，从事服装、皮具、进出口业。温州商人发展迅速，在不到10年的时间里，就逐步在寺庙街市场居主导地位。今天的巴黎，从寺庙街一直往东至巴黎郊区的93省，温州人开的商店星罗棋布，成为巴黎新兴的唐人街。

法国最初的唐人街只是华人移民赖以生存、繁衍的区域，如今的唐人街凭借招牌、语言、饮食、文化的异国情调，而成为巴黎的一道独特风景线。

（二）中国成为法国最大留学生来源国，科研中国学霸多

2018年5月，经济合作与发展组织（OECD）发布的《法国移民劳动力市场》报告显示，中国已成为法国最大的留学生来源国，并居法国高学历非欧盟移民群体首位。报告称，2007年至2016年这10年间，以“学生”身份在法居留的外国人涨幅最大。2016年，来法留学的国际学生三大来源国分别为中国（10077人）、摩洛哥（6250人）和阿尔及利亚（3930人）。到法国留学的中国学生主要学习的专业是“科学与技术”“经济与管理”“艺术、文学和语言”“人文和社会科学”和“法学”。

2008年至2015年，法国向外国移民发放的科研签证中，中国高居榜首，其次是印度、巴西、美国。报告显示，持此类签证群体的平均年龄为33岁，男性占2/3。科研移民在法国科研领域发挥重要作用，不过其往往在法停留时间较短。报告也指出，“与邻国相比，法国吸引移民的特点是教育程度明显较低”。数据表明，英国和德国移民群体中高学历者占13%～14%，而法国仅为6%。

据报告，每年有1.1万名中国学生前往法国留学，目前有4.6万余名中国留学生在法留学。2018年4月，法国高等教育部带着24所法国高等教育机构在杭州、北京、长沙和厦门举办了四场法国高校春季见面会，大力招揽中国学生。

分析法国高校受中国学生偏爱的原因，法国高校招生负责人认为，中国

大学生就业压力大，而法国高校尤其是商学院在全球排名较高，法国留学费用相对低，吸引了越来越多的中国留学生。24 所法国高校中，以工商管理院校为主，有 18 所之多。这些商学院中，有 11 所跻身 2017 年《金融时报》法国商学院排名前二十位，尤其是巴黎 HEC 商学院，更是名列法国第一、欧洲第二。此外，英语教学课程的发展是吸引外国留学生的另一手段。法国各个大学目前有 1300 个使用英语教学的课程，中国学生英文基础比较扎实，上课基本没障碍。

此外，一些华侨华人、专家学者在文化、经济、医疗、教育以及科技等众多领域的研究成果日益丰富，不仅推动了行业发展，也促进了中法、中欧在这些领域的沟通和交流。2018 年 4 月 15 日，欧洲科学院在巴黎举行仪式，授予中国企业家、慈善家温兆安先生“名誉院士”称号。华裔教授兰玉彬、中国专家赵春华也分别于 10 月 22 日和 11 月 18 日被授予欧科院院士称号。

（三）法国退休华裔老人达15万，养老难亟须关注

目前在法国有 70 多万华侨华人，其中退休老人已经达 15 万人左右。如何让旅法华侨华人老有所养是法国侨社面临的一个重要问题。这些退休老人大都是 20 世纪六七十年代到法国打拼的，现在到了颐养天年的时候，养老是非常现实的问题。法国有非常好的养老制度和完善的养老体系，有健全的养老院，但是对于来法国打拼的华侨华人来说，进入较好的养老院并不容易，另外因为语言的问题，与医生、护士、服务人员的沟通也不容易。因此，旅法侨界一直酝酿建设一座华人养老院。

2018 年 1 月 24 日，法国华侨华人会与来访的中国·绿康医养集团代表团举行座谈会，就在法国建立华人养老院、推行医养结合模式、让老人欢度晚年等进行了交流探讨。法国华侨华人会执行主席金麟泽、第一副主席郑金标、秘书长蔡君柱等十几位主席团成员，法国华侨华人会名誉主席林德标、徐志远，法国潮州会馆名誉会长吴武华，知名侨领吴汉龙，法国华人进出口商会永远名誉会长蒋景深，《欧洲时报》原总编辑梁

源法、常务副社长钟诚，欧洲中谊文化传媒总裁陈世明等出席了座谈会。大家纷纷为法国华人养老院的建设献计献策，并就法国的医疗保险制度、养老制度、中法差异、法国华侨华人老人的养老现状等进行了热烈的讨论。

但是，在巴黎建立华人养老院并非易事。一方面，很多华人老人并不想在退休后在巴黎居住；另一方面，巴黎物价和住房费用都很高，养老院的收费也不便宜。巴黎市政厅也很关注这个问题，已经向学校、医疗机构等社会机关和群体提出了一个综合性“养老计划”，希望形成社会合力共同关注华人的养老问题。

德国侨情

2018 年，德国有 21.2 万华侨华人，其中中国公民有 136460 人，而两年前这一数字约为 12 万人。在德国的外国人中，中国排在土耳其（150 万人）、叙利亚（44 万人）和美国（32.4 万人）之后，为第四大外国人群体。中国在德留学生有 3.46 万人，是德国高校最大的外国学生群体。德国华侨华人相对集中的城市有柏林、汉堡、法兰克福、慕尼黑、纽伦堡、不来梅、杜塞尔多夫、斯图加特等，目前还没有形成有规模的唐人街。随着中国经济的快速发展和中德两国联系的增多，德国华侨华人得到了实实在在的利益。

德国的侨团主要有全德华侨华人联合总会、德国华人华侨联合会、德国华侨华人中国和平统一促进会、全欧华人专业协会联合会、德国华侨华人爱心协会、德国华侨华人公共外交协会等。1998 年 7 月 16 日成立的全德华侨华人联合总会是第一个全德华侨华人社团。2001 年 4 月 23 日德国华人华侨联合会（简称德国侨联）在法兰克福正式成立，100 多位来自全德学术、经济、文化等各界华人华侨代表及德国友人出席了成立大会，制定了德国侨联章程，并选举了理事会成员。其宗旨是联合各在德华人华侨群体为中坚力量，以“合作共赢，共创未来”为理念，力图与中国和德国各地政府及有影响力的商会进行对接，建立战略合作伙伴关系。①

（一）德国华侨华人主要居住在前联邦德国地区，女性多于男性

在德国华侨华人中，广东籍和浙江籍各占总数的40%，其他省籍（主要是福建、江苏、上海、东北地区）约占20%。中国已连续三年成为德国的全球最大贸易伙伴，2018年双边贸易额突破2000亿美元。在德学习、研究和工作的中国年轻人已超过6万人，每年赴华学习的德国学生也超过7000人，两国高校建立了1300对校际伙伴关系。在德国，孔子学院已经增加到19所，310所中小学开设汉语或中国国情课，其中70多所中学把汉语列为毕业会考科目。

华侨华人遍布德国16个州。2018年，大多数中国人生活在莱茵河以北的威斯特伐利亚州（34495人）、巴登－符腾堡州（21465人）和巴伐利亚州（20360人）等较大的州。与其他国家侨胞喜欢大量扎堆居住在首都不同，在柏林的中国人相对较少。据统计，柏林20%的人口是外国人，其中只有9055名中国人。此外，在黑森州（13260人）、萨克森州（6555人）和莱茵兰－普法尔茨州（4145人）也有大量的中国人，与中国有着悠久历史渊源的汉堡有5900人。

前民主德国萨克森州的中国人数量可能很高（约有6555人），但其他地区的中国人数量相对较少。萨克森安哈尔特州有2585名中国公民，图林根州有2110名，勃兰登堡州有1475名，梅克伦堡－西波美拉尼亚州有815名，是中国人最少的州。统计显示，在德国的中国女性多于男性，德国有72130名中国女性，而男性只有64330名。然而，最近对在德英国人和澳大利亚人的调查显示，外籍人士的性别男性明显偏多。

（二）德国华侨华人以技术移民为主，中国留学生人数持续增加

近年来越来越多的技术移民选择到德国居住，有160万名外国技术移民

① http：//www.vuecd.de/.

在德国工作。在中国移民（未入籍）中，超过66%的人属于技术移民，比率居各国之首。在德国缴纳社保的中国雇员中，有高达67.1%的人从事技术类工作。工作领域包括工程、信息技术、数学和自然科学等，这一比例在所有外国人中是最高的。

与法国、意大利等国家不同，德国是个以纯工业起家的国家，需要大量的产业技术人员，为爱好学习、掌握技术的华人移民提供了机会，也吸引了众多的中国留学生。2017年，共有32268名中国学生在德国大学就读，比2016年增长6.6%。2018年德国的中国留学生数量为3.46万人，为德国高校最大的外国学生群体，占德国留学生总数的13%，是排在第二位的印度留学生的两倍。

中国移民从事技术工作的原因有很多。首先，在德中国人中留学生比例高，许多人学的是技术专业，他们毕业后一般会在德国先工作几年。其次，近年来越来越多的中国企业在德国设立公司，也大多为技术企业，需要大批技术员工。最后，德国企业为了开拓中国市场，也越来越青睐招聘中国技术人才。

（三）德国企业看好中国经济发展，留学生、华人后代受益

德国企业界现在越来越看好中国的发展，不少在德国成长的华二代、华三代高中一毕业就被德国企业选中，作为日后开拓中国市场的人才储备，企业为他们上大学提供资助，毕业后到企业工作。与在德国的中国留学生相比，华二代、华三代的德语较好，比较熟悉西方文化，工作机会一般多于中国留学生，甚至可以在德国企业中做到中高层职位。德国民众对华侨华人较为友好，极少发生专门针对华侨华人的暴力犯罪事件。此外，为吸引留学生当中的技术人才，德国提供了不少优惠条件，如毕业后在18个月内找到工作的人就能获得居留许可。

在德国，华侨华人最集中的北威州有约35000人，有1100多家中资企业以及数量可观的涉华协会、联合会，北威州是中国在德华侨华人、留学生和中资企业最聚集的地域，他们为当地的多元化发展发挥着积极作用。北威

州有 38 所学校提供中文课程，参加学习人数约 2000 人，是德国各州中学习中文学生最多的。

比利时侨情

比利时地处欧洲中心，毗邻荷兰、德国、卢森堡和法国，西濒临北海与英国相望，首都布鲁塞尔是欧盟和北约总部所在地，官方语言为荷兰语、法语和德语。比利时的华侨华人在 20 世纪 90 年代前大都是从香港和英国转过来的广东人和香港人，后来浙江的青田人及福建移民比较多。比利时现有华侨华人 2.4 万人。

目前，广东人占比利时华侨华人的 70%，集中在布鲁塞尔、安特卫普、蒙斯等北部大城市，以广东话和潮州话为主；浙江（青田、温州）人集中于南部法语区，他们多是从法国、意大利、德国等国转来比利时；福建人占 1%；台湾人占 1%。比利时华人有大入籍（享有选举权和被选举权）和小入籍（享有选举权而无被选举权）之分，多数华人倾向于大入籍，即更完全地融入主流社会。此外，比利时华侨华人流动性大，他们大多持有不同国家的护照，短期居留者甚多。

2018 年是中比、中欧关系稳步发展的一年。李克强总理 4 年内第三次访比，中比“一带一路”合作不断深入，双方人员往来更加便利，比利时已成为中国游客数量增长最快的十大新兴旅游目的地之一。2018 年 12 月 25 日，驻比利时使馆正式推出移动支付领事收费服务，成为全球首家提供此项服务的中国驻外外交机构，大大方便了旅比华侨华人、中资机构、留学生等办理相关业务。

（一）比利时华人参政有新表现

在比利时弗拉芒区的竞选中，外裔候选人人数大量增加。在 13 个最大的市镇中，14.3% 的参选人为外籍后裔。这一数字在 2012 年为 9.5%，2006

年为6.7%。这种增长趋势在根特（7.2%）和安特卫普（8.6%）最为明显。然而根特大学的一项研究表明，外裔候选人在竞选名单上仍居少数，不能充分发挥广泛的代表性。

与此同时，林堡（Limburg）增幅（3.9%）最小。因为这座高度多元化的城市在所有被调查的城市中，已经拥有最高比例的外裔参选人人数，2006年就已达到27.7%。唯一的例外是西弗拉芒市的布鲁日（Bruges），外裔参选人比例反降0.9%。

与往年不同，各地政党很重视华人社区的选票，目前已知的华人参选者多达十几位，虽然比利时的选举制度是代选制（实际上是选政党，然后由政党内部安排分配官职），但对华人社区都是好事情。可以通过参选的华人（无论其代表哪个党）积极反馈华人社区的各种诉求，为华社发声。

（二）比利时两位杰出华人被授予“列日省大使”称号

比利时列日省政府代表2018年6月7日在列日市政厅举行仪式，授予比利时布鲁塞尔皇家歌剧院歌唱家李静娴和比利时国际中餐业联合会主席杨丐镜两位杰出华人“列日省大使”称号，以表彰他们对于促进列日省以及比利时与中国之间的友好合作关系所做出的贡献。

1995年李静娴获得比利时布鲁塞尔皇家音乐学院声乐高级歌剧演唱研究生文凭。自1997年开始，在比利时布鲁塞尔皇家歌剧院女低音声部持长期演员合同，并在多部歌剧中担任角色。在比利时多年的学习和工作生活期间，李静娴积极支持、参与体育文化事业，为中比友好合作尽心尽力，以助人为乐的情怀，为中比两国间人文交流做出了杰出贡献。

杨丐镜创建并担任主席的比利时国际中餐业联合会，多年来一直积极发挥纽带作用，推广中比两国间美食文化交流。每逢端午、中秋等中国的传统节日，联合会都会邀请比利时及列日省、列日市各界人士参加，让他们学习制作和品尝中国传统节日美食，在推广传统美食的过程中传播中国文化，增强了中餐在整个比利时的影响力。

2016 年，列日省政府曾授予比利时乒乓球名将大塞弗及原籍中国的教练王大勇“列日省大使”称号，以表彰他们对比中友谊所做的贡献。

荷兰侨情

2018 年中荷双边贸易额创历史新高，达到近 852 亿美元，荷兰已成为中国在欧盟内的第二大贸易伙伴。1910 年，华人作为劳工、水手来到荷兰，他们在艰苦的环境里生存、延续下来。荷兰最大的华人社区集中在鹿特丹、阿姆斯特丹和海牙三个城市。目前，荷兰华人社团已有 100 多个，其中，旅荷华侨总会、荷兰华人总会、荷兰中饮公会、全荷华人社团联合会、荷兰华人华侨妇女社团联合总会等是比较有影响力的侨团。

（一）荷兰华人多年来一直致力于推动华人参政议政，彰显参与意识

经多年努力，2004 年，荷兰华人参议机构（Inspraak Orgaan Chinezen, IOC）正式成立，享有荷兰政府的津贴。在其带动下，2005 年成立了华人参政议政基金会（CPIPF），由一些侨领慷慨解囊赞助活动经费。荷兰政府也正式宣布华人成为荷兰的少数民族，可以和其他少数民族一样享受同等的权利。荷兰政府通过各少数民族的这种组织，来倾听各少数民族的意见，并在制定政策和法律时考虑少数民族的意见和建议。参议机构协助政府，通过举办各种活动向华人宣传各种政策、法律，使华人了解政府的意图。参议机构作为政府和华人之间的桥梁向双方传递消息，以达到沟通了解的目的。这是荷兰华人融入当地社会并使政府重视华人状况和要求的成功之举。

华人参议机构自成立后为争取华人的权利做了许多工作，除了向华人宣传政府的法令政策外，还使政府通过了华人的回归法，使华人（包括来自中国内地和香港地区）与其他少数民族（土耳其、摩洛哥、苏里南等）一样，被允许回归祖籍国，同时享受荷兰政府给予的长期的生活费、医疗保险费以及旅费等，使回归的华人生活有保障。

（二）华人在荷兰传统薯条店行业占据一席之地

荷兰传统的快餐店薯条店，经过近20年的发展，已经有将近一半为华人所经营。荷兰中餐业组织中饮公会（VCHO）的调查数字称，1998年，华人经营的快餐店薯条店，只有大约200家。但是，2018年已经达到2000家。与此同时，全荷兰的快餐店却从5644家，减少到4869家。

荷兰华人对快餐店薯条店的渴求还没有降温，如在Doetinchem、Hengelo、Bennekom和Wageningen等地区。最近，在Hengelo，一家有着400年历史的家庭薯条店Langeler，被一对华人夫妇购买。这种现象也出现在Andelst、Dieren、Heteren、Millingen、Nijmegen、Tiel、Rheden和Westervoor等小城市。在阿纳姆，出售"薯条加火肉"的快餐店已经相当多，这显然是华人经营的。

这些经营快餐薯条店的华人，其父母辈大都开过餐馆。由于各种原因，华人新一代对接手餐馆的兴趣并不很大，而投资快餐店成本没有那么大，也不用到处寻找短缺的中餐厨师。

20世纪90年代中期，当荷兰这一传统行业（快餐薯条店）出现华人经营的时候，华人能否在这一行业中占有一席之地，还并不明确。但是，华人的烹调天才和灵活的头脑，给予他们很大帮助。而且，他们在中餐馆和打包店培养起来的工作效率，对于他们经营薯条店很有利。因此，华人经营的薯条店，一般业绩都不错。目前，荷兰华人中已经有一个薯条店的行业组织，定期举行各种大型活动，还得到荷兰原材料供应商的赞助。

（三）荷兰的中医药发展情况在欧洲名列前茅

在阿姆斯特丹，侨胞董志林创办的神州中医大学已开办28年，与国内和海外中医药机构有广泛联系。针灸由于手法简便、疗效显著，正逐步为荷兰各阶层所接纳，针灸治疗费在保险公司可以报销70%。总体而言，荷兰的中医药发展情况在欧洲名列前茅，中医药机构注重依托侨胞扩大影响，以提高服务质量和扩大声誉。在海牙的北京同仁堂普度健康中心，是位于海牙商业中心的荷兰首家同仁堂店铺，拥有中医传统治疗、中西医结合物理治疗、中药保健品销售、中医保健养生四大主要服务板块。荷兰是中医药进入欧洲市场的重要渠道。很多欧洲的中医药是在荷兰注册并从荷兰入境进口到欧洲的。海牙在欧洲具有优越的地理位置，海牙市政府对中医药产业给予大力支持。目前北京同仁堂已在瑞典、瑞士、捷克、波兰、英国设有门店单独经营，海牙公司计划未来将同仁堂欧洲的业务和资金进行整体部署。影响力不断扩大的中医中药在荷兰继续蓬勃发展，为在荷华侨华人以及荷兰民众提供更多的养生保健知识，并促进中荷友谊。

（四）荷兰华人学者与工程师协会举行第十一届理事会理事就职典礼

2018 年 3 月 3 日，荷兰华人学者与工程师协会在荷兰代尔夫特上海花园酒店举行了第十一届理事会理事就职典礼。中国驻荷兰使馆教育处参赞孟庆瑜、科技处主任张新民教授以及协会会员代表 200 多人参加了就职典礼。协会创立于 1997 年 12 月，由在荷华人专业人士组成。协会第十届主席李玲华总结了过去两年举办的 11 场活动，吸引了 2600 多人来参加，为在荷兰的专业人士提供了很好的互动平台，促进了中荷之间的合作交流。会员人数从 1000 多人发展到 2000 多人。协会新一届主席胥利先介绍了协会目前汇集的在荷兰高科技企业、研发机构、政府部门、金融、法律等各行业的高技术人才，掌握着各种专业知识、技术以及社会资源，拥有硕士以上学位的会员占会员总数的 85%，51% 的协会会员拥有 5 年以上工作经验。协会已经成为中荷两国之间相互交流的重要纽带与桥梁。

捷克侨情

早在 20 世纪 50 年代，就有中国留学生来到捷克学习深造，50 年代末 60 年代初，中国在捷克学习的留学生达 200 余人。由于捷克是历史上奥匈帝国的经济重镇，集中了70%以上的工业资源，因此捷克工业基础雄厚，成为中国留学生学习的榜样。后来有部分留学生在捷克定居下来，成为最早的华人。捷克是最早与中国建交的国家之一，虽在中苏关系破裂及东欧剧变等大环境下有过波折，但双方历史上均保持着传统友好关系。20世纪90年代，随着中国改革开放的深入，捷克华侨华人增长迅速，最初他们大多以服装批发、开零售店为生，近年来逐渐向技术专利或技术产品方面转型。目前，中捷双方关系稳定，捷克在涉藏涉台关系上秉持一个中国的原则，双边关系发展迅速。据捷克统计局发布的数据，2018年中捷双边贸易总额为286亿美元，同比增长25.4%。

在捷克，原有《华商导报》、《欧洲商业周刊》等华文报刊。自创办以来，两份报刊坚持办报宗旨，在服务侨社、促进中捷合作等方面做出了有益贡献。2012年在“捷克中国和平统一促进会”等9个华侨华人社团侨领的协商努力下，《华商导报》重组并以《布拉格时报》的新报名创刊，体现了旅捷侨界团结协作、共议大事的精神，有利于共同管理，共同反映旅捷华人华侨的心声，维护各界侨胞的共同利益。重组后的报社继续秉承华文报刊的优良传统，紧紧把握办报宗旨和正确方向，以服务整个旅捷侨界为己任，充分利用媒体的有利平台，为各界同胞传达资讯、反映侨声，弘扬爱国爱乡精神，为帮助侨胞融入捷克主流社会服务。

（一）捷克华侨华人以新移民为主，数量相对稳定

旅居捷克的中国人有5000～6000人，70%聚集在首都布拉格。按来源地划分，捷克华侨华人主要是浙江省的青田人、温州人，还有部分来自福建、北京、上海。其中，以青田人、温州人为主的浙江人约占全部华侨华人总数的60%～70%，以北京为主的北方人约占15%。籍贯集中的特点使捷克侨社在产业集聚、信息分享、资金流动等方面具有优势，华人社区比较团结。捷克华侨华人虽然在全国总人口中占比不大，但对中捷两国的经济文化交流做出了很大贡献。

旅捷华侨华人主要有以下几个特点。一是以新侨民为主，他们大多是

20 世纪八九十年代进入捷克的，凭借吃苦精神和灵活头脑立足，现大多已经有第二、第三代。二是旅捷侨胞数量已相对稳定，非法移民数量逐年下降。三是旅捷华侨的商贸活动依祖籍地不同，所从事的具体业务各异。南方人主要做鞋和轻工业产品生意，北方人多做服装尤其是棉服生意。据估计，中国人制作的鞋已经占到捷克市场的 40% 以上。欧洲的中国新移民多是以小商品零售和批发等行业立足，贸易业也占有显著份额，但捷克的青田籍移民另辟蹊径发展高端餐饮业，逐步形成了高档化、品牌化、规模化、连锁化的经营模式。

12 月 4 日，捷克布拉格四区 SAPA 商城附近一栋皮具和纺织品货仓突发大火，数家华商受灾，损失严重，幸未造成人员伤亡。据捷克青田同乡会经过走访调查得知，受灾商户一共有 8 家，其中华商 6 家，越南裔商户 2 家。而在受灾华商中，青田籍占 3 家。根据初步调查，仅 3 家青田籍商户被烧毁的库存货物价值就达 8000 万捷克克朗，约合人民币 2400 万元。这场火灾的总损失估计超过 1 亿捷克克朗。此次火灾华商损失惨重，与防火意识及防火措施不到位密切相关。受灾商户没有给货物上保险，他们的越南裔房东也没有给库房建筑上过保险。这些库房没有设置感应烟雾的防火警报装置，而且整个库区没有安装专用的消防水栓，消防车要到远处取水。加上仓库屋顶采用铁皮材料，直升机无法从空中灌洒水灭火，后来消防人员清理出隔离带，才阻断火势蔓延到周围库房。

（二）捷克侨团的地域和行业特征明显

捷克华社有 20 多个社团，全国性的侨团主要有捷克中国和平统一促进会（简称和统会），该会在中国驻捷使馆指导下于 2006 年成立。目前共有十多个社团会长担任和统会副会长，包括捷克华侨华人妇女协会、青田同乡会、温州商会、青年联合会、布拉格餐饮协会、福建同乡会、捷克华人文体协会、捷克华人经贸文化协会、捷克华人妇女联合会、捷克华商联合会、捷克华人华侨青年总会、《布拉格时报》。和统会积极开展反独促统工作，会长倪健，副会长林国光，秘书长李克非、陈金妹。

由于捷克华侨华人来源地比较集中，按照地域划分的同乡会影响较大。捷克青田同乡会成立于1999年。据捷克青田同乡会的材料，捷克5000多名华侨华人中青田人占了大约2/3，他们大都从事餐饮业，全捷400多家中餐馆有300多家由青田人经营。捷克温州商会成立于2010年之前，旨在促进温州人事业发展，维护和促进中捷友好关系，为中国和居住国建设和促进中国统一大业做贡献。该会制定组织章程，要求按章办事，为会员福祉和维权服务，推进温州乡亲事业健康发展。

旅捷侨胞在当地生存、发展，取得一定成就。他们在积极融入当地社会生活的同时，多年来关心祖籍国的社会发展，在维护祖国和平统一、支持国家经济建设，增进中捷民间友谊等方面贡献良多，在历次大灾中给予祖籍国和同胞无私援助。比如旅捷妇女联合会（会长陈金妹）自2004年成立以来的十几年里，广泛团结旅捷各界妇女同胞，弘扬爱国爱乡、自尊自爱和自强自立精神，积极开展各项侨务和公益活动，为促进华人华侨妇女同胞融入当地社会和构建和谐侨社做出积极贡献，展示了旅捷华人华侨女性的能力和风采。

此外，布拉格餐饮协会成立于2006年7月，全称为捷克华侨华人餐饮协会，简称餐饮协会。餐饮协会成立以来，积极宣传走访交流，有力推动和促进了华人餐饮服务业健康、和谐发展。2010年以来，在捷克经济疲软、中餐恶性竞争加剧情况下，餐饮协会协同青田同乡会共同商讨发起倡议，鼓励中餐馆之间达成共识，实现共赢。

（三）捷克华文教育稳步发展，中捷文化交流渠道畅通

改革开放以来，中捷两国在教育领域中开展了更加广泛的交流与合作。自1996年起，中捷两国教育主管部门开始签订教育交流协议。根据协议，每年双方都要交换一定数量的政府奖学金生；互派汉语和捷克语教师；互派从事短期研修与培训的语言教师以及互派一定数量的教育考察团组，目前正在执行《中捷2016~2019年教育交流协议》。2018年7月，教育部涉外监管信息网公布所有经捷克教育青年体育部认证的高校名单（26所公立大学，

2 所国立大学，39 所私立大学），供国内学生和社会各界甄别、选择，受到中捷两国社会特别是教育界的广泛关注。近年来，捷克赴华奖学金生录取名额屡创新高，年均超过 90 人。目前，捷克在华留学生共约 400 人，在捷中国留学生超过 1000 人，攻读学位学生 600 多人。

2018 年 6 月 1 日下午，中国驻捷克大使馆马克卿大使邀请布拉格中华小学和布拉格英国学校的 60 余名中外师生来到使馆，与使馆人员子女共庆六一国际儿童节。马大使表示，邀请小朋友们在儿童节之际来做客是我馆多年的传统。布拉格中华小学和布拉格英国学校与我馆有良好的合作关系，使馆一些外交官的子女也在两校学习，大家已经成为好朋友，这使今天的活动更有意义。小朋友们纷纷呈上精心准备的节目，中华小学表演古筝合奏《小星星》、民族舞蹈《红灯笼》、《茉莉花》，英国学校表演联唱《史莱克》，使馆人员子女表演古诗联诵等，大家充分展示才艺，领略他国文化，增进彼此友谊。

捷克有一所华文示范学校——布拉格中华国际学校。该校建于 1995 年，经捷克政府批准成立，以汉语作为授课语言，全日制教学，每周一到周五下午上课，每天 4 个学时，分为小学、初中和高中教学部以及非华裔部。该校是捷克第一所“孔子学堂”。此外，中国驻捷克大使馆每年组织“汉语桥”大学生中文比赛、语言生交流、中国主题日、中捷汉语教师研讨等多种汉语推广活动，吸引了越来越多的捷克民众参与了解中国，学习汉语。

波兰侨情

波兰共和国是一个由 16 个省组成的民主共和制国家，是半总统半议会制国家，总统是国家元首兼武装部队总司令，和政府分享行政权力。1949 年 10 月 7 日，中国和波兰建立大使级外交关系。无论国土、经济、人口和对外贸易，波兰在中东欧 16 国中皆居首位，也是中国在该地区最大的合作伙伴。欧洲主要铁路和贸易线路在此汇集，使波兰作为“欧洲心脏”具有明显的地缘优势，是欧洲地区的“风向标”，并在中欧“一带一路”建设中将发挥重要作用。2018 年，中波双边贸易额达 245 亿美元，同比增长 15.3%，创历史新高；80 余家波兰企业参加首届中国国际进口博览会，创波企海外参展规模之最。

波兰的主要侨团有波兰华侨华人联合会、波兰华人联合会、华人青年联合会、青田同乡会、华人慈善基金会、波中商务联合会、波中经济文化协会等。成立于 1999 年的波兰华侨华人联合会是波兰华社的核心组织，注重社会融合问题，定期举办波兰历史文化讲座和波兰法律普及推广等活动。随着华侨华人总数增加，当地华社还创办了华沙中文学校和华沙长城儿童中文学校、波兰 PePe 幼儿园等学校。而华文传媒也进入快速发展阶段，如波兰《环球周刊》、波兰华人资讯网先后创办。中波共建的孔子学院已有 5 所，近年双方共同开展的文化周、旅游节、图片电影展等活动也呈现快速增长势头。

（一）近年来波兰华侨华人增长迅速，从业以经贸和服务业为主

20 世纪 90 年代以前，波兰的华侨华人以公派留学人员和技术人员为主。20 世纪 90 年代初期东欧剧变，成千上万的华商涌入匈牙利、罗马尼亚等国开辟中国商品批发市场。但由于波兰始终坚持严格的签证制度，华商进入波兰境内的不多。因此，20 世纪 90 年代的波兰华侨华人社会有两个显著特点。一是华商文化素质较高，普遍拥有大学以上学历，大多精通波兰语、俄语或英语，且拥有专业技能，这在当时的欧洲中国新移民中极为罕见。二是波兰华商虽通过中国商品贸易起家，但并没有在波兰建立大规模的商品批发市场，而是分散进军其他行业。2004 年，波兰华侨华人只有 1300 人左右，远远少于中东欧地区同等经济规模的国家。上述情况在 2004 年波兰加入欧盟，签证、经贸开放政策相继出台后有所转变。彼时的波兰成为中东欧国家与西欧对接的桥头堡，大量俄罗斯、匈牙利、罗马尼亚的浙江华商通过各种渠道进入波兰，建立中转市场，以此作为进军西欧的跳板，又可兼顾东欧的市场和货源。

2008 年前后美国金融危机和欧债危机袭来，欧洲经济受创严重，而波

兰稳健的经济政策创造了奇迹，即使在最低潮的2009年仍然保持高速增长，是当年欧盟27个成员国中唯一保持正增长的国家。这与华商在此地的贸易经营是分不开的，尤其是华人轻工业方面的发展，提高了波兰人的生活水平，对波兰社会经济发展功不可没。加上当时俄罗斯、罗马尼亚等国政府大规模清查批发市场，打击“灰色清关”，使得大量华商将生意和资产转入波兰。在此背景下，彼时波兰仅有华侨华人2000~3000，现已超过10000人。

根据波兰中央统计局（GUS）公布的数据，2018年中国游客在到访波兰的国家中排第14位，为13.6万人次，过夜旅客数为12.9万人次。相对于到访捷克的62万中国人，波兰还差很远。2017年，有13万中国游客到访波兰（见图1），比2016年增长了60%，这之前的三年年均增长约20%。

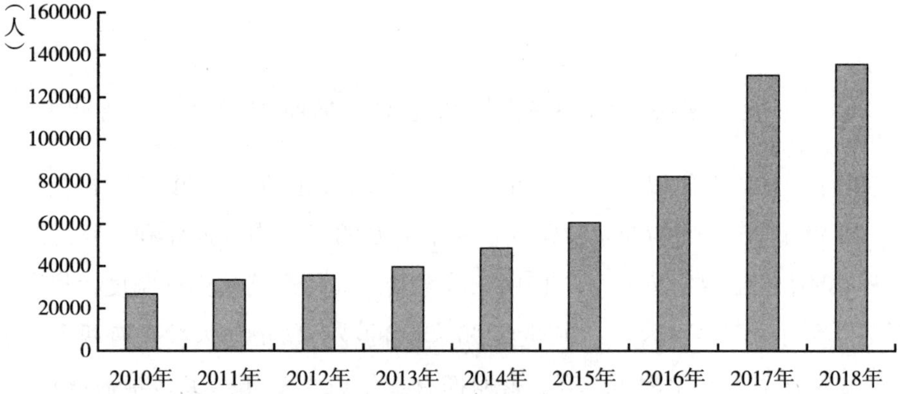

图1　2010~2018年进入波兰的中国人

注：2018年数据为2017年12月至2018年11月的数据。

资料来源：波兰中央统计局。此数据不计务工和留学人员及探亲访友，也不计展会、商务和公务人员。

波兰华侨华人增长很快，其中中国驻波兰革但斯克总领馆领区所辖滨海省、库亚瓦滨海省、西滨海省和瓦尔米亚马祖里省4个省份就有华侨华人、中资企业、教师及留学生数百人。近年来，以个人身份来波兰的中国人越来越多，主要集中在波兰华沙GD中国城地区居住。波兰华侨华人主要有以下特点。一是文化素质较高；二是基本上以自己创办企业为主，在波兰以打工为生的较少；三是经济以贸易和服务业为主，其中早期华商多已转型至服务行业，21 世纪进入波兰的华商则主营贸易业。

早期波兰华侨华人大多文化水平较高，因此很多人从贸易批发业转行至餐饮、旅游、培训、法律咨询等行业。也正是基于这个原因，波兰华侨华人多集中于服务行业，而且几乎都有高等学历。华社规模扩大和中波交流增多，创造了新的服务业商机。波兰街头存在大量小型中式快餐店，但是这些餐馆几乎全是越南人所开，而华商主要经营数量较少的高档餐厅。这主要是因为波兰政府在冷战时期接收了大批越南难民，而华社尚未形成规模之时，越南移民抢先占据了门槛较低的中式快餐业。除了餐饮业以外，波兰华侨华人中还有一批专业人士在其他行业取得了成就。

（二）华商经营需规范，成立中国商会加强中波互惠交流

2017 年底，波兰从全国各地抽调了 300 名税务官员在中国商城附近安营扎寨，开展专项稽查行动，重点打击灰色贸易，大量货物、现金被扣押。受此影响，在波兰做批发和零售生意的许多华商遭遇寒冬。波兰华沙中国商城市场是中东欧重要商贸集散中心之一，其中大部分产品来自中国及亚洲其他国家，共有 6 座商业楼、1000 多个商铺，面积达 15 万平方米，主要经营纺织品、服装、箱包皮具、鞋靴、小百货、小家电、五金饰品等产品。辐射到周边众多国家如白俄罗斯、乌克兰、立陶宛、拉脱维亚、爱沙尼亚、捷克、斯洛伐克、匈牙利、法国、罗马尼亚、德国、俄罗斯、保加利亚等，日均客流量达数万人，日均成交额上千万元，为当地在劳动力就业、交通运输、仓储物流、金融服务等供应链上下游行业带来一系列积极作用。另外，市场附近还有 ASG、EACC、ASEAN EU 等市场，大多数是旅波华商，还有一些来自越南、土耳其、乌克兰等国家的人员。

2018 年 1 月 9 日，波兰中国商会在波兰法院正式注册，这是由在波的中资企业组成的代表会员利益的自治机构。9 月 22 日，波兰中国商会成立大会在华沙举行，中国驻波兰大使刘光源，波兰中国商会会长韩宝华，波前副总理、波兰亚洲商会会长别霍钦斯基，波兰国家商会促进中心主任弗卢布

莱夫斯卡，波兰国家最高行政法院经济管理局局长库尔奇茨基等各界人士以及在波华侨、华人、华商和商会成员代表约200人出席。波兰中国商会现有会员112家，涵盖在波兰的华人从事的商贸、制造、新能源、科技、金融、医药、教育、餐饮、服务等多个行业和领域。[①] 波兰中国商会的成立意在推动两国商界积极参与“一带一路”建设；充分发挥了解波兰市场环境和制度的优势，为华商在波兰发展创造更好条件；向华商宣传波兰法律法规和经营规则，促进华商在波依法合规经营；引导华商积极融入当地社会，履行社会责任，不断凝聚商界、侨界力量，孕育出更多、更好的合作成果，为推动中波关系发展做出应有的贡献。

2018年4月9日，波兰中资企业座谈会在中国驻波兰使馆举行，刘光源大使出席并讲话，经商参赞刘丽娟主持会议，来自21家包括金融、制造、运输、工程承包及医药等领域的企业机构代表参加了会议。刘光源大使表示，驻波兰中资企业在“一带一路”和“16+1合作”框架下，为中波关系发展做了很大贡献。不仅开展了形式多样的经贸合作，也积极履行社会责任。中国企业进入欧盟国家的时间并不长，大家用中国智慧摸索着欧盟市场，总体而言经营状况是不错的，业绩是令人振奋的。当前，中波全面战略伙伴关系发展迅速，波与我扩大经贸合作的愿望日益强烈，中波两国经贸合作的潜力巨大。[②] 5月18日，刘光源大使考察位于华沙郊区的GD中国商城，听取商城发展历程和基本情况介绍，随后与商城领导、华商代表、部分侨领以及相关法律、会计师事务所代表就侨胞如何更好地在波经营发展互动交流。[③] 针对2017年底波兰海关税务部门对GD商城商户进行大规模稽查的情况，刘大使表示，中国驻波使馆高度重视侨胞利益，将继续践行“以人民为中心”的理念，积极努力，坚定维护侨胞的合法权益。刘大使同时强

---

① 《驻波兰大使刘光源出席波兰中国商会成立大会》，http://www.chinaembassy.org.pl/chn/sghd/t1598174.htm。

② 《驻波兰大使刘光源出席驻波兰中资企业座谈会》，http://www.chinaembassy.org.pl/chn/sghd/t1549612.htm。

③ 《驻波兰大使刘光源考察GD中国商城》，http://www.chinaembassy.org.pl/chn/sghd/t1560789.htm。

调，波兰法律制度日益完善，市场监管力度逐渐加强是必然趋势，广大华商应着眼长远利益，转变认识，积极学法、懂法、守法，依法合规经营，转型升级，必要时借助法律、会计等专业服务。

波兰侨团还有和平统一促进会、妇女会、青年会、福建商会、瑞安同乡会、北方商会等。2018 年 4 月 25 日，旅波华侨华人座谈会在中国驻波兰使馆举行，驻波兰大使刘光源出席并讲话，来自旅波侨团、华文媒体、华文教育机构负责人及华商、领保联络员代表和部分华侨参加。[①] 与会人员分别介绍各自社团或业务发展情况，结合自身经历畅谈对十九大及中波关系发展的感想，并就更好地促进中波友好、融入当地社会、履行社会责任、开展中文教育、加强和谐侨团建设等提出建议。

中国与波兰目前互派留学生近 3000 人。2018 年 11 月 8 日，波兰首届“留学生看世界”征文比赛圆满结束，在波中国留学生积极参与，参赛作品情感真挚、文字鲜活，生动表达了留学生们对在波学习生活和新时代祖国建设成就及中波关系发展的体会与感悟。经过驻波兰使馆教育处、新闻与公共外交处、维斯瓦大学孔子课堂、国际广播电台驻波兰记者站组成的评委会评选，共有 11 名留学生作品获奖，一等奖是朱漪露的《中国梦，我的梦》。[②]

① 《驻波兰使馆举办旅波华侨华人座谈会》，http：//www. chinaembassy. org. pl/chn/sghd/t1555322. htm。

② 《波兰首届“留学生看世界”征文比赛成功举办》，http：//www. chinaembassy. org. pl/chn/jy/t1611230. htm。

B.6
俄罗斯侨情分析

王 祎*

摘 要： 2018年中俄两国经济、政治、文化互动交流频繁，国家层面推动两国在各方面合作的力度更大。在国际移民管理领域，俄罗斯移民政策进行了更加深刻的调整。在此大背景下，俄罗斯华侨华人呈现出三个特征：一是游客仍是中国公民赴俄的主力军；二是在“一带一路”倡议背景下，公司“法人”“走出去”的热情更高；三是留学生创业崭露头角。

关键词： 中俄关系 俄罗斯 移民政策 留学生 华侨华人

随着中俄政治关系的发展，以及民间对话与活动的频繁开展，两国民众相互认同感提高，多数俄罗斯人对中俄关系持积极态度。俄罗斯“舆情”基金公司和法国老牌民调机构Ifop为卫星通讯社提供的调查结果显示，同法国、德国、英国和美国人相比，俄罗斯人对中国和其外交政策要更为赞许。50%以上的俄罗斯人把中国看成是伙伴，59%的人正面评价中国在国际舞台上的行动。①

2018年10月，根据列瓦达所做的舆情调查，75%的受调查者对中国有好感。同月，根据中俄头条客户端、俄罗斯iPanel公司等所做的“2018中

* 王祎，中国华侨华人研究所副研究员，主要研究方向为俄罗斯华侨华人、华商、国际移民政策。

① 《民调：大多数俄罗斯人对中国外交政策评价正面》，俄罗斯卫星通讯社，http://sputniknews.cn/opinion/201809101026316168/。

俄关系民意调查”，中国民众对中俄关系、俄罗斯的态度更加积极正面。93.6%的中国受访者积极评价当前中俄关系，91.5%的中国受访者对俄罗斯的外交政策持积极评价。半数的两国受访者愿意学习对方的语言，其中59.6%的中国人愿意学习俄语，41.4%的俄罗斯人愿意学习汉语。尽管中俄文化存在较大的差异，但中俄民众互相的认知水平、好感程度都有提升。[①]

一　2018年是中俄两国关系尤为紧密的一年

2018年，在美国逆全球化动作频频的大背景中，在两国内外因素的交互作用下，中俄在政治、经济、军事、文化等方面的互动交流频繁，关系愈加紧密。

在政治方面，2018年，习近平主席与普京总统共举行了4次重大会晤，共同出席了30多场多边活动。双方正式将现代中俄关系定义为“新时代全面战略协作伙伴关系”。6月，普京总统对华进行国事访问期间，两国元首在北京共同签署了《中华人民共和国和俄罗斯联邦联合声明》，双方重申，将继续视中俄关系为各自外交政策的关键优先方向之一，共同致力于将两国关系提升至新的更高水平。

在经贸方面，经贸合作是双边关系最重要的组成部分。自2010年以来，中国一直是俄罗斯的最大贸易伙伴。截至2018年底，中国居俄罗斯前五名贸易伙伴之首。2018年中国与俄罗斯双边贸易额超过1070亿美元，增长27.1%，创历史新高，中俄经贸额首次突破1000亿美元大关。其中，中国对俄出口增长12%，超过479.7亿美元。中国自俄进口商品和服务增长42.7%，达到590.8亿美元。[②] 中国对俄出口的主要产品是机电产品、设备和车辆，纺织品、鞋子、化学产品，金属和金属产品，食品和农产品；而自

① 中国国际问题研究院：《2018年中俄关系回顾——在内生动力和外源推力下全面深化》，http://www.ciis.org.cn/chinese/2019-01/09/content_40638328.html。

② 中国海关总署统计报告，http://www.customs.gov.cn/customs/302249/302274/302275/2166513/index.html。

俄进口产品主要是石油、煤炭、木材、矿产品、纸浆和纸制品。俄罗斯是中国最大的燃料进口国，2018 年俄向中国出口石油 7149 万吨，比 2017 年增长 20%。俄罗斯农产品对华出口翻番，成为对华出口的新亮点。①

在投资领域，中俄经贸合作发展的重点之一是加强投资合作，但两国间相互投资的规模仍远远落后于双边贸易额，而且中国对俄罗斯的投资额远高于俄罗斯对中国的投资额。目前，在俄罗斯有中国合作伙伴或有中国资本参与实施的投资项目约 30 个，投资总额达 220 亿美元，其中约 35 亿美元投资于俄罗斯远东地区的项目。中俄投资合作委员会正在执行的 70 个优先项目，价值超过 200 亿美元。中国对俄投资的主要领域是能源、农业和林业、建筑和建材、贸易、轻工业和纺织工业、家用电器、服务业等；俄罗斯在华投资的主要领域是制造业、建筑和运输等。

此外，两国公司还在燃料和核能、民用飞机、火箭发动机制造、卫星导航系统、基础设施建设等领域共同实施了多个大型项目。中俄在远东发展方面的合作正处于快速发展时期。在远东地区，中国投资额约占该地区总投资额的 7%、占外国投资总额的 80%，而且中国投资者的数量正在逐步增加，投资领域涉及农业和林业、建材加工、轻工业、能源、采矿、贸易等。②

在旅游领域，根据俄罗斯统计局数据，2018 年入境的中国公民人数超过 200 万人次，以游客身份入境的人数超过 125 万人次，占入俄旅游总人数的近 30%，增幅超过 13%。与此同时，赴华旅游的俄罗斯公民人数也超过 123 万人次，占俄罗斯公民出境游总数的 28.5%。③ 在世界杯期间，有 200 万外国游客到访莫斯科，中国游客居赴莫游客数量之首，高达 22.32 万人。④ 虽然两国互访的游客总数基本相当，但基于不同量级的人口基数，中

① 俄新社新闻，https://ria.ru/20190918/1558725587.html。

② 俄新社新闻，https://ria.ru/20190918/1558725587.html。

③ 俄罗斯国家统计局，https://gks.ru/bgd/regl/b19_107/Main.htm。

④ 中国驻俄罗斯大使馆经商参处，http://ru.mofcom.gov.cn/article/jmxw/201808/20180802773963.shtml。

国人赴俄旅游市场仍有很大挖掘潜力。

在留学领域，俄罗斯基础科学教育先进，学费和住宿费远低于大多数欧洲国家。近年来，鉴于中俄全面战略协作伙伴关系的发展，俄罗斯和中国都在不断致力于深化教育合作，涉及联合办学、学术交流、科技与创新等领域，合作主体涉及150多所俄罗斯大学和近600所中国大学。目前，俄罗斯已成为中国学生重要的留学目的国，在所有非独联体国家中，中国留学生人数在俄罗斯留学生总数中排第一位。[①] 最新修改的《俄罗斯联邦外国公民法律地位法》重新规定，外国留学生在俄罗斯境内的临时逗留期限被延长至学业结束。同时，录取外国公民的教育机构需担负起接收方的义务。也就是说，高校只需向移民领域的联邦行政机关提交延长外国公民临时逗留期限的申请即可。[②]

二　2018年俄罗斯国际移民政策出现较大调整

由于俄罗斯人口数量持续下降，社会有效劳动力缺口日益扩大，俄政府继续通过国际移民方式补充本国劳动力供给，以实现国家的战略构想。俄罗斯国家统计局数据显示，2017 年俄出生人口 168.9 万人，出生率同比下降 10.9%，创十年来新低，2017 年俄人口净减少 13.44 万人。2018 年 1 月 1 日俄罗斯人口数量为 1.468 亿人；截至 2019 年 1 月 1 日，俄罗斯人口为 1.467 亿人，人口净减少 9.97 万人（其中本国人口净减少 22.45 万人，通过移民补充 12.48 万人）。

为了不断吸引优质国际移民到俄罗斯发展，为俄罗斯经济体补充高层次人力资源，俄罗斯政府出台了多项吸引移民的政策和措施，包括促进海外俄侨回俄定居计划、鼓励居民移居远东的“远东一公顷”项目、吸引外国高

---

① 《低学费、注重基础教育　俄高校吸引大批中国留学生》，《俄罗斯龙报》，http：//www.chinaqw.com/hqhr/2018/07－03/194829.shtml。

② 《外国留学生在俄境内逗留规则被简化》，俄罗斯卫星通讯社，http：//sputniknews.cn/society/201801311024605352/。

技能专家计划、对外籍劳务人员配额适时调整等，其中最为重要的政策性文件是2018年10月31日，普京总统签署的《2019~2025年俄罗斯联邦国家移民政策构想》，这也是2018年俄罗斯国家总体战略优化中的一个亮点动作。

（一）《2019~2025年俄罗斯联邦国家移民政策构想》（以下简称“2018构想”）①

2018年10月31日，普京总统在第六届国际同胞会议发言时提出了2018构想，该文件为未来各项具体国家移民政策的制定提供了基本方向。与2012年出台的《2025年前俄罗斯联邦国家移民政策构想》（以下简称“2012构想”）相比，该构想具有以下特点，即强调国际移民政策制定要与国民经济发展紧密联系、更加突出吸引海外俄侨回迁、吸引高技能人才、更加注重移民与当地居民的融合等。

2012~2018年，俄移民管理机构经历了两次变化。从2012年至2016年，由联邦移民局负责管理移民问题；2016年下半年至2017年，该权力移交给了内政部内政总司；自2017年底起，移民立法权又移交给了重组后的新移民局。

在2012构想提出后的几年中，俄罗斯国际移民出现了几个较为突出的问题，如移民立法没有更好地促进国家社会、经济和人口的发展，没能更好地平衡国际移民、雇主与国家之间的利益；与其他移民国家相比，俄罗斯对移民的吸引力较低，移民主要来自独联体成员国；人口内部流动性较低；吸引和管理临时性劳务移民的制度不完善；等等。因此，俄罗斯对国家移民管理系统进行了“升级和改造”，2018构想在2012构想的基础上进行了创新和完善。

2018构想更具有开放性、长远性和全局性，更注重与国内问题，特别

① 俄罗斯总统府网，http：//www.kremlin.ru/events/president/news/58986；俄罗斯移民网，https：//migrant.ru/novosti – proekta – sobiranie – naroda – ekspertnyj – analiz – koncepcii – migracionnoj – politiki/。

是与“远东和贝加尔地区社会经济发展”等国家级计划保持协调一致，政策导向注重吸引移民到远东地区发展。同时，该构想目标的排序反映了俄罗斯对移民态度的转变。构想要营造一个致力于解决以下问题的移民环境：（1）促进国家经济社会发展；（2）空间问题；（3）促进国家人口发展；（4）提高国民的生活质量；（5）确保国家安全；（6）保护国内劳动力市场；（7）维持俄罗斯社会中族群间和宗教间的和平与和谐；（8）维护并保存俄罗斯文化、俄语以及作为民族文明符号的历史和文化遗产等。这与 2012 构想形成了鲜明的对比，2012 构想表现出的是对移民的畏惧、对抗和自我保护，它强调的是移民政策要首先“确保俄罗斯的国家安全”、“保护国家免受移民侵害”。此外，2018 构想还注重通过电子科技手段打击非法移民和移民管理中的腐败，确保各项程序简单、透明、易懂。

可以说，2018 构想标志着俄罗斯移民管理进入了一个新的阶段，移民管理也被纳入国家战略的有机组成部分，并将移民作为俄罗斯经济社会发展的有效推动力加以合理对待。

（二）促进海外俄侨回俄定居的侨胞安置计划

在俄罗斯国际移民政策中，很重要的一项举措是吸引海外俄侨归国的侨胞安置计划。该项计划早在 2006 年由总统批准，并于 2007 年 1 月 1 日正式开始实施，旨在吸引苏联解体后居住在海外但有意返回俄罗斯生活的俄罗斯公民。计划向参与者提供一系列优惠政策，包括免税运输财产、简化获得居留许可的手续、提供免费医疗帮助等。俄罗斯实施侨胞安置计划 12 年以来，约有 80 万海外侨胞返回俄罗斯，在 66 个联邦主体中工作和生活，尤其是拉美俄侨返俄趋势明显。此外，居住在拉脱维亚和波罗的海国家的俄侨也表现出积极的返乡意愿。其主要原因是苏联解体后，许多人在当地生活遇到了困难，如在拉脱维亚不使用拉脱维亚语会受到处罚，俄语中小学校的数量逐渐减少等。2013 年，俄罗斯政府完善了侨胞安置规则，划拨优先安置区，包括布里亚特共和国、后贝加尔边疆区、滨海边疆区、哈巴罗夫斯克边疆区、堪察加边疆区、阿穆尔州、伊尔库茨克州、马加丹州、萨哈林州和犹太自治区。在这些地区，国家将给予侨胞极大的优待，如向自愿从海外迁居回俄罗斯的侨胞提供生活保障金和各种社会支持。①

2018 年 10 月 31 日，普京总统在第六届国际同胞会议发言时再次强调，2018 构想将为国外同胞赴俄长久居留创造更舒适的条件，为赴俄、在俄生活、工作及入籍制定明确规则，并将继续消除官僚主义障碍，不断完善《同胞自愿移居俄罗斯纲要》。②

（三）鼓励海外俄胞积极参与“远东一公顷”项目

远东地区是俄罗斯的边陲要地。然而，该地区由于气候恶劣、基础设施薄弱等原因，人口一直稀少。为实现“远东和贝加尔地区社会经济发展”国家规划，改善远东和贝加尔地区的社会人口状况，使该地区在 2025 年前实现人口增至 1075 万的目标，③ 以巩固边境地区的安全稳定，俄联邦及地方领导人多次提出鼓励海外俄胞积极参与“远东一公顷”项目。在联邦层面，普京总统在 8 月的内阁成员会议上指示总理梅德韦杰夫于 9 月 10 日前提交关于刺激远东常住人口增长措施的建议，其中就包括提高对海外俄胞及其家庭成员自愿迁入远东地区的补偿额度。④ 而在 12 月 28 日，普京总统又签署了联邦法律，对《远东一公顷土地法》进行了修改，允许来俄定居的同胞免费使用远东土地，并将相关文件发布在法律信息网站上。该文件规定，根据国家促进同胞自愿定居俄罗斯的计划，相关人员可以无偿使用远东土地。在获得俄罗斯国籍的条件下，这些土地将转为私产。⑤ 在地方层面，7 月 13 日阿穆尔州经济发展部部长斯塔尔科娃在当日召开的东方经济论坛阿穆尔州筹备情况新闻发布会上通报，东方经济论坛举办期间有意获得

① 俄罗斯旅游中文网，https：//www. russia - online. cn/News/000_ 1_ 33952. shtml。

② 中国驻俄罗斯大使馆经商参处，http：//ru. mofcom. gov. cn/article/jmxw/201811/20181102802855. shtml。

③ 商务部官网，http：//www. mofcom. gov. cn/article/i/dxfw/ae/201501/20150100856676. shtml。

④ 中国驻俄罗斯大使馆经商参处，http：//ru. mofcom. gov. cn/article/jmxw/201808/20180802776763. shtml。

⑤ 俄罗斯旅游中文网，https：//www. russia - online. cn/News/000_ 1_ 34182. shtml。

“远东一公顷”土地的俄罗斯公民，可在阿穆尔州展厅现场按图挑选自己喜欢的土地，并可在现场办理“远东一公顷”土地的手续。[①]

“远东一公顷”项目是普京总统于2015年提出的倡议。该系列法案规定，每名俄罗斯公民都有机会在远东免费分到一公顷土地，无偿使用5年后，该块土地可以转为私有财产。

（四）外籍劳务移民配额缩减，注重吸引外国高技能专家

根据国家经济社会发展和各地区需要，俄罗斯通过调整发放劳动许可、临时居留许可配额等形式对国际移民的数量和质量加以调控。为逐渐提高外来劳动力的质量，俄政府在2017年前9个月，就发放了2.04万份高技能专家赴俄工作的许可证，这些专家主要来自德国、法国、乌克兰、土耳其和中国。[②] 为了加快诸如“东方”发射场、“西伯利亚力量”输气管道等大型投资项目的施工进度，2018年12月10日，梅德韦杰夫总理签署了政府决议，将2019年赴俄务工的外籍人员数量确定为14.46万人，与2018年相比，用工需求缩减了19%，但其中95.1%的需求为高技能外国劳务人员。[③]

除了积极吸引外国高技能专家人才以外，俄政府还会根据联邦各主体执行权力机构和各地区经济状况对各行业的外来劳务人员数量实行配额管理。如2018年6月，俄劳动部拟向联邦政府提议，2019年将对建筑领域的外来劳务人员实行配额管理，配额量为该行业劳务人员总数的80%。除劳动许可或特许证配额管理以外，外来劳务人员要取得在俄合法地位，还应提供与雇主签订的劳动合同，否则将会被驱逐出境。[④]

---

① 中国驻俄罗斯大使馆经商参处，http：//ru. mofcom. gov. cn/article/jmxw/201807/20180702768372. shtml。

② 中国驻俄罗斯大使馆经商参处，http：//ru. mofcom. gov. cn/article/jmxw/201712/20171202692304. shtml。

③ 中国驻俄罗斯大使馆经商参处，http：//ru. mofcom. gov. cn/article/jmxw/201812/20181202818401. shtml。

④ 中国驻俄罗斯大使馆经商参处，http：//ru. mofcom. gov. cn/article/jmxw/201806/20180602757892. shtml。

对于向外国公民和无国籍人士发放的俄罗斯临时居留许可证配额，俄内务部也进行了相应的调整，从 2018 年的 90360 份，减少到 2019 年的 83480 份。此次配额的调整是为了配合俄胞安置计划，为那些居住在国外且自愿迁居俄侨发放配额外的临时居住许可证。①

三　2018年俄罗斯华侨华人的新动态

（一）游客仍是中国公民赴俄的主要群体

2018 年入境俄罗斯的外国公民数量平稳中略有增加，入境人数增加 51 万人，出境人数增加 16 万人。从 2018 年 4 月起，俄罗斯联邦购物退税政策试点正式执行。退税试点商场包括莫斯科中央百货商场（TSUM）、特列季亚科夫胡同（Tretyakovsky Proezd）时尚精品店和圣彼得堡的 DLT 等百货商店，退税商品包括成衣、饰品、科技产品、腕表和珠宝等，超过 6.5 万种。根据这项政策，来自欧亚经济联盟以外的游客只要在上述试点商场购买超过 1 万卢布（约 1100 元人民币）的商品，即可在离开俄罗斯时申请最高达 18% 的增值税退税。根据这一政策，中国游客也可享受购物退税。海关数据显示，中国游客最喜欢享受购物退税服务，平均愿意购买总价为 2000 ~ 4000 美元的商品。②

1. 入境外国公民及中国公民人数

2018 年入境俄罗斯的中国公民超过 203 万人（见表 1），比 2017 年的 178 人万增加 25 万人，增长 14%。其中，人数增长最多的是游客（见图 1），比 2017 年增加 15 万人，这与 2018 年世界杯在俄罗斯举办有较大关联。

① 俄罗斯旅游中文网，https：//www. russia - online. cn/News/000_ 1_ 34053. shtml。

② 《广而告之 俄购物退税政策新闻发布会在北京举行》，《俄罗斯龙报》，http：//www. dragonnewsru. com/home/headlines_ home/20180418/72290. html。

在世界杯期间，有22.32万名中国公民到访莫斯科。① 近五年，中俄旅游交流呈现积极增长态势。中国赴俄游客量稳居非独联体国家第一位，目前，80%～90%的中国游客选择组团免签赴俄旅游。②

以公务出行和因私出行为目的的人数稳定增加，但以取得永居和国籍的人数屈指可数。可见，俄罗斯仍然不是中国公民长期居住的目标国家，短期交流仍为主要目的。

表1　2017～2018年按目的划分的入境俄罗斯的外国及中国公民人数

单位：人

按出行目的划分	2017年							
	公务	旅游	因私	永居	过境	乘务	取得国籍	总计
入境总数	7377545	3809733	18169520	571	572279	2105669	126	32035443
独联体以外国家	3090280	3658020	2483579	20	51232	1008156	84	10291371
中国	338362	1106500	169498	—	2276	163563	1	1780200
	2018年							
	公务	旅游	因私	永居	过境	乘务	取得国籍	总计
入境总数	7259825	4201339	18166872	461	648751	2273334	95	32550677
独联体以外国家	3003643	4033922	3261237	11	58566	1053518	86	11410983
中国	362150	1256515	227952	—	3080	180622	—	2030319

资料来源：俄罗斯联邦国家统计局，https：//gks.ru/bgd/regl/b19_107/Main.htm。

2.出境外国公民及中国公民人数

2018年从俄罗斯出境的中国公民202万人（见表2），与入境人数基本一致，比2017年增加24.6万人，其中人数增加最多的仍是游客（见图2），约16万人。其余各类出行人数与入境人数基本保持一致。

---

① 中国驻俄罗斯大使馆经商参处，http：//ru.mofcom.gov.cn/article/jmxw/201808/20180802773963.shtml。

② 中国驻俄罗斯大使馆经商参处，http：//ru.mofcom.gov.cn/article/jmxw/201803/20180302717546.shtml，2019nian。

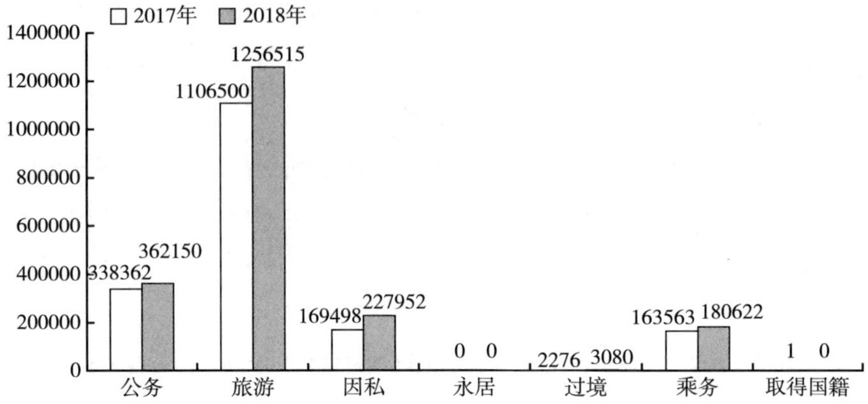

图 1　2017～2018 年按目的划分入境俄罗斯的中国公民人数

资料来源：俄罗斯联邦国家统计局，https：//gks. ru/bgd/regl/b19_ 107/Main. htm。

表 2　2017～2018 年按目的划分的出境俄罗斯的外国及中国公民人数

单位：人

按照出行目的划分	2017 年						
	公务	旅游	因私	过境	乘务	取得国籍	总计
出境总数	4261005	4000636	20746060	223283	2123180	27	31354191
独联体以外国家	3098463	3588658	2492726	57171	1013241	26	10250285
中国	375551	1077787	153056	4610	163550	1	1774555
	2018 年						
	公务	旅游	因私	过境	乘务	取得国籍	总计
出境总数	4026595	4332125	21096860	295424	2289797	36	32040837
独联体以外国家	2977983	3940912	3355529	60735	1060433	35	11395627
中国	358064	1238249	239379	5067	180585	2	2021346

资料来源：俄罗斯联邦国家统计局，https：//gks. ru/bgd/regl/b19_ 107/Main. htm。

（二）公司“法人”在俄活动更加频繁，积极参与“一带一路”建设

中俄经贸及投资合作始终有“国家之手”在推动，由于营商环境比不上

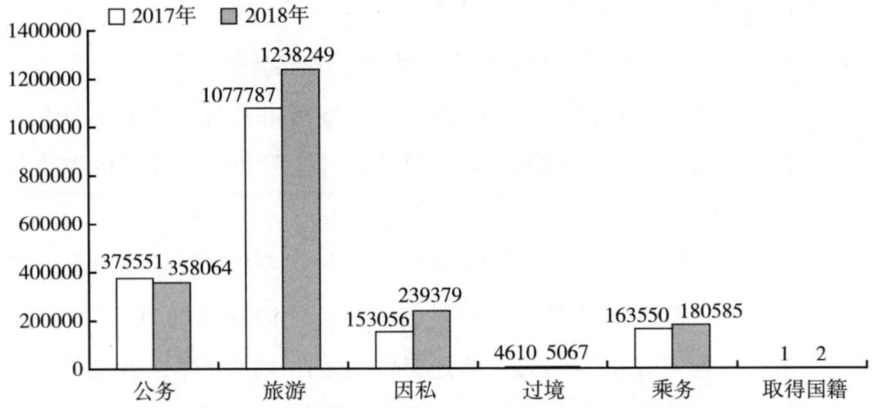

图 2　2017～2018 年按目的划分出境俄罗斯的中国公民人数

资料来源：俄罗斯联邦国家统计局，https：//gks. ru/bgd/regl/b19_ 107/Main. htm。

欧美，加上政策多变，经济领域的民间交流仍以国际贸易和物流为主。然而在“一带一路”倡议的大背景下，国家层面推动的投资合作项目，活跃主体仍是中国的公司“法人”，尤其是资源领域的央企和大型集团公司，而非“小集体”型社团和“单打独斗”的个体。2018 年，电子商务和移动通信类公司成为两国经济领域合作的新亮点，这与俄罗斯政府致力于发展数字经济息息相关。

俄政府将拨款 0. 53 亿美元用于发展数字经济。2018 年 3 月 31 日，梅德韦杰夫总理签署命令，由政府储备基金拨款 30. 404 亿卢布（约合 0. 53 亿美元），用于信息基础设施建设，加强科研能力和技术储备、信息安全等俄联邦数字经济纲要的优先项目融资，并通过《2011～2020 年信息化社会》《经济发展和创新经济》《发展运输体系》《2013～2025 年电子和无线电工业发展》等国家纲要框架拨付资金。[①] 日本对此嗅觉非常灵敏，早在 2018 年 2 月，日本经济产业省官员便已表示，计划加强与俄罗斯在数字经济领域的合作，两国高层已经就加强合作达成一致，并在该领域已经取得了一定合作成果，包括富士通和泰比（ABBYY）公司建立合作关系、远程医疗、“智慧红

① 中国驻俄罗斯大使馆经商参处，http：//ru. mofcom. gov. cn/article/jmxw/201804/20180402731109. shtml。

绿灯”方面合作顺利推进。①

1. 中国的电子商务及移动通信类公司呈现活跃态势

在数字经济领域，以阿里巴巴和腾讯等大型网络公司为排头兵的中俄合作，正在逐步推进。移动通信类公司也纷纷通过控股和建立分支机构的方式开拓俄罗斯市场。

支付宝服务已覆盖超过2.5万家商店。其中包括大型食品连锁商店、奢侈品零售商、免税店，以及汉堡王快餐店等。俄境内每月约10万人次使用支付宝。虽然支付宝在俄罗斯的大部分交易发生在中国游客、出差人员以及在俄工作和生活的中国人身上，但其发展速度和渗透力在不断加强。支付宝方面数据显示，平均每位支付宝用户赴俄旅行期间购物4次，花费约5万卢布（约合749美元）。俄免税店使用支付宝支付的平均消费额为3925卢布（约合58.7美元）。②

阿里巴巴在俄启动淘宝。阿里巴巴集团自2018年7月5日起，在俄罗斯市场启动淘宝网上线测试。全球速卖通是一家已在俄罗斯上市的网购平台，淘宝网则在该平台上启动。第一阶段将向俄罗斯消费者推出约300万种商品，主要包含服装、儿童商品以及机电产品配件。今后，淘宝网将每个月增加上百万个商品种类，且不会与全球速卖通的供应重合。俄罗斯淘宝网的快递工作由阿里巴巴旗下的菜鸟裹裹承担，俄罗斯大城市的交货时间最快为8天。此外，菜鸟网络也有意投资秋明ДСК－500工业园内大型电商物流体系的建设。此前，早在2017年秋季，阿里巴巴集团的另一个网络官方出品天猫网已在俄罗斯正式上线。据俄罗斯调研公司Mediascope提供的数据，2018年5月全球速卖通在俄罗斯最受欢迎的互联网资源评级中排名第11位，用户数量为1860万人。③

宝力科技将控股俄智能手机公司。2018年6月26日，中国宝力科技发

① 中国驻俄罗斯大使馆经商参处，http：//ru.mofcom.gov.cn/article/jmxw/201803/20180302717570.shtml。

② 俄罗斯旅游中文网，https：//www.russia－online.cn/News/000_6_34116.shtml。

③ 俄罗斯旅游中文网，https：//www.russia－online.cn/News/000_6_33633.shtml。

布公告称，公司已签署后续收购俄智能手机企业 Yota Devices 公司 25.1% 股份的协议，交易金额约4000 万美元。由于此前宝力已拥有 Yota Devices 公司 40% 的股份，收购交割后宝力将拥有目标公司 65.1% 的股份，成为其第一大股东。Yota Devices 公司是俄罗斯智能手机企业，其产品 YotaPhone 是世界上第一种使用安卓系统的双屏手机。2014 年俄总统普京曾将一部 YotaPhone 2 作为国礼，赠送中国国家主席习近平。①

中国移动在俄建立子公司。中国国有大型电信运营商——中国移动集团公司于 2017 年 12 月 15 日在俄注册中国移动国际俄罗斯公司，将在俄向中国公司客户提供服务，向当地电信运营商出售欧洲—亚洲线路的数据传输带宽，未来或介入大众传媒市场，向汉语网众提供服务。②

2. 实体企业投资建厂更加稳健

郑州宇通客车在俄组建中俄合资企业。世界上最大的客车制造公司——郑州宇通客车股份有限公司已与俄罗斯克麦罗沃州落实了一项合资项目。郑州宇通已在列宁斯克 - 库兹涅茨基选定厂址，并办理了相关手续，2018 年该公司的第一批大巴车在库兹巴斯组装。该州州长希望通过此项合作快速升级当地的公共交通工具，使用现代的大巴车。2018 年 9 月，当地政府已经采购了首批 25 台大巴车。这是首批由中国制造、在库兹巴斯组装的客车。③

中国安琪酵母利佩茨克工厂投产。2018 年 7 月 26 日，中国安琪酵母丹科夫经济特区生产厂投产。该厂曾计划于 2018 年春天投产，但由于需要办理相关手续，投产日期推迟到 7 月。安琪酵母原计划对项目投资 57 亿卢布（约合 0.95 亿美元），后增加至 67.3 亿卢布（约合 1.12 亿美元）。该公司在工厂投产后拟在丹科夫经济特区内建设农畜饲料添加剂生产车间或温室化

① 中国驻俄罗斯大使馆经商参处，http：//ru.mofcom.gov.cn/article/jmxw/201807/20180702762024.shtml。

② 中国驻俄罗斯大使馆经商参处，http：//ru.mofcom.gov.cn/article/jmxw/201801/20180102701695.shtml。

③ 中国驻俄罗斯大使馆经商参处，http：//ru.mofcom.gov.cn/article/jmxw/201809/20180902789789.shtml。

肥生产车间，可将超过 95% 的酵母生产废料进行加工。安琪酵母生产厂投产后将成为俄罗斯最大的干酵母生产厂，年产能 2 万吨，可创造 350 个工作岗位。[①]

（三）留学生在俄创业初露头角

据俄罗斯联邦科学与高等教育部信息，2018 年有 76470 名中国公民在俄罗斯注册学习；2017 ~2018 学年，约有 3 万名中国公民在俄罗斯 85 个城市的 305 所高校注册学习，中国留学生主要集中在莫斯科、圣彼得堡和远东的高校中。这比上一年度人数增加了 10%；在最近 7 年中，在俄罗斯高等教育机构学习的中国留学生人数翻了一番。中国留学生偏好选择的专业主要有人文社会科学、俄语类、经济管理以及工程技术类专业（建筑、工程、电力和热力学等）。[②]

新一代留学生毕业后，除了选择回国发展之外，他们比前辈更加勇于尝试在当地发展，并更愿意将中国经济社会中的新鲜事物带到俄罗斯。2018 年，莫斯科出现了第一家中国奶茶店——贡茶。该店老板是随父母到俄罗斯的留学生张笑迎，曾就读于莫斯科国立大学外语系。在俄罗斯留学十几年，她早已习惯了俄罗斯的生活方式。毕业之后，她有时间就会回中国，发现奶茶在中国越来越火。作为女生的她也爱喝奶茶，同时又想到，俄罗斯女性偏多，又非常喜欢吃甜食，而且俄罗斯的奶制品质量又很好，做出来的奶茶味道会更加浓厚，便想把中国的传统奶茶引进到俄罗斯来。于是，她在国内加盟了“贡茶”，在莫斯科开了第一家“贡茶”奶茶店。

由此可见，留学生相对于其他华侨华人，更具有通晓两国语言、跨文化沟通能力强、时间更灵活、拥有两国人脉资源的优势，留学生对两国市场进行了深入观察和了解后，能够在相互对比的过程中发现商机，找到自身兴趣和事业发展的结合点。张笑迎的创业案例虽然是个案，但这反映了新一代留

---

① 中国驻俄罗斯大使馆经商参处，http：//ru. mofcom. gov. cn/article/jmxw/201806/20180602753537. shtml。

② 俄罗斯联邦科学与高等教育部，https：//www. 5top100. ru/news/104492/。

学生能够充分利用自身优势，跨文化、跨地域经营的趋势。正值俄罗斯大力推动数字经济发展的时期，小留学生们同样可以借助大趋势，在异国实现自己的人生价值。①

（四）俄学校兴起“汉语热”，中文进入俄罗斯高考科目

俄罗斯学习汉语的人数近年来不断增多。最近 3 年，汉语在俄罗斯中小学生中的普及率翻倍。俄罗斯教育主管部门在历时 3 年的准备工作后，于 2018 年 3 月宣布，将汉语先行纳入 9 年级期末考试（俄罗斯基础教育阶段学习期限一般为 11 年，1 ~ 4 年级相当于中国的小学，5 ~ 9 年级相当于中国的初中，10 ~ 11 年级相当于中国的高中②），2019 年将汉语正式纳入俄罗斯全国统一考试外语科目选项。俄罗斯的国家统一考试既是中学生的毕业考试，也是高校入学考试。考试由笔试和口试组成。笔试包括 42 道题，由“听力”、“阅读”、“语法、词汇和文字”以及“写作”几部分组成。③

汉语在俄罗斯热度不减，尤其是随着“一带一路”建设不断推进，中俄全方位合作不断升级，俄国内对汉语人才需求快速增加。国家统考的实施将促进汉语在俄罗斯境内的普及。俄罗斯不少大城市以及远东地区中学早已开设汉语课程，新举措将影响俄全国数万名中学生，不仅将给他们提供一个衡量自身汉语水平的“国家标准”，也能让他们真正地将兴趣变成优势。

截至 2018 年 9 月，俄罗斯共有 230 所学校开设了汉语课程，其中中小学校 80 余所，学习汉语的学生达 2.6 万人，其中约 3000 名高年级学生。④莫斯科有 5% 的学校（1364 所中的 69 所）将汉语作为必修或选修课。联邦

---

① 俄罗斯旅游中文网，https：//www. russia - online. cn/News/000_ 1_ 34102. shtml。

② 《俄罗斯教育基本情况》，俄罗斯留学服务网，http：//www. eduru. org/publish/portal103/tab4884/info133516. htm。

③ 《汉语在俄罗斯中小学生中的普及率几乎翻了一番》，俄罗斯卫星通讯社，http：//sputniknews. cn/russia_ china_ relations/201809191026394556/。

④ 《中俄学者深度对话　强化语言政策成果交流互鉴》，人民网，http：//edu. people. com. cn/n1/2018/1203/c1006 - 30439190. html。

教育科学监督局副局长安佐尔·穆扎耶夫表示："3 年前，中小学校里有 9000 人学习汉语。而在我们筹备试验性的国家统考的 3 年内，这一数字增至 1.7 万人。自 2019 年起，11 年级毕业班学生将首次可以考国家统考汉语科目。它将成为继英语、德语、法语和西班牙语之后的第 5 种可选语言。"①

① 《汉语在俄罗斯中小学生中的普及率几乎翻了一番》，俄罗斯卫星通讯社，http：//sputniknews.cn/russia_ china_ relations/201809191026394556/。

B.7

南欧、东欧侨情分析

巫秋玉*

摘　要： 本文重点介绍了2018年南欧、东欧地区的华侨华人在人口数量、分布，以及在经济、文化、社团、移民政策、留学生与汉语教学等方面的最新发展情况，并就南欧、东欧地区侨情状况进行分析，提出五项侨务工作建议。

关键词： 南欧　东欧　华侨华人　侨情　侨务工作

本文所涉南欧地区，包括巴尔干半岛上的希腊，亚平宁半岛上的意大利、马耳他、圣马力诺和梵蒂冈，伊比利亚半岛上的西班牙、葡萄牙、安道尔。东欧地区包括乌克兰、白俄罗斯、立陶宛、拉脱维亚、爱沙尼亚、匈牙利、罗马尼亚、摩尔多瓦、保加利亚、塞尔维亚、北马其顿、阿尔巴尼亚、黑山、波黑、克罗地亚、斯洛文尼亚等"一带一路"沿线国家。这些国家在较长一段时间里极少华侨华人前往定居生活。1978年改革开放以后，随着中国新移民打破原有华侨移民海外老路，开始前往一些华侨华人"未开发的地区"寻找商机，不少中国新移民涉足南欧、东欧国家。

一　南欧、东欧华侨华人人数与分布

目前，南欧、东欧的华侨华人基本是在20世纪七八十年代开始来到这

* 巫秋玉，中国华侨华人研究所理论政策研究部主任，研究方向为华侨华人、归侨历史与现状。

里的，以经商为主，零售业、批发业、餐饮业是这些新移民从事的主要职业。西班牙有华侨华人 20 多万人，旅西华人大多集中在马德里、巴塞罗那、瓦伦西亚等主要城市，近年来很多华人开始向西班牙其他的中小城市移居谋求发展。根据 2018 年西班牙国家统计局的最新数据，中国移民取代巴基斯坦移民，成为巴塞罗那人数最多的移民群体。马德里市区的外来移民数量已达 396816 人，占居民总量的 10% ~15%。其中，移民主要来自罗马尼亚、中国和厄瓜多尔。罗马尼亚移民人数居首，达 46218 人，占移民总量的 12%；其次为华人，总计 35900 人；厄瓜多尔移民达 25255 人，位居第三。[①] 此外，目前在西班牙华人上保险人数达到 10.02 万人，在西班牙非欧盟国家移民中排名第二。西班牙华人华侨大致分为自主创业老板和务工者。

意大利现有华侨华人 40 多万人，80% 以上是在 1989 年后移居意大利的。旅意侨胞大部分集中在罗马、佛罗伦萨和米兰，目前已有向意大利南部发展的趋势。根据托斯卡纳当地机构的调查，截至 2018 年 6 月 30 日，意大利托斯卡纳大区的普拉托移民人数也增长了近 4 万人（39293 人），其中有 21750 名持合法居留的华人，[②] 华人成为当地人数最多的移民群体，也是当地经济当之无愧的中流砥柱。

希腊是非移民国家，也是欧盟中比较落后的国家，一向对外国移民特别是亚洲移民严格控制。21 世纪以前，希腊侨胞不足 5000 人。2001 年、2005 年两次大赦后，涌入的侨胞人数猛增，据估计达 3 万人。但因 2009 年以来，希腊深陷债务危机，至少有一半人离开，现有侨胞大约 1.5 万人，主要从事贸易经营活动，大概有 300 家贸易公司。浙江温州人、浙江青田人、福建人各占 1/3，大多数居住在首都雅典和第二大城市萨洛尼卡，主要从事餐饮业、服装等小商品批发与零售以及旅游业等。希腊侨胞积极融入、回馈当地社会，被当地政府誉为外国侨民中“最有建设性的群体”。

---

① 《西班牙马德里市区外来移民：华人数量位居第二》，〔西班牙〕《欧华报》2018 年 5 月 8 日。

② 《普拉托华人数量仍在持续增长，登记人口约 2 万多人》，《新欧洲侨报》2018 年 8 月 19 日。

东欧的新移民大多数来自中国浙江省和福建省，在部分国家还有来自北京、上海的商人。东欧国家的华侨华人人数没有明确的具体统计数字，只是通过各国的人口统计资料估算出来的。匈牙利有华侨华人约2万人，以浙江省、福建省籍为主，还有一些来自华北地区的服装批发商。罗马尼亚有华侨华人约1.5万人，低峰时曾减至6000人，80%的华侨华人住在布加勒斯特，他们主要为温州人和河南人，华侨华人在这里从事餐饮业的不多，主要从事批发零售贸易。乌克兰、格鲁吉亚、保加利亚等国各有数百至数千人不等的华侨华人，他们大多从事零售、批发、餐饮等行业。

二　南欧、东欧华人经济动态

南欧与东欧的华侨华人经济主要集中在纺织、服装、零售、餐饮、贸易、房地产等行业。在西、意、希等国家，以浙江人、福建人做生意居多。

（一）南欧华人经济发展新变化

2018年，西班牙的华人经济有一些明显的变化，一是华人自雇人士增加，二是华人自主创业方向转变。西班牙是零售业大国，各地区街头传统店铺多如牛毛，这其中不乏大量以“包税”制纳税的自雇人士，其中华人店主又是这个群体中的典型代表。目前，很多华人店主都以“包税”的办法纳税。所谓“包税”，是多年前西班牙政府考虑到这类自雇人士（包括小店铺主、个体户、手工业者、律师、建筑师等）在做账报税方面手续繁琐而推出的一种缴税办法——依据他们办公或营业场地的面积、雇用的员工数量、每月用电量来计算，缴纳固定数额的增值税。西班牙的外国自雇人士数量在2018年增长了近8.4%，其中，来自中国的自雇人士数量持续增长，在外国自雇人士中名列第一。不少中国自雇人士会选择从事贸易领域的工作，或者为有意愿与中国有出口贸易往来或国际交流的自营企业及中小企业提供咨询或协助。据西班牙自雇人士和创业者网报道，来自中国的劳动者，尤其是旅西自雇人士群体，在西班牙劳动力市场中的比重越来越大。而中西两国也将维持友好互利关系、为两国企业间开展互利合作创造有利条件列为两国政府议事日程中的优先事项之一。西班牙对外贸易专业人员协会（Acocex）主席米格尔·安吉尔·马丁表示，这些自雇人士本质上就是企业家，他们移民到西班牙并在当地建立公司，创造就业机会。西班牙劳动部2018年11月21日公布的数据显示，在西班牙工作的华侨华人中，有55695人为持有老板保险的自雇人士，有47958人持有工人保险，也就是说，旅西华侨华人的自雇人士数量比普通务工者多出近8000人，成为西班牙外国自雇人士中人数最多的群体。在非欧盟国家移民中，在西班牙工作的摩洛哥自雇人士人数排第2名，共有20604人，紧随其后的移民群体分别为巴基斯坦人（8001）、委内瑞拉人（5705）和哥伦比亚人（4850）。在欧洲国家的移民中，来自罗马尼亚的自雇人士最多，其次是意大利人（26460）、英国人（23835）、德国人（15703）和法国人（12516）。欧元区经济复苏及西班牙房产的价格优势都是产生这些现象背后的原因。事实上，从事金融保险类工作的外国自雇人士增长了17.61%，从事房地产类工作的外国自雇人士增长了15.22%，从事建筑类工作的外国自雇人士增长了13.35%。①

2018年，旅西华侨华人自主创业方向有所转变。虽然自经济危机后，旅西华侨华人比较偏好自主创业，但是近年来他们选择的行业却有所改变。食品店和百元店一度是旅西华侨华人的就业首选，西班牙政府2018年6月公布的数据显示，共有215061名移民从事此类行业，年增长率为3.9%。②如今，最受旅西华侨华人青睐的三大领域分别是批发业务、加盟店及专业性强的工作。其中，第三个领域与中西实体经济的关系息息相关。许多自雇人士成立了相关的咨询公司，专门为有意愿向中国出口商品或与中国有国际贸易合作的自营企业或中小企业提供咨询服务。目前，在旅西华侨华人开的店

① 《旅西侨胞在外国自雇人士数量中稳居第一　自主创业方向正转变》，《欧洲时报》西班牙版微信公众号，2018年11月24日。

② 《旅西侨胞在外国自雇人士数量中稳居第一　自主创业方向正转变》，《欧洲时报》西班牙版微信公众号，2018年11月24日。

铺里能看到越来越多西班牙员工的身影，有的店铺内甚至所有员工都是西班牙人。这些店铺包括服装店、电子产品商店、酒吧等。根据安达卢西亚华商会统计，目前西班牙有约 25 万家由华商经营的中小型企业，其中，华商最为聚集的城市是马德里，有约 10 万家中小型华商企业，在巴塞罗那则有 7.5 万家。该协会指出，在安达卢西亚大区，有 2.5 万家华商企业，其中最为集中的地区是阳光海岸和塞维利亚。[①]

在意大利做生意的外国商人越来越多，其中最多的是华商，外国商人占移民总数的 15.7%，而华商则占中国移民总数的 27.7%。在意大利，共有 80514 家登记注册的华人公司，从事着不同的经营活动，其中在托斯卡纳大区就活跃了近 14000 家华人公司，大多以服装纺织行业为主。位于托斯卡纳大区的普拉托不仅是欧洲有名的纺织重镇，而且也是欧洲华人密度最大的地方和意大利华人经济最发达地区，每天有数千个集装箱疏散到欧洲各地，原材料、生产辅料也源源不断运抵普拉托。普拉托华人除涉足纺织和服装行业之外，还向其他各个领域积极扩展，当地越来越多的华人子女走向更广阔的市场投资新的行业。

（二）东欧中资企业的发展

在乌克兰，有华为、中兴、中成套、中建材、中国路桥等 31 家驻乌中资企业。近两年在中乌两国高层互动频繁的大背景下，中资企业在乌克兰取得了一系列重大突破，多家企业竞标成功、两国金融合作迈出第一步、大型投资项目启动等。中国港湾工程乌克兰分公司在 2018 年初就胜利完成乌克兰南方港疏浚项目。对于中资企业“走出去”后如何在当地发展，中国驻乌使馆杜伟大使对在乌中资企业曾提出几点要求。一是要锲而不舍，越是在艰难时刻，越是要不忘初心，继续前行。二是要循序渐进。只有脚踏实地，扎根经营，不断积累经验，积累信誉，积累口碑，才能行稳致远，得到乌克

---

① 《西班牙中小型华商企业达 25 万家　多数聚集在马德里》，〔西班牙〕《欧华报》2018 年 1 月 30 日。

兰市场的认可。三是思路要对。做工作要契合当地特点，吃透当地情况，善用当地媒体、资源，做聪明的企业家。

（三）华商在欧洲谋求发展道路上面临生存环境危机问题

欧洲华商在谋求发展道路上，也面临生存环境危机问题。有报刊对西班牙华商生存环境的报道，反映了海外华人生存中可能面临的现象。据西班牙《欧华报》报道，2018 年旅西华人以两种形象出现在西班牙媒体上：一方面是屡遭劫杀，弱小可欺的受害者形象；而另一方面则是为获得不义之财，不惜铤而走险，或是奸诈耍滑的犯罪分子形象。旅西华人在经商安全和未来发展的道路上，遭遇了较为严重的生存环境危机。中国评论通讯社综合《欧华报》报道分析认为，危机主要有以下三种。①

一是安全危机。其实，“安全”一直是华人所面临的老大难问题。2018 年 5 月 19 日，西班牙南部城市塞维利亚一位华人食品店主惨遭劫匪杀害。5 月 24 日下午 5 点前后，两名分别为 47 岁和 51 岁的西班牙劫匪手持利斧和螺丝刀，闯进马德里富恩拉布拉达市（Fuenlabrada）一家华人食品店进行抢劫。5 月 30 日，西班牙媒体又报道说，在萨拉戈萨，29 岁的当地青年 R. R. C.，在一家华人酒吧喝了一杯不到 1.5 欧元的啤酒后，拒绝付款并与华人店主发生争执。旅西华商一次又一次地遭遇劫匪行凶杀人这样的极端事件，并非偶然。不良顾客的偷窃、威胁和殴打，对于华商来说，已经成为一种“家常便饭”式的常态。在这样几乎被各种治安和轻微犯罪案件所“包围”的情况下，出现极端状况也就成了大概率的事件。

二是发展危机。旅西华商备受欺凌，不断挨打、受伤，甚至是被劫杀，近来在西班牙媒体上，也集中出现了这一饱受犯罪伤害的“弱势群体”的另一面，或者说是极其矛盾的一面：屡受西班牙警方大规模执法行动的打击。遭遇安全危机的华人将要面对影响更长远的发展危机。5 月 29 日，西班牙国家警察和税务警察又在马德里的 Cobo Calleja 华人批发区，以及

---

① 《旅西华商生存环境堪忧》，中国评论通讯社，2018 年 6 月 3 日。

Toledo、Pontevedra、Alicante、Valencia 和 Barcelona 等地开展代号为“苏门答腊”的大规模行动，打击利用进口中国电子产品进行偷税和售假的华商。根据欧洲通讯社的消息，截止到当天下午 2 点半，已经在西班牙各地搜查了 30 多处华人商家，并逮捕了 28 人。5 月 30 日，许多西班牙媒体都披露了警方对一些华人商家进行搜查时的影像和图片。面对西班牙警方针对旅西华商一场接一场的行动，以及媒体上有关如何从百元店“转型”到“大麻产业”的舆论造势，旅西华人的形象再次受到了沉重打击。此时，华人是犯罪受害者的弱势形象早已荡然无存。更严重的是，华人商业发展的外部社会环境也由此变得日益恶化。

三是应对危机。旅西华人虽然是外来移民，并且也的确存在一定的问题，但从总体上说，大多数华人都奉公守法，合法纳税，为西班牙社会做出了贡献。由此，他们理应得到西班牙社会最基本的尊重，以及警方切实而有效的保护。中国评论通讯社认为，华人在西班牙立足、创业和发展，不能见利忘义，投机取巧，甚至是铤而走险。因此，遵纪守法是旅西华人在异国他乡的立身之本，更是大家依法维权、求得保护的基础。华侨华人一定要严格守法经营，努力改善自身的名誉和形象，才能为未来的发展赢得更有利的社会环境。

三　南欧、东欧华人社团动态

海外华社的发展离不开侨团的活动，在南欧、东欧各国都成立有数量不等的华人社团，他们在团结侨胞、促进中欧友好、融入当地社会、履行社会责任、开展中文教育、加强和谐侨团建设等方面起到良好的团队领导作用。

意大利华侨华人社团不少，除综合类社团外，意大利的地方侨团、行业社团比较活跃，如米兰华侨华人工商会、米兰文成同乡会、旅意北部瑞安同乡会、米兰温州华侨华人商会、米兰华侨华人浙江联谊会、米兰华侨华人企业家联谊会、意大利北部华侨华人经贸联合会、中意商贸交流促进会、中意商联、都灵华人工商联合会、威尼托华侨华人工商联合会、摩得那华商会、维罗纳华侨华人总商会等社团。2018 年 11 月 26 日，意大利北部华侨华人餐饮业协会庆典大会暨首届会长团就职典礼活动在米兰举行。会议审议通过了意大利北部华侨华人餐饮业协会章程，对本届会长团的会务工作进行了具体部署，选举产生了首届会长团主要负责人。周斌当选为首届会长、陈金隆为理事长、叶平为常务副会长，吴步双、池小云等为副会长，黄素平为秘书长。① 餐饮业是意大利华人经济体的重要产业之一，为华人社会的生存与发展奠定了坚实基础。同时也为中华饮食文化得到意大利民众的认可和尊重，为促进区域经济繁荣做出了积极贡献。意大利北部地区是中餐业最为发达地区，而米兰是中餐馆最多、产品最齐全、市场最繁荣的中餐业发达地区。米兰中餐产品涵盖了具有中国特色的各种民间小吃，中国不同地域的风味菜系。中餐已经成为米兰市民假日生活和日常生活不可或缺的重要组成部分。中国驻米兰总领馆对意大利北部华侨华人餐饮业协会成立表示祝贺，希望餐饮业协会和广大华侨华人餐饮业从业人员加强团结协作，不断强化中华饮食文化品牌意识，树立大局观念，加强食品安全、卫生和绿色经营理念；坚持依法经营，诚信守约，为宣传中华饮食文化，推动中餐业健康发展做出更大贡献。

在西班牙，一些华人商会致力于推动华商和中西商贸发展，如西班牙安达卢西亚华商会，其成立的初衷是促进中国与西班牙安达卢西亚大区的经贸往来与合作，“不仅支持中国投资者来安达卢西亚，帮助中国企业家在西班牙寻找当地的合作伙伴，还通过自己的媒体网络为中国企业家制定市场营销策略，最终帮助华商在欧洲市场拥有自己的一席之地”。此外，部分华人社团在当地起着凝聚华人、华商的作用。11 月 28 日，西班牙瓦伦西亚卡斯特里翁华侨华人总会成立大会暨就职典礼举行。来自卡斯特里翁省政府、议会、警察局领导，西班牙各地兄弟侨团代表、侨领，卡斯特里翁当地名人等近 300 人参加了活动。卡斯特里翁省现有华人 2000 人左右，华人个体商户

① 《意大利北部华侨华人餐饮业协会成立　周斌任会长》，http：//www. chinaqw. com/hqhr/2018/11－29/209595. shtml。

超过200家。[①] 总会第一常务副会长董伯勇在开幕式致辞，表示为更好地融入当地社会、团结当地华人、搭建企业政府之间联谊互动、信息交流、共赢发展的平台等，成立卡斯特里翁华侨华人总会。大会选举周明亮为会长，名誉会长为孙林尧、裘程勇、吴碎林。

希腊的华人社团主要有希腊华人华侨总商会、希腊华人华侨总会、希腊华侨华人联合总会、希腊华侨华人妇女联合总会、希腊萨洛尼卡华人华侨联谊会、希腊华人华侨福建联合总会、希腊中国和平统一促进会、希腊青田同乡会。

乌克兰华社侨团在团结旅乌侨胞开展各项工作中，积极配合中国驻乌使领馆的侨务工作。2018年2月14日上午，驻乌克兰大使杜伟在乌克兰华侨华人协会会长李学刚、乌克兰中国和平统一促进会会长李彪陪同下专程探望乌克兰前侨领张沛恩遗属，走访中兴通讯乌克兰代表处并向企业员工致以新春的问候和祝福。

四　南欧、东欧华人文化传媒动态

南欧、东欧华侨华人尽管在当地发展的历史不长，但是传承中华文化、重视下一代的中文教育的留根传统在南欧、东欧华社延续下来。西班牙、意大利、希腊、乌克兰都开办有华文报刊和新媒体，同时在东欧有华文学校10余所，南欧的希腊也已开办有3所中文学校。近年来南欧、东欧华文教育、华文传媒保持着良好的发展趋势。

2018年10月22日，中国驻乌克兰大使杜伟会见《欧洲时报》（中东欧版）总经理王敢。王敢介绍说，《欧洲时报》创刊于1983年，主要面向欧洲地区的华侨华人，刊登当地时事新闻。《欧洲时报》（中东欧版）覆盖中东欧22个国家和地区，对乌克兰的发展十分关注，希望加强对乌各领域新

① 《卡斯特里翁华侨华人总会成立　周明亮当选首任会长》，〔西班牙〕《欧华报》2018年12月5日。

闻报道，为中乌关系发展加油鼓劲。杜伟大使对《欧洲时报》来乌开拓业务表示欢迎。他说，乌克兰区位优势明显，资源禀赋优渥，是中东欧地区体量和发展潜力巨大的国家。近年来，中乌双边关系不断向前发展，两国在金融、贸易、人文、科技等领域的交流呈现出大潮涌动之势。两国合作的领域不断扩大，两国合作的深度不断拓展。有越来越多的中国企业来乌开拓业务，有越来越多的乌克兰人关注中国，到中国去追梦、圆梦。希望《欧洲时报》立足欧洲地区，把乌克兰介绍给更多的华人华侨，为中乌友好的传承摇旗呐喊，为两国合作的发展贡献力量。

文化交流离不开文化交流周、艺术团体的活动，文化是民心相通的纽带。2018 年 2 月 8 日，“欢乐春节·魅力湘西”歌舞晚会在乌克兰国家歌剧院举行。驻乌克兰大使杜伟、乌文化部第一副部长法缅科、副部长雷巴丘克、国家航天局局长杰格佳连科、总统府外事局局长若夫科瓦及乌各政府部门官员、社会各界友好人士、旅乌华人华侨、留学生、中乌媒体记者等近 1000 人参加活动。演出在基辅经典交响乐团演奏的中乌两国国歌声中拉开帷幕。杜伟大使说，春天寓意着生机与希望，也意味着辛劳和汗水。中乌两国在各领域的友好交往与互利合作都取得了令人振奋的成果。希望双方继续撸起袖子加油干，推动两国关系不断迈上新台阶、谱写新篇章。法缅科第一副部长表示，中乌两国政治交往活跃，曾召开了中乌政府间合作委员会第三次会议，签署了两国文化合作计划。2018 年，乌克兰在中国举办乌克兰文化周，这是一次展示乌克兰和乌克兰文化、增进两国人民友谊的好机会。

五　南欧、东欧各国移民法新动态

2018 年南欧、东欧部分国家的移民法案条例都有不同程度的修改。

11 月 29 日，意大利国会通过极右派内政部长萨尔维尼推动的强硬反移民及安全法案，意大利政府今后可更轻易地驱逐移民，申请居留许可的条件也更为严格。该争议性的法案，由萨尔维尼所属的联盟党（Lega）于 9 月提出。在参议院通过后，众议院也以 396 票赞成、99 票反对通过。该法案允许当局在移民被判严重犯罪时，可以剥夺他们的意大利国籍。此外，该移民法案将终结2年期的“人道保护”居住许可，即意大利根据本国法律，而非依据国际法，给予移民的一种较低层级的庇护身份，而2017年有25%的庇护寻求者最终获得这项许可。该移民法案的详细内容包括：严格审核居留申请，犯罪（包括偷盗）将被取消庇护，涉及恐怖主义的将被取消国籍，国籍申请审批最短时间为4年，设置安全国家名单，被判有罪的跟踪者必须佩戴电子手环，租车变得更严格，城市警员将配备泰瑟枪，加强清理非法侵占房屋的行为，乞讨骚扰和在免费停车场强行收费属于违法行为，将被逮捕，市长可以决定“移民商铺”的营业时间。①

2018年9月，西班牙移民局修订了移民法条例，明确指出：在完成高等教育后，达到欧洲资格框架标准至少6级（等同于本科学历）的外国人，可以在西班牙逗留最长12个月，逗留时间不可延长，以找到与其完成的学业水平相关的合适工作或开展商业项目。② 也就是说，在西班牙完成本科或以上学历的留学生，如果在毕业后没有马上找到工作，可以通过申请这个“找工作”居留，以合法身份留在西班牙，在最长一年的时间内慢慢找工作或创业。符合条件的学生只要提供西班牙当地院校颁发的本科或以上学历的毕业证书、医疗保险、资金证明（银行流水或存款证明）就可以向移民局申请办理“找工作居留”。提交申请后，20天内会得到审批结果。

自西班牙出台吸引高素质移民的“黄金签证”以来，根据2018年西班牙经济部的数据，截至2017年底，与经济相关的签证一共发放了41094份。其中，19369份为申请持有人，其余部分为持有人的家人；7936份签证属于高科技人才签证；而在投资移民领域，签证数量一共为3350份，占经济类总签证的17.30%；不过这部分签证持有人在西班牙已经投资了30.26亿欧元，数额大大高于2016年的17.08亿欧元，而投资领域主要集中在房地产，

---

① 《意大利通过最严移民法！　严审居留、加大驱逐，限制移民商业活动！》，《欧时大参》2018年11月29日。

② 《去还是留？西班牙“找工作居留”或是空欢喜》，〔法国〕《欧洲时报》2018年9月22日。

高达23.32亿欧元，占投资总资本的77.1%，总房产业务数量为3140个项目。至2017年底，在西班牙投资移民数量与投入资本上中国人已排名第一。根据现行的法律，所有欧盟与非欧盟公民在西班牙投资最低价值50万欧元的房产，就有权申请居留许可，且有权工作，并可以直接每5年更换一次长期居留，这是在2015年夏季生效的一项法律。至于50万欧元的准入门槛，符合标准最多的外国人当属中国人与俄罗斯人。根据统计数据，中国人持黄金签证数量占37.3%，排名第一；其次是俄罗斯人，为32.6%；中国人与俄罗斯人所有的投资业务占投资移民总量的63.9%。[①]

六　留学生情况与汉语教学

1950年8月，中国外交部向罗马尼亚驻华大使馆递交《关于交换留学生问题备忘录》，其中详细列出有关派出留学生计划的具体规定和细节，为其后与东欧其他国家派出留学生的政策提供了基本思路、模式和工作经验。在20世纪50年代，中国与东欧国家开展的留学生交流活动比较频繁。据统计，仅1950～1956年，中国向东欧人民民主国家如民主德国、波兰、捷克斯洛伐克、匈牙利、保加利亚、罗马尼亚、阿尔巴尼亚、南斯拉夫等国家共派出985名留学生。[②] 1956年以后，中国政府不断调整选派留学生政策，除苏联及东欧人民民主国家外，开始选派留学生前往西方国家。1978年6月23日，邓小平做出了扩大派遣留学生的重要指示，明确提出："要成千成万地派，不是只派十个八个……要千方百计加快步伐，路子要越走越宽。"由此，开启了中国留学史的全新时代。1978年中国推行改革开放，中国政府在加强公派留学工作的同时，鼓励自费出国留学，中国出现海外留学热潮。1993年，中国共产党第十四届三中全会通过的《关于建立社会主义市场经济体制若干问题的决定》，明确肯定"支持留学、鼓励回国、来去自由"的

① 《西班牙投资移民签证数量　中国人总量居榜首》，中国侨网，2018年5月7日。

② 苗丹国：《出国留学六十年——当代中国的出国留学政策与引导在外留学人员回国政策的形成、变革与发展》，中央文献出版社，2010，第67、74页。

出国留学工作方针，这一政策促进了我国出国留学行动与中外国际教育交流合作的快速发展。21 世纪以来，随着中国关于海外留学与引进留学人才的相关政策不断完善，中欧国家间的国际教育交流与合作进一步拓展。

（一）留学生情况

2018 年中国教育部最新公布的数据显示，改革开放 40 年来，我国各类出国留学人员累计已达 519.49 万人，目前有 145.41 万人正在国外进行相关阶段的学习和研究。南欧、东欧国家也是不少留学生选择的留学目的地国家。意大利被誉为欧洲文化的摇篮，其艺术、设计、时尚类的教育在全世界范围内处于领先地位。近年来意大利高等教育的优势也渐渐显现，越来越多的中国学生对前往意大利留学产生了浓厚兴趣，申请到意大利高校就读的中国学生人数也出现了增长。尤其就读意大利高校艺术、音乐、舞蹈等专业的学生数量明显增加，艺术类课程受到中国学生欢迎。在希腊，有越来越多的中国学生来此学习希腊语。中国高校与希腊雅典大学之间的留学生交流合作不断深化。在 2017 ~2018 年学年，有 22 名来自北京外国语大学希腊语专业的学生和 12 名来自广东外国语大学希腊语专业的学生到雅典大学哲学院学习。据统计，自 2015 年至 2018 年，共有 122 名中国学生在雅典大学现代希腊与教育中心学习。[①] 希腊政府对中希文化交流给予大力支持，希腊教育、研究和宗教部长卡福罗格鲁（Constantions Gavroglou）就任以来，一直致力于提升希腊高校对中国留学生的吸引力，并推动中希高校和研究机构加强合作。

中国与东欧国家在文化教育交流方面，自 1992 年苏联解体时就有一批留学生来到白俄罗斯戈梅利大学留学，他们在学习的同时也帮助戈梅利大学开办汉语教学，随后戈梅利大学汉语中心成立，推动了汉语教学。近几年在使馆教育处的支持下，汉语教学逐步走上正轨。戈大汉语中心科瓦利教授赞扬中国大部分留学生勤奋好学，给戈梅利人留下了良好印象。白俄罗斯国立

① 《中希携手打造学术丝绸之路》，中国驻希腊大使馆公众号，2019 年 5 月 22 日。

音乐学院是白俄罗斯唯一的专业音乐教育高校，在独联体和欧洲都有较高声誉。该校 2009 年时共有 1000 名左右学生，有中国留学生 180 多人。学院每年都与我驻白使馆联合举办中国学生音乐会，激励留学生更加刻苦学习，同时也是增进中白青年学生友谊的有益桥梁。

近年来，中国驻白使馆和国家汉办对白俄罗斯首都及其他地区的汉语推广和汉学研究的支持力度不断加强。2017 年，格罗德诺大学在使馆协助下建立了中国语言文化中心。汉办应该校的要求，派遣了一名中国志愿者。使馆还向该校赠送了教学仪器设备、图书音像资料等。根据中白两国教育部签署的合作协议，双方每年互派留学生。从最初的每年 10 人，增加到目前的每年 20 人。白俄罗斯学者和学生已有近 90 人次通过这一渠道以及校际互换等项目到中国进修留学。他们回国后，大多在外交、教育、经贸等领域从事与中国有关的工作。

乌克兰是保尔·柯察金的故乡，在乌克兰留学的中国学生也很多，哈尔科夫大学是乌克兰著名学府，目前有 700 多名中国留学生在该校学习。

（二）汉语教学与孔子学院

目前，海外的汉语教学主要体现在孔子学院的兴办与教学方面。自 2004 年起，我国在借鉴英国、法国、德国等国推广本民族语言经验的基础上，探索在海外设立以教授汉语和传播中国文化为宗旨的非营利性教育机构孔子学院。截至 2018 年 12 月，我国已在 154 个国家和地区建立了 548 所孔子学院和 1193 个中小学孔子课堂，学员总数达 187 万人。多年来，孔子学院以语言传递之力，成为中国连接世界 150 多个国家人民的纽带。孔子学院现有中外专兼职教师 4.67 万人，通过不断完善国际汉语教师标准、学习标准、课程大纲及考试大纲，建立健全汉语国际教育质量标准体系，提升了办学质量。据孔子学院总部负责人、国家汉办副主任马箭飞介绍，2018 年全球新建孔子学院 30 所。

截至 2018 年，孔子学院总部已在中东欧国家设立了 30 所孔子学院和 36 个孔子课堂，注册学员人数近 4 万人。希腊当地学生和国际学生对汉语的学习兴趣与日俱增。据统计，在过去五年中，有384名学生在雅典大学外国语教育中心学习汉语。2017～2018学年的人数要比往年更多，达到91人。[①]

2018年10月24日，由孔子学院总部/国家汉办主办，保加利亚索非亚孔子学院承办的2018年中东欧国家孔子学院联席会议在索非亚孔子学院召开。来自中东欧15个国家的30所孔子学院、4所孔子课堂的中外方院长，索非亚孔院的中方承办院校北京外国语大学，索非亚大学及孔子学院总部的代表约50人参加会议。[②] 联席会议的召开，加强了中东欧地区各孔院之间的交流与联系，有助于提高孔子学院在中东欧地区的办学品质和影响力。

七　南欧、东欧侨情展望

在“一带一路”倡议正式提出的前一年，中国与东欧16个国家的合作机制（即“16+1”）开始形成，其标志就是2012年4月在华沙举行的中国与中东欧国家领导人会晤。在这样的背景下，中国与中东欧16国的各方面关系急剧升温。在中国首批确定的65个沿线国家中包括了东欧各国。中东欧在“一带一路”倡议中占有重要的地位，中国与它们合作是否扎实有效在相当大的程度上影响着“一带一路”倡议的实施。发展中国与中东欧国家的关系以及加强与之的合作，是“一带一路”的重要组成部分。

2015年11月，中国领导人在里加第六届中国－中东欧国家经贸论坛上的讲话中提出了平等协商、互相尊重，互利互惠、合作共赢，开放包容、携手同行，联动发展、共创共享四项原则，它成为中国和中东欧国家关系顺畅发展、合作有成效的重要保障。

华侨华人是中国“一带一路”的开拓者、联络者和建设者。欧洲尤其是中东欧地区是我国开通陆上丝绸之路的主要和优先发展目标，有学者认为

① 《中希携手打造学术丝绸之路》，中国驻希腊大使馆公众号，2019年5月22日。

② 《2018年中东欧国家孔子学院联席会议在索非亚孔子学院召开》，https://oci.bfsu.edu.cn/info/1129/4470.htm。

“一带一路”客观上为欧洲华侨华人的经济发展提供前所未有的契机。一是中欧互联互通将带动欧洲华侨华人企业的进一步转型，由传统贸易转向现代物流和跨境电商。二是欧洲华商将成为中国在欧洲新一轮投资的主力军。欧洲华侨华人可以借助中国提供的投资机会扩大在欧洲的投资，在进口中国商品、开拓欧洲市场以及进口欧洲商品、打开中国市场中发挥双重作用。三是中国企业已成为国际投资融资新的生力军，基础设施、贸易、金融投资欧洲资本市场是大势所趋。① 东欧地区中资企业较多，经营发展良好。东欧华商应主动与大陆发展战略对接，谋求内涵提升与外延扩大，助力“一带一路”建设。

由于世界经济增速减缓，以传统行业为主的欧洲华商受自身软硬实力不足的制约，可能面临终端消费市场萎缩；同时，受中国经济下行压力加大、生产成本上升的双重影响，欧洲华商发展仍存在困难。在这样的经济环境下，南欧、东欧各国的华侨华人人数相对较少，经济实力相对较弱、政治参与力不足、对侨居地社会经济发展虽有贡献但相对有限；同时，华侨华人社会凝聚力也有待进一步加强。近年来，在欧洲出现的难民危机导致欧洲排外情绪上升，对华侨华人在欧洲的发展也带来不利影响。

因此，借助中国“一带一路”建设的推进，东欧华侨华人华商应积极找出路、谋发展，加大资本输出力度，积极参与全球资源整合和国际产业重组，积极借助国内转型升级以带动自身转型升级，对接“五通”建设，提升社会的国际影响力，为“一带一路”顺利推进发挥应有的作用。

例如，在推进“21 世纪海上丝绸之路”中，希腊被称为中国进入欧洲的重要门户。希腊和中国都是文明古国，都珍惜和平稳定，都为人类文明做出了重要贡献。海洋连接了中希两大文明，也连接了两国市场，是两国重要的合作舞台。希腊人民对中国人民怀有真挚的友好感情，当地政府、群众对华态度友好。2009 年债务危机后，中国为希腊克服危机提供了宝贵支持。

① 陈志强：《“一带一路”沿线国家华商生存状态与发展前景研究》，上海商学院 2016 年度“上商学者”项目。

在中希两国友好交往交流合作的氛围下，希腊侨社出现五个新的动向。一是受希腊旅游产业发展的影响，希腊侨界的贸易由以往的商品批发贸易转向旅游、民宿等新业态。二是贸易形式由以往线下批发零售为主转向线上电商贸易。三是资金回流中国投资项目。四是商品流向中国，侨胞希望把希腊的橄榄油、红酒等产品销往中国，促进两国贸易往来。五是侨社以浙江侨胞为主体，他们生活良好；其次是福建侨胞，他们大多生活较一般。侨务部门应关注并采取切实有效的工作方针与措施，开展新时代新侨务工作。

面对新时代、新侨情、新机遇，我国侨务部门应注重做好以下几方面的工作。一是配合国家“一带一路”建设需要，推动南欧、东欧华侨华人华商积极找出路谋发展，积极参与全球资源整合和国际产业重组，对接“五通”建设，为“一带一路”在南欧、东欧顺利推进发挥华侨华人应有的作用。二是加强与南欧、东欧的华侨华人社团、华文媒体、华文教育机构及广大旅欧华侨华人联谊联络，维护、涵养侨资源。三是鼓励和肯定侨胞爱国、团结、守法、包容，胸怀祖（籍）国，心系侨居国，遵守当地法律法规，依法合规经营，在促进中欧友好、融入当地社会、履行社会责任、开展中文教育、加强和谐侨团建设等，为加深中欧人民之间的了解和友谊、促进双边关系发展发挥重要作用。四是结合中国与东欧之间的国情、侨情，重点做好协助中资企业在东欧发展的侨务辅助工作，推动中国与“一带一路”沿线东欧国家之间的经贸合作。五是重视新生代侨务资源的培养和发展，尤其是侨二代的成长与发展，关注留学生情况，推进侨社对新生侨务力量的养成和发挥其对社会发展的可持续作用力。

在新时代，站在新的历史起点上，展望未来，中欧双方的政府和人民、当地华人华侨都希望为进一步夯实中欧双方民心相通、促成双方在各领域更多地务实交流与合作、推动双方关系的深入发展谱写新篇章。

非 洲 篇

Africa Report

B.8
非洲侨情分析

李章鹏*

摘　要： 2018年因公派往非洲的劳务人员止跌回稳，近几年因私前往非洲务工和经商的人员有可能增多。在众多前往非洲的各类人员中，中转移民和追求自我价值实现的移民很值得关注；中非合作持续扩大、深入；中资、侨资企业开始投资非洲高新经济领域；中非文化交流进一步深入，非洲本土汉语人才培训初见成效，以电影为代表的中国流行文化开始走进非洲。今后，非洲一些国家政局、政策有可能发生变化，对在非华侨华人、中非合作有可能产生不利影响；非洲一些国家已开始提倡发展民族企业，随着非洲经济的发展，在非中资、侨资企业的竞争格局是否改变也值得关注；形象问题依然困扰

* 李章鹏，中国华侨华人研究所副研究员，主要研究方向为中国近现代史、华侨史。

在非华侨华人，盗猎、走私野生动物产品问题有所改善，但非法经营问题有被集中揭露的迹象。

关键词： 非洲 华侨华人 中非合作 “一带一路” 产能合作

相对于2017年，2018年在非华侨华人和侨资企业情况并没有特别大的发展变化。2018年，非洲侨情虽然在总体上呈现出某种常态式的发展，但也表现出一些新的特性。另外，非洲华侨华人所处的社会环境包含或者孕育了一些可能影响华侨华人生活、事业发展的因素，很值得关注。

一 非洲侨情概况

综合各方面数据和信息来看，2018年我国对非劳务派出呈现出止跌回稳的迹象，因私前往非洲经商、务工的人员可能不断增多。在各类移民中，有两类是最近几年出现的，很值得关注：一类是追求实现自我价值的移民，另一类是中转移民。

非洲到底有多少华侨华人，无论是中国还是非洲各国，均没有精确的统计数字。近年来，学术界曾对此做出不同的估计，各家估算的数值上下相差三四十万。综合各家估算，在非华侨华人共有100万人左右，应是大家可以接受的一个数值。[①] 然而，这仅仅是学术界的估算而已。依据一位在非华侨

① 中国侨联年鉴编纂委员会编《中国侨联年鉴》，中国华侨出版社，2018，第571页；周海金：《非洲华侨华人生存状况及其与当地族群关系》，《东南亚研究》2014年第1期；何敏波：《非洲中国新移民浅析》，《八桂侨刊》2009年第3期；徐薇：《华侨华人在非洲的困境与前景展望》，《东南亚研究》2014年第1期；王望波、庄国土编著《2008年海外华侨华人概述》，世界知识出版社，2010，第7页；李新烽：《非洲华侨华人数量研究》，广东侨网，http://www.qb.gd.gov.cn/dzkw2010/hqyhr/4344/201307/t20130717_401700.htm。

的观察，非洲的华侨华人数量应该远超100万人，恐怕要达到200万人左右。究竟以谁的观点为准，由于缺乏客观的、可靠的、精确的数据来源，很难下一定论。

（一）2018年我国对非劳务输出有企稳的迹象

2015年、2016年，我国对外劳务派出人员数量连续两年减少。2016年，我国对外劳务合作派出各类劳务人员49.4万人，较2015年同期减少3.6万人；其中承包工程项23万人，劳务合作项26.4万人。从统计数据看，下降的主要原因是安哥拉、阿尔及利亚等部分承包工程国别市场和日本等劳务市场受各方面因素影响，派遣人数和在外人数均有较大幅度的下降。2016年我国派往非洲的劳务人员数量较2015年减少3.2万人，其减少额度占我国对外劳务派出人员减少总额度的88.89%。[①]

2017年我国对外劳务输出止跌回增，共派出各类劳务人员52.2万人，较上年增加2.8万人，增幅达5.7%。其中承包工程项22.2万人，同比派出规模有所下降；劳务合作项30万人，同比派出规模有所上升。2017年末我国在外各类劳务人员97.9万人，较上年增加1万人，增幅为1%。[②] 与我国对外劳务输出总体情况不一致的是，2017年我国对非劳务输出依然处于萎缩状态。2017年建筑业在外劳务人员共42.5万人，相比2016年的45.1万人减少2.6万人。其中在非洲的劳务人员有16.73万人，同比减少3.13万人，其减少人数超过整个建筑业减少的人数。[③] 阿尔及利亚和安哥拉是我国对非乃至整个对外劳务输出的重镇。2017年累计向阿尔及利亚派出各类劳务人员21151人，与2016年的29931人同比下降幅度较大；在阿人数从9.16万人降至6.15万人，降幅近33%。[④]

① 文月：《2016年中国对外劳务合作发展述评》，《国际工程与劳务》2017年第3期。

② 王胜文、房秋晨主编《中国对外劳务合作发展报告（2017~2018）》，中华人民共和国商务部、中国对外承包工程商会印，2018，第7~8页。

③ 王胜文、房秋晨主编《中国对外劳务合作发展报告（2017~2018）》，第11页。

④ 王胜文、房秋晨主编《中国对外劳务合作发展报告（2017~2018）》，第8~9页。

2017 年工程项下我国向安哥拉派出劳务人员 7379 人，相比 2016 年的 5542 人有一定幅度增长，年末在安 16872 人，相比 2016 年末的 19398 人有所下降。当年累计向安派出各类劳务人员 10301 人，年末在安各类劳务人员25567 人。①

到 2018 年，中国对非劳务输出止住了下跌趋势。当年累计向阿尔及利亚派出各类劳务人员 22568 人，同比有所增加；年末在阿各类劳务人员 60220 人，同比降幅微小。同年累计向安哥拉派出各类劳务人员 9377 人，同比有所下降；年末在安各类劳务人员 27222 人，同比有所增加。②

总体来看，近年来我国对非劳务合作派出人员规模基本上处于收缩状态。与此相反，自费人员的数量则有可能增加。随着中非合作向广度和深度发展，以及“一带一路”建设的大力推进，中国对非贸易和直接投资数额虽有所反复，但总体呈现出扩大的趋势。而中非贸易和中国对非洲直接投资规模的扩大与相应行业在非华侨华人数量的增加存在某种程度的正相关性。不仅如此，这些年中国对非贸易和投资结构正在发生细微的变化，而贸易和投资结构的变化则可能会导致在非华侨华人所从事的行业和职业构成发生相应的变化。

（二）2018年中非贸易额与中国在非投资额进一步增长

据南非国家税务局统计，2018 年南非与中国双边货物进出口额为 257.8 亿美元，增长 7.8%。其中，南非对中国出口 86.6 亿美元，下降 0.1%，占南非出口总额的 9.2%；南非自中国进口 171.2 亿美元，增长 12.4%，占南非进口总额的 18.3%。南非对中国的贸易逆差为 84.6 亿美元，增长 28.9%。③ 南非自中国进口的主要商品为机电产品、纺织品和贱金属及制

① 王胜文、房秋晨主编《中国对外劳务合作发展报告（2017～2018）》，第 17 页。

② 《2018 年中国对外劳务合作行业发展述评》，江苏进出口商会网站，http://www.jccief.org.cn/v-1-12527.aspx。

③ 《2018 年 12 月南非贸易简讯》，商务部网站，https://countryreport.mofcom.gov.cn/new/view110209.asp?news_id=63052。

品，2018 年进口额分别为 80.2 亿美元、15.7 亿美元和 13.6 亿美元，分别增长 13.8%、9.8% 和 7.5%，三类产品分别占南非自中国进口总额的 46.9%、9.2% 和 7.9%。除上述产品外，化工产品、塑料橡胶和家具玩具制品、鞋靴等轻工产品也是南非自中国进口的主要大类商品（HS 类），在其进口中所占比重合计为 20.9%。①

据摩洛哥统计局公布的统计数据，机电产品、纺织品及原料是摩洛哥自中国进口的前两大类商品，2018 年进口额为 19.9 亿美元和 8.4 亿美元，分别占摩洛哥自中国进口总额的 39.5% 和 16.7%，增长 21.1% 和 21.8%。机电产品中，电机和电气产品进口额为 12.6 亿美元，机械设备进口额为 7.3 亿美元。摩洛哥自中国进口额占比超过 5% 的其他商品还有家具玩具、贱金属及制品，2018 年进口额分别为 5.9 亿美元和 3.1 亿美元，占摩洛哥自中国进口总额的 11.8% 和 6.1%。中国是摩洛哥机电产品、纺织品及原料、家具玩具和鞋靴伞等轻工产品的第一大进口来源地，分别占摩洛哥同类产品进口市场份额的 19.7%、22.8%、36.9% 和 44.1%，中国产品的主要竞争者是西班牙、斯洛伐克和美国等国家。②

2018 年中国出口商品结构进一步优化，机电产品、高新技术产品出口好于劳动密集型产品，为外贸增长提供了强大动力，也更好地支持了国内创新发展。

从存量看，截至 2017 年末，中国企业在非洲地区的 52 个国家开展了投资，投资覆盖率为 86.7%，主要分布在赞比亚、尼日利亚、埃塞俄比亚、南非、肯尼亚、坦桑尼亚、加纳、安哥拉、乌干达等国。中国对非直接投资行业领域继续拓宽，行业仍保持相对集中。2017 年，中国对非洲地区的投资存量主要分布在 5 个行业领域，依次为建筑业（29.8%）、采矿业（22.5%）、金融业（14.0%）、制造业（13.2%）及租赁与商务服务业

---

① 《2018 年南非货物贸易及中南双边贸易概况》，商务部网站，https://countryreport.mofcom.gov.cn/record/view110209.asp?news_id=63034。

② 《2018 年摩洛哥货物贸易及中摩双边贸易概况》，商务部网站，https://countryreport.mofcom.gov.cn/record/view110209.asp?news_id=63441。

(5.3%)。建筑业及采矿业仍继续保持前两名。其中，建筑业占比比上年提高1.5个百分点。金融业增速加快，占比提高2.6个百分点。上述5个行业投资存量合计为367.4亿美元，所占比重高达84.8%。①

（三）非洲的中国移民出现了新现象

非洲这片古老的土地正焕发出蓬勃的生机，散发着迷人的魅力。越来越多的中国人正在或准备前往非洲，这其中不乏90后的身影。在前往非洲的国人中，有一类人非常特殊，其出国的动机与其他人不同。其中，有人到非洲从事环保工作，有人到非洲支教，还有人自发地到非洲教对外汉语，姑且将这类中国移民概括为追求实现自我价值的人，这是一种新的移民现象。与此同时，一些国家（如冈比亚、安哥拉、赞比亚、坦桑尼亚、津巴布韦等）为了发展旅游业、吸引外国投资，实施了更为便利的签证政策，中国人能够较为容易地进入这些国家。

还有一类移民，即中转移民也值得注意。中转移民大致可分为两种，一种是以欧洲某国为目标，但因达不到该国移民要求，暂时移民到该欧洲国家前殖民地非洲某国。由于该两国特殊的关系及特殊的移民制度安排，拿着非洲国家的签证，可以非常方便地多次出入该欧洲国家，今后正式移民到该欧洲国家也要容易得多。相对于前者从中国到非洲国家再到欧洲国家（中国—非洲国家—欧洲国家）的移民形式，还有一种中转移民形式乃是中国—非洲某国—中国。近年来，中国加强与非洲国家的教育交流，由中国政府出钱，中国高校出力，以非常优厚的条件和非常低的入学资格要求吸引非洲人到中国留学。这就为一些国人提供了可乘之机，有些非洲国家移民门槛很低，这些国人只要拿出几万美元，就可以将自己的子女变换国籍，再通过一定渠道，这些国人的子女就可以非洲人的身份到中国“留学”。这实质上是一种特殊的“寻租”行为，国家有关部门理应在制度设计和执行层面杜绝这种行为。

---

① 王胜文、顾大伟、邢厚媛主编《中国对外投资发展报告2018》，中华人民共和国商务部，第68~70页。

二　非洲侨情动向

（一）习近平访非、出席金砖国家峰会推动中非合作向纵深发展

2018 年 9 月 3 ~4 日，中非合作论坛北京峰会举行。会议期间，习近平主席明确宣布中国的“五不”政策，并提出未来 3 年和今后一段时间内重点实施产业促进、设施联通、贸易便利、绿色发展、能力建设、健康卫生、人文交流、和平安全“八大行动”。这次盛会为打造中非命运共同体擘画新蓝图，推动“一带一路”建设同非洲各国发展战略深入对接，为中非合作拓展广阔空间，为深化中非互利合作激发了新动力。

2018 年 7 月 19 ~29 日，国家主席习近平应邀对阿联酋、塞内加尔、卢旺达和南非进行国事访问，在南非约翰内斯堡出席金砖国家领导人第十次会晤，并过境毛里求斯进行友好访问。此次非洲之行共签署约 40 项合作协议，包含许多造福双方人民的大项目。此次访问，打开了中非关系和南南合作的新局面，使得中非合作更富成效、更加务实、更为惠民，是“一带一路”和人类命运共同体建设的新实践。

（二）华人资本、中资企业开始投入非洲高新经济领域

有资料显示，过去 10 年，中非关系发展迅猛，双边贸易额年增长 20%，中国对非直接投资年增长约 40%。在非华人企业广泛涉足服务业、贸易、建筑业、房地产业、采矿业、交通工程、制造业等诸多领域。最近两年，华人资本已开始在非洲投资高端消费产业和新技术、新经济领域。

当前非洲大陆的电商业务正迅速发展，无论是消费者的消费额还是生产者的销售额都在快速增长。以阿里巴巴为代表的中国电商平台在促进中非市场互通有无、完善电商基础设施建设上发挥着重要作用。以阿里巴巴国际站为例，在非洲的交易额 2016 财年、2017 财年和 2018 财年分别增长了

188%、389.9%和62%。其中大部分来自非洲的“枢纽经济体”，即南非、尼日利亚、肯尼亚、埃及、摩洛哥、加纳、埃塞俄比亚、苏丹和阿尔及利亚。尽管起步的基数相对较小，增长的速度却表明电商实现爆炸式增长的条件已经成熟。2018 年 12 月底，华为旗下云服务品牌“华为云”在南非正式上线提供云服务。“华为云”是全球首个在非洲用本地数据中心提供服务的公有云服务提供商。

2018 年 8 月 8 日，马云公益基金会在南非约翰内斯堡宣布出资 1000 万美元成立“非洲年轻创业者基金”，以创造更多的就业岗位，促进社区经济发展，帮助非洲年轻人实现梦想。按计划，从 2019 年起，马云公益基金会将连续十年每年面向非洲全境举办选拔赛，每届选拔赛选出 10 位优秀青年创业者，共享 100 万美元奖励。此外，阿里巴巴还将为这些优胜者提供相关培训、导师资源、平台资源及后续项目支持等。9 月 14 日，以北京矿冶科技集团为中方执行单位，以南非国家矿业技术研究院、林波波大学、开普敦大学等机构为南方执行单位的中国与南非首个联合研究中心——中南矿产资源开发利用联合研究中心在南非国家矿业技术研究院揭牌。该中心将致力于加强中南在采矿、选矿、环保、能源和材料等领域的学术交流与人才互访，共同促进联合研究和成果转化，推动两国矿业领域的科技创新合作。这是中南科技合作探索出的新模式。

尽管非洲仍属欠发达地区，这几年经济发展遇到各种各样的困难，但其高端消费市场发展前景还是受到一些资本的青睐。6 月 6 日，中企广德国际旗下的 GUDE 家居商城在安哥拉罗安达正式开业。GUDE 家居商城面积达 2 万平方米，内设 3000 平方米的精品家具店，主要产品是高端的客厅和卧室家具，目标服务对象为安哥拉高端客户群。由于安哥拉有 2800 万人，而且人口仍然在持续快速增长，未来中产阶级的壮大，将催生出一个建筑和家具的繁荣市场。

（三）人民币在非洲正获得越来越多的认可

国际货币基金组织（IMF）发布的数据显示，2018 年第四季度全球的央行外汇存底中，美元从 2000 年的 72% 下降到 61.7%，降至 2013 年以来的最低水平，反观人民币占比则逐渐上升，首次超过加元，跻身前五位。

近年来，伴随着中非经贸合作不断深化，人民币以其便利中非贸易与投资、优化外汇储备结构、稳定金融体系等多方面优势，日益受到非洲各国重视。在一个区域经济与货币政策研讨会上，来自津巴布韦、肯尼亚、赞比亚、纳米比亚、卢旺达、博茨瓦纳等 14 个非洲国家的央行和财政部官员建议考虑将人民币作为储备货币，并扩大人民币在区域内乃至整个非洲的使用范围。据了解，卢旺达等国已将人民币纳入外汇储备，南非、尼日利亚等国也与中国签署了本币互换协议。而肯尼亚、津巴布韦、博茨瓦纳等国对把人民币作为储备货币或结算货币表现出浓厚兴趣。

业内人士认为，将人民币列为储备和结算货币，对吸引更多中国投资和稳定区域内金融安全都有不同程度的利好。长期来看，人民币“入非”是大势所趋。中国银行内罗毕代表处业务经理祝永凯分析，目前非洲国家的国际结算多以美元为主，但与美国直接贸易并不多，与中国的贸易总量更大。将人民币纳入其“货币篮子”，既有利于降低交易成本，也有利于其金融安全。中国银行坦桑尼亚代表处负责人李峰认为，人民币纳入非洲国家储备货币的潜力主要来自三个方面：一是中非双方贸易互补性很强，非洲国家对人民币的接受能力较强；二是由于中国市场是非洲资源型产品的一大出口地，中国对非贸易逆差成为输出人民币的有利条件；三是非洲不少国家基础设施建设和工业化资金短缺，需要来自中国的资金支持，这也成为人民币“入非”的重要切入点。

一些官员和专家学者也表示，目前在绝大多数非洲国家，人民币在储备和结算领域尚有很大的开发空间，建议可将对非投资与人民币国际化结合起来，把人民币结算作为一个选项，继续签署货币互换协议、推动人民币直接兑换和挂牌交易、推动大宗商品人民币定价，加快中非金融合作，让更多非洲国家及其机构对人民币更熟悉、更信任。

（四）中非文化交流呈现出一些新现象

2018 年驻非各国使领馆、在非中资企业、各华侨华人社团和国内有关部门、社会团体均从事了大量中非文化交流的工作，在一定程度上促进了非洲人民对中国的了解，促进了中华优秀传统文化在非洲的流传，促进了中国声音的传播。近几年，在中非文化交流过程中出现了一些新现象很值得重视，也值得推广。

1. 本地汉语专业人才，尤其是本地汉语教师培训达致初步成果

近年来，随着中非关系的深入发展，尤其是经贸、教育、文化领域的交流合作日益加强，非洲大陆正在掀起“汉语热”。2005 年，肯尼亚内罗毕大学开设了非洲第一所孔子学院。截至 2018 年 5 月，非洲有 41 个国家共设立了 54 所孔子学院和 30 个孔子课堂，累计培养各类学员 140 多万人。在中国赴非外派教师数量逐年递增的同时，非洲本土汉语教师的培养，成效同样显著，其培养途径目前有两种：一是开设汉语师范专业，二是赴中国国内高校进行专业培训。以喀麦隆为例，从 2008 年开始，雅温得第二大学孔子学院就与喀麦隆的马鲁阿大学签署合作协议，在马鲁阿大学高等师范学院开设中西非地区首个汉语师范本科专业。2012 年，首批汉语师范专业的学生顺利毕业，他们被派往喀麦隆的中学任教，成为喀麦隆首批成建制的本土汉语教师。从 2008 年至今，马鲁阿大学汉语师范专业教学点已培养了 222 名本土汉语教师，其中绝大多数已成为喀麦隆各中学的本土汉语教师，也有小部分到中国留学深造，回国后成为培养本土汉语教师的老师。浙江师范大学孔子学院非洲研修中心从 2016 年开始，每年暑期都设立喀麦隆本土汉语教师培训班，每一期 30 人左右，目前已培训近 100 名喀麦隆本土汉语教师。

另外，在中国的帮助下，埃塞俄比亚将中文教学纳入大学课程，亚的斯亚贝巴大学还与孔子学院合作，开设了中文教学专业。

2. 中国研究走进非洲大学，中非教育合作走向深入

2018 年 5 月 15 日，坦桑尼亚达累斯萨拉姆大学举行中国研究中心揭牌仪式，该中心的主要任务是深入研究中国外交政策，学习借鉴中国改革开放

的成功经验；深入研究中国儒家思想和传统文化，探究促进中国经济发展的文化因子，为坦桑尼亚经济发展和中坦合作提供智力支撑。达累斯萨拉姆大学中国研究中心是非洲第三个、东非首个专门研究中国和中非关系的学术机构，得到桑给巴尔前总统卡鲁梅、坦桑尼亚前总理平达的关心和支持，吸引来自坦大学、学术机构、坦中友协、私营企业基金会、媒体等多位对华友好的社会名人加入。达大经济学系资深教授汉弗莱·莫希任中心主任。11 月，南非约翰内斯堡大学非洲—中国研究中心在约翰内斯堡举行成立仪式，该中心将致力于研究非中关系，将主要基础设施建设项目、“一带一路”建设、第四次工业革命、民间交往和双边关系作为重点研究对象。

8 月 22 日，“中南传媒援南苏丹教育项目教材交付暨结项仪式”在第 25 届北京国际图书博览会上举行。援南苏丹项目是中国第一个文化援外项目，中南传媒则是中国第一个在他国搭建教育体系的出版集团。南苏丹成立于 2011 年，由于历经战乱，国内教育事业亟待振兴。援南苏丹项目包括顶层教育规划、教材开发、教师培训、ICT 教师培训中心建设和教材印刷五大板块，目的在于为南苏丹建立现代化的完整教育体系，满足南苏丹人民对教育的渴求。项目自 2017 年 1 月正式启动以来，历时 20 个月，此次教材交付标志着项目全部内容完成，援南苏丹项目顺利结项。

3. 中国影视剧被引入非洲

2018 年 3 月 8 日，由环球广域传媒集团主办的流动影院项目之“中国电影走进非洲”活动在南非约翰内斯堡举办。由环球广域传媒集团主办的“非洲万里行”流动影院电影放映工程旨在为非洲各地的人群提供电影放映，进而促进两国民间友好关系。公司设计并定制了专用的移动影院，并结合影院和露天两种形式增强了非洲人民对中国的文化认知。迄今为止，该工程已顺利在赞比亚、坦桑尼亚、博茨瓦纳、纳米比亚、津巴布韦、卢旺达、南非等多个国家展开，并纳入到了中非国际电影节的官方日程中，受到非洲多国官员的高度赞赏及数以万计当地民众的欢迎。9 月 16 日晚，“埃及中国电影展”在开罗拉开帷幕，《狼图腾》《旋风女队》《绣春刀》和《西游记之大圣归来》等中国影片在开罗和亚历山大两地同步上映。4 月 2 日，首届中国影视剧葡萄牙语配音大赛决赛在莫桑比克举行，获胜的10名选手将前往中国，为更多的中国影视作品进入莫桑比克、进入非洲从事配音工作。

4. 一些新的华侨华人社团成立

2018年，非洲一些国家的华侨华人在居住国家分别发起成立了南部非洲华人华侨安全委员会、南非开普敦中国商贸文化交流协会、安哥拉江苏总商会、马里华人协会、赞比亚河南商会、埃塞俄比亚中国和平统一促进会、尼日尔华人华侨联合总会、中非文化交流协会、南部非洲陕西总商会等华侨华人社团。

三　华侨华人在非洲居住、生活、生产经营所面临的问题

华侨华人在非洲居住、生活、生产经营所面临的问题非常多，不一而足。但就总体而言，以下四点应加以重视。

（一）华侨华人仍饱受形象问题困扰

中国、华侨华人在非洲的形象，有两极化的倾向。一种是积极的、正面的形象，持这种印象的以各国政府和部分民众，尤以各国政府为主，他们认为中国人是非洲的老朋友、好朋友、真正的朋友。另一种是消极的、负面的形象。这种形象经别有用心的西方某些国家政府、媒体宣传，又为非洲国家一些政客和部分媒体渲染、扩大而成，受这些媒体的影响，有些非洲人对中国、华侨华人的印象并不是很好。在较为宏观的层面上，这种形象，前期为宣称中国对非洲从事“新殖民”，只注重非洲的矿产资源，近期则为中国的投资会给非洲国家带来沉重的“债务负担”，非洲国家只要接受“一带一路”项目的投资，就会戴上“债务枷锁”，中国可以获取各种经济和政治利益。具体到民众这一微观的层面，其表现非常复杂。

中国、华侨华人之所以给人以这种负面形象，原因很多，归纳起来大概有三个方面。一是华侨华人自身问题，二是中国政府和在非中企工作方式方

法问题，三是外部的扭曲事实的渲染问题。

针对外部的恶意宣传，我国政府、外交部、驻外使领馆和在非中企、华侨华人通过各种渠道、各种方式进行了驳斥，对我友好的非洲各国政府也纷纷发声，这在一定程度上起到了以正视听的作用。2018 年 12 月 13 日，美国总统国家安全事务助理博尔顿声称，赞比亚欠中国 60 亿到 100 亿美元外债，准备以赞比亚供电公司等国有资产偿还债务。12 月 16 日，针对博尔顿的不实言论，赞比亚政府发表声明予以驳斥，要求美国政府撤回相关错误陈述。① 这些努力虽然发挥了一定的作用，但也应该看到，以美国为首的西方国家政府和一些媒体对中国在非洲的投资和援助的恶意中伤将会长期存在，而他们制造议题的能力和影响力也异常强大。

走私象牙、犀牛角等野生动物制品和贩卖假冒伪劣产品是前几年存在于华侨华人社会内影响华侨华人形象的两大重要问题。

物美价廉是中国商品在国际市场上具有竞争力的重要原因，非洲各地出售的中国廉价商品满足了当地低收入人群的消费需求，甚至成为当地低收入人群的“生活必需品”。2018 年 11 月，南非约翰内斯堡警方发起了一场针对假名牌的突袭，包围了一处批量出售山寨货的据点。然而，还没等警方进入大楼，就被突然出现的人群冲散，并遭到袭击。据不完全统计，当天有千余名民众参与了暴乱，并用砖头、木棍等武器对警车“打砸抢”。② 正因为中国商品的廉价及其受欢迎程度，“廉价”就成为中国商品的代名词。再加上部分不法商人贩卖假冒伪劣产品，一些专有的汉语译音就被贴在中国商品甚至在非中国人身上，如赞比亚人曾称中国商品为“fangkang”，津巴布韦人曾叫中国人都为“jing zhong”（疑为“正宗”的谐音）。③ 这一两年中国商品给非洲人的印象虽有所改观，但并未彻底改善，还时有反复。

中国人走私象牙、犀牛角等野生动物制品的事总是被炒得沸沸扬扬的，

---

① 《赞比亚政府驳斥美对中赞关系的不实言论》，搜狐网，http://m.sohu.com/a/282956487_120047394。

② 《南非人酷爱山寨货，为了扫货不惜袭警》，《非洲华侨周报》2018 年 11 月 27 日。

③ 沈晓雷：《试析中国新移民融入津巴布韦的困境》，《国际政治研究》2015 年第 5 期。

在坦桑尼亚、尼日利亚等国机场入境处最醒目的地方曾一度悬挂着以中文书写的“禁止携带购买象牙等野生动物制品”“禁止违法携带坦桑石等宝石”标语。近一两年，中国政府、驻外使领馆、在非华侨华人、华侨社团在杜绝中国人走私象牙、犀牛角等野生动物制品，保护野生动植物方面做了大量工作，也取得一定的成绩，一些国家机场在进出关的时候对中国人不再给以特殊的“照顾”。除此之外，在非中资企业、华侨华人也从事了大量的慈善公益事业，用实际行动回报所在国家和社会，对中国人形象的改善也发挥了一定作用。虽然如此，中国人走私野生动物制品的新闻还是时有报道。

在走私野生动物制品问题趋于改善的同时，在非中国人非法经营、不文明行为的问题存在集中被揭露出来的迹象。2018 年，有关在非中国人其他非法经营和不文明行为的报道要远远多于有关野生动物制品走私问题的报道。有些报道在当地产生了广泛的、极其恶劣的影响。不仅如此，非洲一些国家贪污腐败横行，部分中国人喜欢显富，在许多非洲人眼里，中国人都比较有钱，因此中国人往往成为官方敲诈勒索的对象，中国人非法、不文明行为更为其滥权提供了机会。也就是说，部分中国人非法经营、不文明行为不仅严重损害了中国人的形象，也危害他们自己的生命、财产安全。

（二）治安不靖、政局动荡、政策变化必定给华侨华人生产生活带来不利影响

1. 治安不靖

非洲一些国家的治安状况相当恶劣，针对华侨华人和侨企的抢劫、盗窃、诈骗、杀人案件层出不穷，而这些国家官员、警察又贪污腐败盛行，华侨华人的生命财产安全得不到有效的保障。我驻外使领馆、华侨社团虽然联合当地政府和当地社会，采取了一些措施（如建立警民合作中心，成立保安公司、雇用当地保安等），但效果不是特别明显。可以预见的是，这些国家的治安状况不可能在短期内得到根本改善，有的国家甚至还出现了恶化的情况。

2. 政局动荡

2018 年非洲一些国家政权发生了不正常的更替，个别国家出现政局动荡的局面。随着中非合作的扩大和“一带一路”建设的持续推进，世界上一些大国越来越认识到非洲的重要性，逐渐将目光投向非洲。2018 年 9 月，欧盟委员会主席容克表示，欧盟应该和整个非洲大陆签署自贸协定，并建立新投资联盟。[①] 2018 年初，美日印澳酝酿制订“一带一路”替代方案。[②] 12 月 13 日，美国白宫公布新非洲战略，强调美国利益优先，称将加强与非洲的经贸合作，并会“有选择性”地提供对外资金援助。[③] 同时，俄罗斯通过增加军售、签署安全协议和提供军训项目等，逐渐扩大在非洲地区的影响力。[④] 各大国尤其是西方发达国家将注意力投入非洲，也许能给非洲经济发展提供新的机遇。但也应看到，西方发达国家的方案是带有对抗性质的，对于这一点，他们也不隐晦，他们声称是欲“对抗中国或俄罗斯”。因此，非洲可能会沦为世界各大国的竞逐场，而一些非洲国家内部也存在响应西方抗衡中国的势力，两者交互作用，可能会造成政局甚至社会动荡。2018 年 11 月，赞比亚基特韦发生了一起骚乱，要求政府说明“赞比亚林业公司（ZAFFICO）出售给中国企业”的事实，煽动针对中国人的种族歧视、仇外排外的情绪。[⑤] 而非洲某些国家内部动荡的因素也确实存在。南非是非洲重要国家，是中国开展中非合作、推进“一带一路”建设的重要支点，它甚至关系到中国整个外交布局（南非是金砖国家之一），其对中国的重要性不言而喻。然而，南非自废除种族隔离制度以后，国家、社会治理能力下降，社会治安形势愈加恶化，近几年经济更是每况愈下，同时，南非社会内部民

---

① 《欧盟想和整个非洲签署自贸协定》，《非洲华侨周报》2018 年 9 月 17 日。

② 《美日印澳四国正酝酿“一带一路”替代方案》，搜狐网，https：//www. sohu. com/a/223309001_ 419351。

③ 《美推新非洲战略　强调美国优先》，https：//baijiahao. baidu. com/s？ id = 1619794189177229252&wfr = spider&for = pc。

④ 《俄在非洲扩大军事影响力》，《联合早报》2019 年 4 月 2 日。

⑤ 《基特韦骚乱矛头直指反对党煽风点火，HH 竭力否认却似乎苍白无力》，《非洲华侨周报》2018 年 11 月 8 日。

粹主义也在日益滋长。南非比勒陀利亚大学戈登商学院教授马吕斯·欧修辛对20年后陷入民粹主义的南非做了一个天马行空式的想象，认为南非将陷入分裂。[①] 中国应该时刻关注非洲一些国家的政局变化，做好因应之策，以防对中非合作和“一带一路”建设项目形成严重的冲击。

3. 政策变化

2018年4月，南非决定将增值税从14%上调至15%，这是1994年南非第一次民主选举以来首次调整增值税，上调增值税的决定遭到反对党民主联盟（DA）及各大民间组织的反对。南非政府上调增值税的原因是南非的财政预算有着482亿兰特（约240亿元人民币）的缺口，而税务局（SARS）又无法完成征税指标。2月25日，坦桑尼亚政府决定严厉打击矿产品走私违法犯罪行为。采矿业占坦国民收入的4.3%，在坦经济中具有举足轻重的作用。早在2017年坦桑尼亚就通过了航运代理法，决定自2019年3月4日起，坦境内所有矿物及其浓缩物、采矿机械和其他设备、武器和弹药、活体动物等敏感物品的进出口事宜均由坦桑尼亚国有航运代理集团（Tasac）负责，其他单位或机构不得从事相关业务。

（三）非洲国家的工业化进程得益于中国，在未来有可能对中国相关产业构成挑战

目前，非洲正行进在工业化的道路上。一些非洲有识之士呼吁学习中国的发展经验和发展模式，有些非洲国家已开始学习中国，设立经济特区，实行对外开放。事实上，中非合作和中非贸易、中国对非投资的持续扩大也显著加速了非洲工业化进程，“一带一路”建设深入对接非洲，将为非洲实现共同发展提供重要机遇。

现在，非洲的经济、非洲的制造业还很弱小，还远远不能构成对中国的威胁，但已有迹象开始显露，中国的一些产品、一些产业在将来或有可能会受到来自非洲的挑战。

---

① 《20年后，民粹主义的南非可能会是这样》，《非洲华侨周报》2017年12月31日。

在南非 SPAR 连锁超市里，曾出现一款瓶身设计“非常夺人眼球”的矿泉水，该矿泉水取名为“这水不是中国造”。这虽给人一种哗众取宠的印象，但也反映了南非部分人的心声，他们要推出自己民族品牌的矿泉水，以与中国产的矿泉水竞争。非洲国家推动国家工业化最终目的还是发展自己国家的经济，发展自己国家的工业，在这个过程中解决就业问题。非洲的本地企业也会努力加入国家工业化进程中，在推动国家工业化的同时获得自身的发展。2018 年 1 月，坦桑尼亚私营部门基金会执行董事高弗雷·辛贝耶与坦国家商业委员会高管以及坦工业、贸易和投资部常秘加布里埃尔教授在达累斯萨拉姆进行会谈，辛贝耶呼吁政府尽快实施监管许可改革制度，同时加快制定国家工业化准则，以有利于私营部门更好地加入国家的工业化发展进程中。在这个过程中，非洲一些国家也会适时制定并提高产品标准，以加强有关产业的竞争力。如 2018 年 1 月，赞比亚政府在欧盟的赞助下，启动项目，向既定农业领域如乳品加工业、水产养殖业、水稻和菠萝种植附属产业的养殖户传授专业知识，培养能力，使其产品达到国内和国际标准。

非洲的对外开放并不仅仅是面向中国一国。在非洲市场上，中国正面对着来自世界其他各国的竞争，有非洲内部的，也有非洲外部的。

在非洲内部，非洲各国加快一体化进程的同时，次区域组织（如东非共同体、南部非洲共同体等）、国与国之间也加强了贸易、投资、经济联系。如赞比亚与刚果（金）正在实施东南非共同市场针对小规模贸易商的简化贸易制度，并计划在两国的边境卡松巴莱萨建立一站式边境口岸。2017 年，赞比亚出口到刚果（金）的各种产品总额达 5. 35 亿美元，赞比亚从刚果（金）的进口额由 2016 年的 9. 88 亿美元增长到 2017 年的 18 亿美元。赞比亚商业、贸易与工业部部长克里斯托弗·亚卢马认为，这得益于两国间商业合作的增多。①

非洲外部方面，欧美、日本、印度、中东富裕国家和新兴国家也纷纷前

① 《以合作促发展，赞比亚与刚果（金）加强贸易联系》，《非洲华侨周报》2018 年 6 月 10 日。

来投资。近年来，一些媒体的报道给人一种印象，似乎中国“垄断”了对非洲投资。但根据让-米歇尔·约特的研究，海外对非投资可分为三大类，一是主权基金和国际组织名义的投资，二是国家名义的投资，三是商业性投资。中国的投资只是在第二类投资中表现得较为活跃。在第一类投资方面，美、英、法、日等工业化国家仍占据很大份额，其他一些新兴国家（如巴西、印度及马来西亚等）的主权基金也十分活跃，沙特阿拉伯和阿联酋等“海合会”国家的主权财富基金也不容忽视。第三类投资方面，目前占支配地位的，仍然是来自发达国家的跨国企业和商业财团等，其投资范围覆盖非洲诸多关键经济领域，而在这类投资方面，中国企业和品牌还是后来者。① 津巴布韦是非洲国家中最先提出并贯彻“向东看”政策的国家。2018年6月，津巴布韦总统埃默森·姆南加古瓦表示津巴布韦不仅要“向东看”，还欢迎来自世界各地的投资者。在非洲这个巨大的市场中，中国的投资必将面临来自其他国家和地区投资越来越大的竞争和挑战。不仅如此，近些年来，中国一直是非洲最大的贸易国，也是非洲许多国家的主要贸易伙伴，不过，在个别国家中国的贸易地位已经发生变化。2018年，坦桑尼亚的对外贸易出现了重大变化，出口到欧盟、中国、印度、日本和中东北非等传统贸易伙伴的货物出现了下滑，相反，坦桑尼亚出口到赞比亚、肯尼亚及土耳其的货物出现了大幅增长，主要贸易伙伴出现了新老交替。②

可见，中国投资、中非贸易只是非洲所吸收的外资和对外贸易的一部分，它并不足以“殖民非洲”，“殖民非洲”只是西方国家无端制造的别有用心的一套话语。中国投资只能在推动非洲经济、产业发展中起到某种独特作用。反过来，当非洲经济真正发展起来时，恐怕会与中国相关产业形成某种竞争格局。如今，在非华商面对着两种竞争的压力，一种是华商内部的竞争，华商内部同质化比较严重；另一种是与发达国家商人的竞争，在非洲终

---

① 《“中国垄断对非洲投资”吗?》，《深圳特区报》2014年12月29日。

② 《坦桑对外贸易现重大变化，主要贸易伙伴开始新老交替》，《非洲华侨周报》2018年10月6日。

端消费市场上，相对而言，华商大多提供的是低端商品和服务，而随着非洲经济的发展，非洲富人、中产阶级必将增多，其高端消费市场规模必将扩大。随着非洲经济的发展，在非侨资产业，除了要面对内部竞争、西方商人投资竞争外，还要面对来自非洲本地的产业竞争（很可能会经历从进口替代竞争到出口替代竞争的转变），华商、相关产业如何自处，很值得国家有关部门、研究机构、华商自身关注。

大洋洲篇

Oceania Reports

B.9
大洋洲侨情分析

乔印伟*

摘　要： 大洋洲华侨华人主要集中在澳大利亚和新西兰两个国家，华侨华人共有140多万，此外还有10多万人分布在南太平洋岛国。近年来，中国在大洋洲投资持续增加，成为大洋洲重要投资来源国。中国人成为澳大利亚和新西兰旅游市场和海外房地产市场的重要消费群体，也是澳新两国最重要的外国留学生来源国。2018年是华人抵澳200周年，全澳各地通过各种形式纪念华侨华人为建设澳大利亚做出的巨大贡献。新西兰首发"中国印象"报告，希望增加中新贸易。2018年，新西兰"汉语热"升温，学习人数创新高。受国际形势影响，澳新两国移民政策收紧，申请费用提升，拒签率普遍提高，

* 乔印伟，中国华侨华人研究所副研究员，主要研究方向为华侨华人、华文教育。

移民接收量大幅减少。澳新两国也泛起一些反华言论，但遭到各方的批驳。2018 年习近平主席对巴布亚新几内亚进行国事访问，同建交太平洋岛国领导人会晤，进一步加强了中国与南太平洋岛国的关系。

关键词： 华侨华人　大洋洲　南太平洋岛国　澳大利亚　新西兰　巴布亚新几内亚

大洋洲位于太平洋中部和中南部的赤道南北广大海域中，有 25 个国家和地区，各地经济发展水平差异显著。澳大利亚和新西兰经济发达，其他岛国多为农业国，经济比较落后。工业主要集中在澳大利亚，其次是新西兰。2018 年 11 月 15 日，国家主席习近平对巴布亚新几内亚进行国事访问，同建交太平洋岛国领导人会晤，出席亚太经合组织第二十六次领导人非正式会议，进一步推动了中国与大洋洲关系的发展。

大洋洲华侨华人主要集中在澳大利亚和新西兰两个国家，两国有 140 多万华侨华人。华侨华人活跃于澳新两国的各个领域，在商业等多个领域取得骄人成绩。近年来，中国在澳新投资持续增加，成为两国的重要投资来源国；中国人成为澳新旅游市场的重要消费群体；在房地产领域，中国居民是澳新两国最大海外房地产买家。中国是澳新两国最重要的外国留学生来源国。2017 年，在新西兰注册的中国留学生总人数超过 4 万人，在澳的中国留学生超过 11 万人，约占两国国际学生总数的 1/3。近年来，受国际形势的影响，两国移民政策收紧，申请费用提升，拒签率普遍提高，移民接收量大幅减少。受美国反华的影响，澳新两国也泛起了一些反华言论，遭到了各方的批驳。

澳大利亚侨情

澳大利亚是移民国家，奉行多元文化。一项对全球近 140 个国家接纳移民态度的调查显示，澳大利亚高居第六位，位于冰岛、新西兰、卢旺达、塞拉利昂和马里之后。2018 年度社会凝聚力测验报告结果显示，超过 82% 的澳大利亚人喜欢移民。2018 年《世界幸福报告》（World Happiness Report）中，澳大利亚居“世界最幸福国家”榜单第十位。

澳大利亚划分为 6 个州和两个地区。6 个州分别是新南威尔士、维多利亚、昆士兰、南澳大利亚、西澳大利亚、塔斯马尼亚；两个地区分别是北方领土地区和首都地区。澳大利亚有多个城市被评为世界最宜居城市。澳大利亚一半的人口集中在悉尼和墨尔本。澳大利亚有 2520.9 万人（2019 年 1 月），74% 为英国及爱尔兰裔，5.6% 为华裔，2.8% 为土著人口。年均人口增长率为 1.6%，略高于全球的 1.2%。到澳大利亚的外国人中，中国人最多，来自印度和菲律宾的人口也在持续增加；相反，英国人和新西兰人的占比则呈下降趋势。2017 年澳大利亚华人总数约为 121.4 万人。其中 33% 的中国移民住在维多利亚州，其中 1/3 英语水平较差。

2018 年是华人抵澳 200 周年，全澳各地通过各种形式举行纪念活动，纪念华侨华人为建设澳大利亚做出的巨大贡献。2018 年，中国人在澳大利亚的投资在各国中最多，占全球投资的近 1/4。中国人是澳大利亚旅游市场的最大消费群体和地产领域的最大外资来源地。中国留学生数量占在澳国际学生总数的 30%。2017 ~ 2018 财年澳大利亚移民接收量大幅减少，但国际学生人数较前一年增长 10%。“汉语热”在澳大利亚持续升温。受国际移民环境的影响，澳大利亚移民政策收紧，申请费用提升，但澳大利亚也推出部分签证试点，吸纳特需人才。

一　中澳关系

（一）中国人在澳投资最多

中国人在澳大利亚的投资是各国中最多的，2017 年达 388.7 亿澳元，占全球投资的近1/4，但投资额已较前一年减少近两成。[①] 居第二位的美国投资额为264.5亿澳元，减少了45亿澳元。居第三位的加拿大，投资额增加了75亿澳元，达到231.9亿澳元。

（二）中国人是澳大利亚旅游市场最大消费群体

2018年访问澳大利亚的国际游客消费了432亿澳元，打破了历史纪录。中国仍是澳大利亚最大的游客来源国，中国人依然是澳大利亚旅游市场最大的消费群体。澳大利亚旅游业公布的数据显示，截止到2018年9月的12个月内，澳大利亚的国内外游客一共消费了1135亿澳元，其中国内游客消费703亿澳元，海外旅客消费432亿澳元，比前一年同期增加了5%。2018年赴澳海外游客为840万人，其中130万人是中国人，增加了8%。[②] 日本排在第二位，赴澳日本游客人数增加到41.9万人，增加了6%。印度排在第三位，印度游客为32.4万人，增加了20%。

（三）中国是澳大利亚房地产领域最大的外资来源地

2016～2017年，中国依然是澳大利亚房地产领域的最大外资来源地，外资总量远远领先于排名第二的加拿大。其他主要来源地有美国、新加坡和马来西亚。2016～2017年，澳大利亚的住房审批数量减少到13198笔，减少了67%，减少的部分原因是中国人的需求下降。住房审批金额下滑了184亿美元，下滑率高达65.2%。2018年前两个季度，澳大利亚房地产搜索量比2017年同期平均增加了7.2%。

（四）中国留学生数量占在澳国际留学生总数的30%

2017年至2018年，共有187547名中国学生赴澳留学，他们共为澳大利亚带来了超过100亿澳元的经济收入，几乎是320亿澳元教育产业

① 〔澳大利亚〕《星岛日报》2018年5月31日。
② 〔澳大利亚〕《星岛日报》2019年1月11日。

总收入的1/3。[①] 与此同时，中国留学生的数量占国际留学生总数的30%。

（五）澳大利亚反华言论遭到批驳

2017年，澳大利亚查理斯特大学教授汉密尔顿（Clive Hamilton）写了一本名为《无声的入侵：中国如何把澳大利亚变成木偶国》（*Silent Invasion: How China Is Turning Australia into a Puppet State*）的书，详述了所谓中国影响力“渗入”澳大利亚。但澳大利亚出版商取消了该书的出版。2018年2月28日，澳大利亚学者理查森（Graham Richardson）在《澳大利亚人报》发表文章，批驳了作者汉密尔顿的观点，表示把中国视为“敌人”的想法简直是疯了。澳大利亚政界、商界和学术机构也纷纷发声，批评该书恶意炒作、捕风捉影、信口胡说，谴责作者不惜毒化澳中关系以博人眼球。中国外交部发言人华春莹表示，个别人对中国的恶意炒作和抹黑攻击毫无意义和价值。5月2日，澳大利亚中国中小企业协会创始人兼会长戴维·托马斯说，澳大利亚有一些民粹主义政治家正在利用“中国恐吓”战术为自己赢得选票，这样做的目的是激起仇恨和造成分歧，这是不负责任的愚蠢行为，会将整个国家置于危险之中。

二 移民概况

（一）2017~2018财年澳大利亚移民接收量大幅减少

近20年来，澳大利亚永居移民的主要来源国发生变化，从大多移民来自英国、南非等地，变为来自中国及印度。1996年至2016年，澳大利亚人口增长了600万人，其中75%的人口增长集中在首府城市。同一时期，移民对澳大利亚总人口的增长发挥了重要作用，其贡献率高达54%。

① 中国新闻网，2018年10月18日。

尽管自2012～2013财年以来，澳大利亚移民计划配额一直为19万个，但2016～2017财年的实际接收量降至18.3万个，2017～2018财年澳大利亚实际的年接收量下降至16.3万人。其中技术移民项目引入的移民仅达到111099人，减少了12468人。① 抵澳后六个月普通技术移民的失业率已经从2009年的12%飙升至2011年的22%。家庭移民项目，尤以配偶签证下跌最大，比2016～2017财年下跌了15%，降至47732人。2017～2018财年，获得澳大利亚公民身份的人数跌至80562人，是2002～2003财年以来从未有的低位。截至2018年6月30日，共有244765人正等候处理他们的申请，申请公民身份的人要等上17～19个月才能获得申请结果。2017～2018财年人数的减少，原因在于采取了新的移民诚信措施，导致移民欺诈大幅减少。

（二）国际学生人数较前一年增长10%

2017～2018年来澳的236733名净海外移民中，留学生占比达到破纪录的44.3%，即104872人。据统计，留学生产业每年为澳大利亚经济注入320亿澳元。2017年，澳大利亚教育出口总价值达到309亿澳元。② 2018年6月30日，澳大利亚留学生数量已达到486934人，较前一年增长10%。报告显示，半数留学生来自中国、印度、尼泊尔和巴西4个国家。2017～2018年，在澳的中国学生达到112297人，同比增长7.8%。2018年7月至12月，有近19万外国学生申请澳大利亚留学签证，比2016年同期劲增14.1%。其中来自印度的申请者剧增32%，来自中国的申请者亦增长13%。尼泊尔则超过巴西，成为第三大留学签证申请来源国，猛增46%，接近1.2万人。

（三）重大投资者签证批准率放缓

澳大利亚重大投资者签证（Significant Investor Visa，SIV）自从2012年

---

① 澳洲网，2018年7月16日。

② 〔澳大利亚〕《前驱太阳报》2019年1月16日。

启动以来，约有 87% 被授予中国公民。SIV 项目主要是为了吸引富裕的中国移民，允许在澳大利亚某些“符合规定的投资”中投入 500 万澳元的外籍公民获得为期四年的居留权。在前三年，近 900 份 SIV 签证以每月 28 份的速度获得批准。2015 年 7 月起引入限制措施，强制申请者进行风险投资，并且不得投资政府债券。2015 ~ 2016 财年，核准的签证数量上升至每月平均 46 份。但 2016 ~ 2017 财年的签证批准率明显放缓，平均每月 34 份左右。而在 2017 ~ 2018 财年的头七个月里，授予的签证数量已经下降到不到 100 份，平均每个月只有 13 份。

（四）持过桥签证的未来移民人数创下历史新高

在移民申请个案接受审查期间，持过桥签证的未来移民人数创下历史新高。过桥签证允许一个人在申请技术、家庭或庇护签证的过程中可以合法地留在澳大利亚。过桥签证的人数是衡量已经居住在澳大利亚的外国人（以及各种类型）的签证需求与部门供应之间差距的指标。2018 年 3 月前的 9 个月里，过桥签证数量从 137400 份增加到 194900 份。来自中国和印度的申请人受到的影响最大。在个案接受评估期间，持过桥签证的中国人在过去 9 个月中从 14100 人增加到 29200 人，而持过桥签证的印度人从 16700 人增加到 28200 人。

数据显示，2018 年 1 月澳大利亚有非法移民 6.29 万人，其中 75% 为游客，15% 为留学生，这些人的签证虽然已经过期了，但他们拒绝回国，非法滞留在澳大利亚。在非法滞留人员中，有 1/4 来自中国和马来西亚，有 5170 人来自美国，有 3680 人来自英国。

三　纪念华人抵澳200周年活动

（一）“澳大利亚各界纪念华人来澳200周年大会”

2018 年 5 月 20 日，来自全澳各地、各界、各族裔的代表近 2000 人会聚悉尼市政厅，举行“澳大利亚各界纪念华人来澳200周年大会”，纪念大会由全澳各地280个华侨华人团体共同举办。在“开拓、奋争、多元、共建”4个篇章中，全面回顾澳大利亚华侨华人的光辉历史。[①]

1818年，来自广东的麦世英在杰克逊港下船，成为有记载的最早一批来澳华人移民之一。200年来，华人已经成为澳大利亚的主体民族之一。纪念大会组委会共同主席黄向墨指出，200年来华侨华人与原住民和谐相处，与来自世界各地的其他族裔共同努力，为建设一个繁荣、富足、和谐的澳大利亚做出了巨大贡献。200年来，澳大利亚华侨华人大力弘扬中华优秀文化、优良传统和伟大品格，赢得了澳大利亚其他族裔的认可与尊重，令中华基因成为澳大利亚值得珍惜的精神财富。华侨华人来澳200年，是坚忍奉献的200年，是奋斗开拓的200年，是积极融入的200年，是团结协作的200年。

（二）州议会通过动议，对华人来澳200年的贡献予以高度肯定

2018年5月28日，澳大利亚新南威尔士州议会上议院一致通过动议，对华人来澳200年的贡献予以高度肯定，对全澳280个华人社团共同举办的纪念大会表示高度赞赏。动议指出，根据2016年的统计，超过120万名澳大利亚公民是华裔，占总人口的5%，华人为澳大利亚社会奉献、牺牲、坚守，做出巨大贡献，使澳大利亚社会成为世界上最成功的多元文化社会之一。

（三）“纪念华人抵达澳大利亚200周年系列纪录片”发布

2018年11月20日，中国驻悉尼总领馆举办了“纪念华人抵达澳大利亚200周年系列纪录片”发布会。纪录片一共六集，多角度地展示了200年来华人在澳大利亚努力拼搏、积极融入和贡献当地的精彩历程。[②]

---

① 中国新闻网，2018年5月20日。

② http：//sydney. chineseconsulate. org/chn/zt/hrjn200/。

（四）《澳大利亚华人社区发展报告（2018）》首发

2018 年 11 月 26 日，由澳大利亚华人总工会组织编写的《澳大利亚华人社区发展报告（2018）》一书举行首发仪式。全书近 50 万字，主体部分为英文，对澳大利亚华人社区的家庭构成、教育、就业、投资置业、婚姻、养老、公共卫生、多元文化及社区生活等进行了全面的研究和分析，具有独特的历史意义和社会价值。①

四　华人社会

（一）“汉语热”持续升温

21 世纪以来，澳大利亚“汉语热”持续升温，说汉语的人数不断增多。2016 年，约有 59.7 万澳大利亚居民在家说普通话，居澳大利亚家庭语言使用人数的第二位，此外还有 28.1 万居民在家说粤语方言。2008～2016 年，澳大利亚汉语学习者翻了一番，达 17.3 万人，占该国学生总数的 4.7%。澳大利亚“汉语热”的兴起和持续，与近年来华人新移民数量的快速增长有关。目前澳大利亚汉语使用和汉语教学的情况是，一方面“汉语热”在持续升温；另一方面汉语学习体现了“华人说，华人教，华人学”为主的特征，在很大程度上，澳大利亚“汉语热”是“华语热”。

（二）华裔跻身澳富豪排行榜前五

在 2018 年澳大利亚富豪排行榜中，一共有 76 人上榜，相比 2017 年的 60 人，多了 16 人。他们大多数在矿产、房地产、金融业中获得大量财富。祖籍为福建泉州的香港房地产巨头许荣茂以 90.9 亿澳元的财富荣登 2018 年金融评论富豪榜第 4 名，成为唯一跻身前五的华裔。许荣茂 20 世纪 90 年代

---

① 中国新闻网，2018 年 11 月 26 日。

在南澳大学攻读 MBA 学位后获得澳大利亚国籍，现任香港世茂集团董事局主席。许荣茂的大部分财富来自在香港上市的世茂房地产公司。[①]

（三）十位华人青年获奖

2018 年 10 月，来自公共服务界、专业学术界、艺术体育界和商界的 10 名优秀华人青年荣获 2018 澳大利亚十大杰出华人青年金合欢奖。他们分别是西澳大学孔子学院院长蒋颖、南澳州政府招商局国际事务主任李晶、2018 澳大利亚环球小姐冠军弗朗西丝卡·洪、澳最具影响力艺术奖项之一“约翰·苏曼爵士奖”获得者符子龙、澳大利亚伍伦贡大学教授及国际土木工程复合材料学会杰出青年学者奖获得者余涛、Ashurst 国际律师事务所合伙人及澳大利亚 2015 年度最佳律师称号获得者杨端、澳大利亚信永中和会计师事务所合伙人赵海羚、新兴科技领域投资先导者“博满金资”创始人高松谕、ACN 创始人兼首席执行官王芃、Chemist Warehouse 大中华区 CEO 詹惠惠。[②]

五　移民政策

（一）移民政策收紧，申请费用提高

从 2018 年初开始，澳大利亚移民局开始不断地调整包括技术移民、雇主担保移民、团聚移民等在内的各项移民政策，一方面进行澳大利亚移民政策的更新换代；另一方面则推出新的移民签证类型。2018 年，澳大利亚移民政策整体的趋势是收紧，很多移民政策发生了变化。

（1）父母团聚签证。澳大利亚移民局每年提供 15000 个临时担保父母签证，有效期为 3 年或者 5 年。子女需要承担父母在澳大利亚所有的私人健

① 中国新闻网，2018 年 5 月 25 日。

② 新华网，2018 年 10 月 24 日。

康保险费用。临时担保父母签证可续签至10年。临时担保父母签证3年期签证费为5000澳元，5年期为1万澳元，10年期为2万澳元。

（2）同性婚姻申请配偶团聚类签证，可将配偶选项改为配偶（Spouse）。这项改变适用于100配偶团聚永久签证、309配偶团聚临时签证、801配偶担保永久签证、820配偶担保临时签证，以及300未婚夫妇临时签证。

（3）雇主担保移民。2018年，澳大利亚482签证取代了457签证（临时工作签证）。482签证包括三个类别。短期类允许澳大利亚雇主雇用海外技术工人，雇用期限最长为2年。中长期类别签证允许澳大利亚雇主雇用海外技术工人，雇用期限最长为4年。签证申请人为雇主工作3年期满后，可申请转为澳大利亚永久居民。申请人的职业需要符合中长期职业列表（MLTSSL）要求。劳工协议类签证允许澳大利亚雇主与联邦政府签订劳工协议，雇用海外技术工人。

培训费方面，如果澳大利亚雇主想担保申请人，就需要支付费用用于培训，以提高海外员工的技能。具体金额方面，年营业额不足1000万澳元的雇主，每一个持有482签证的员工都需要支付每年1200美元的工资；对于持有186/187等永久居留签证的员工，政府将一次性支付每人3000美元培训费。年营业额达到或超过1000万澳元的雇主，每个持有482签证的员工都需要向政府支付1800美元；持有186/187等永久居留签证的雇员，须一次向政府支付每人5000美元培训费。

（4）技术移民。从2018年7月1日起，一般技术移民的EOI最低分数将升高至65分。该变化涉及的签证类别为189独立技术移民签证、190州政府担保签证和489亲属担保以及偏远地区州政府担保签证。

（5）申请费用提高。自2018年7月1日起，澳大利亚部分签证申请费用上调。其中，学生签证主申请人所付费用将上涨15澳元；成年副申请人的签证费用涨至430澳元。独立技术移民签证、边远地区担保签证、雇主担保签证费用也将上调。189类独立技术移民主申请人费用从3670澳元涨至3755澳元；成年副申请人的费用增至1875澳元；作为副申请人的未成年子女，费用将上调至940澳元。

（6）力推移民赴边远地区定居。澳大利亚政府鼓励新移民赴边远地区定居，以降低悉尼和墨尔本的人口压力。数据显示，2017 年只有 7000 名移民在首府城市之外的地区生活。而 2016～2017 财年的 11.2 万名技术移民，87% 最终在悉尼与墨尔本定居。

从上述变化来看，签证配额慢慢在减少，签证费用在慢慢提升，对于个人的要求也越来越高，移民澳大利亚也变得越来越难。

（二）推出部分签证试点，吸纳特需人才

在收紧移民政策的同时，也推出部分签证试点，以吸纳特需人才。

（1）全球人才计划。全新的全球人才计划（Global Talent Scheme，GTS）旨在招募全球科技行业人才，获得授权的初创公司可以每年雇用 5 名海外人才。GTS 计划旨在消除科技行业对 TSS 签证限制过多的担忧。

（2）工作假期签证。工作假期签证根据申请人所在的国家和地区分为两类。中国香港和中国台湾的申请人可以申请 417 签证，中国大陆的申请人可以申请 462 签证。两类签证有效期为一年，但若持证人在澳大利亚的乡村地区或北部农场工作满 3 个月，可延长签证有效期一年（即所谓的“续二签”），总共可在澳大利亚工作两年时间。最新计划还规定，留澳第二年的背包客如到乡村地区农场工作满 6 个月，可再延续签证一年，前后共三年。此外，澳大利亚当局放宽了 462 持证人“续二签”的条件，他们不一定再到北部农场工作 3 个月，而是可以选择做旅游和接待业务，或者到北澳、新南威尔士、昆士兰、维多利亚、西澳的主要乡镇，或南澳和塔斯马尼亚农场工作。此外，部分申请者的年龄上限，也从 30 岁提升至 35 岁。2018 年，约有 41.9 万名背包客来澳大利亚工作并消费了 9.2 亿澳元。

（3）低技能移民。2018 年 12 月，澳大利亚政府为只拥有基本农场或接待技能的外国人打开了移民门户，让他们可以通过工作签证永久地移居澳大利亚。新协议包括更广泛的职业——总共 117 个，同时调整英语和工资标准，并且提供永久居留权。

新西兰侨情

世界银行将新西兰列为世界上最方便营商的国家之一，这里社会风气高度开放，不同种族和谐相处。全国 491 万人口（2019 年 1 月）中，欧洲移民后裔占 73%，毛利人占 15%，亚裔占 12%。新西兰全国有 20 万华人，活跃于当地社会的各个领域，并在商业等多个领域取得骄人成绩。

2018 年，中国是新西兰居留签证的最大来源国，是新西兰仅次于印度的第二大留学生来源国，超过 4 万中国留学生就读新西兰院校。2018 年，新西兰首发“中国印象”报告，希望促进两国贸易，中国人继续成为新西兰最大海外房地产买家。2018 年，新西兰奥克兰竞选出首位华人议员；六名华人上榜新西兰富豪榜；“汉语热”升温，学习人数创新高。2018 年新西兰净移民人数创三年来新低，配偶访问签证拒签率达 35%；企业家工作签证拒签率高达 98%，中国申请者居多；4000 人被拒入境，中国人被拒登机人数最多。新西兰移民政策整体呈收紧态势，除了个别签证类别需求增加外，拒签率普遍提高。

一 中新关系

（一）新西兰首发“中国印象”报告，希望促进两国贸易

8 月 26 日，新西兰—中国关系促进委员会发布了首份“中国印象”调查报告。结果显示，43% 的新西兰人对两国关系持积极态度，只有 14% 的人持消极态度。[①] 调查还显示，大多数新西兰人对中国文化持积极态度，认为普通话是学校最实用的语言之一。调查发现，39% 的新西兰人希望看到中

① 新华网，2018 年 8 月 27 日。

国和新西兰之间的贸易增加，38% 的人希望保持不变，12% 的人希望看到贸易减少。目前，中国是新西兰最大的贸易伙伴，两国贸易额达到 260 亿新西兰元，创历史新高。研究还表明，大多数新西兰人误以为中国是新西兰最大的投资来源国，而事实上澳大利亚才是。另外，新西兰人普遍认为中国人主要是在住宅领域投资房地产，但实际上中国人投资的领域非常广泛。

（二）中国税收居民继续成为新西兰最大海外房地产买家

新西兰统计局数据显示，2018 年前三个月里，中国大陆居民购买了 504 套房产，澳大利亚税收居民购买了 381 套房产，英国和中国香港税收居民则分别购买了 90 套和 78 套房产。第二季度，外国人在新西兰的房产交易中贡献了 2. 8%，当季中国人在新西兰一共买下了 552 处住宅，在所有外国买家中遥遥领先，超过三成；排名第二的是澳大利亚人，一共买下 240 处。这是连续第 10 个季度（可以追溯到 2016 年初），中国税收居民成为新西兰最大的海外买家群体。① 中国购房者 75% 都是为了自住，其中 8% 选择学区。大量海外房地产买家推高了房价，新西兰房价在过去十年飙升超过 60%，也使得许多新西兰年轻人无力购房，房屋所有率降至 1951 年以来的最低水平。2018 年 8 月 11 日，新西兰政府宣布，海外买家不允许在新西兰购买土地、别墅和现房，而只能投资新开发的公寓楼房。

（三）新西兰“深受中国干涉活动影响”遭到批驳

据加拿大《环球邮报》2018 年 5 月 31 日报道，加拿大安全情报局发布报告认为，新西兰“深受中国干涉活动影响”，中国在该国的政治影响力已经达到了“临界水平”。报告认为新西兰已成为中国猎取“五眼联盟”最易下手的目标。报告称新西兰负责其三块南太平洋领地的防务和外交事务，是“五眼联盟”的软肋，成为“中国海外渗透的重点”；称中国可能通过新西

① 〔新西兰〕《中文先驱报》2018 年 6 月 11 日。

兰“进行洗钱、对南极洲提出权益主张，并获取相对便宜的耕地和未勘探的石油资源”。对于这些说法，新西兰总理阿德恩表示，没有迹象显示新西兰在“五眼联盟”中存在不妥之处，也没有合作伙伴提出报道中提到的这些问题。

二　移民概况

（一）新西兰净移民创3年来新低

新西兰统计局发布的统计数据显示，2018 年 6 月 30 日新西兰的常住人口达到 4885300 人。新西兰人口的增长是自然增长（出生人数减去死亡人数）和净移民（入境人数减去出境人数）数量增多的结果，净移民一直是新西兰近年来人口增长的主要驱动力。2012 年到 2017 年的一个明显趋势是每年回流的新西兰人数都在增加，但过去一段时间这个趋势也发生了反转。截止到 2018 年 6 月前的 12 个月中，新西兰全国新增净移民 64995 人，与 2017 年创纪录的 72305 人相比，下跌了 10.1%，净移民减少速度加快。①

尽管新西兰正在缩紧移民政策，但新西兰政府公布的 7 月数据显示，新西兰工作签证数量创下历史新高。2017 ~ 2018 财政年度，新西兰工作签证的发放总量超过 228000 份，比上一财政年度增加了 4000 份。按国籍划分，获得工作签证增幅最多的是菲律宾人。

（二）60%的移民通过技术/商业类别获批居留签证

2016 ~ 2017 年移民趋势报告指出，2016 ~ 2017 年共有 47684 人成功获批新西兰居留签证，其中 60%（28646 人）是通过技术/商业类别获批，而在这些人中，又有 24140 人是通过技术移民类别成功获得居留签证的，其中

① 〔新西兰〕《中文先驱报》2018 年 9 月 4 日。

有 2927 人为中国籍。[①] 与 2015 ~ 2016 年获批的人数相比，2016 ~ 2017 年成功拿到居留权的技术移民申请人数下降了 6%，主要原因是 2016 年 10 月新西兰移民局突然宣布将技术移民自动入选 EOI 分数从 140 分上调至 160 分。

技术移民申请获批的五大移民来源国分别为印度（21%）、菲律宾（14%）、中国（12%）、南非（12%）和英国（10%）。与前一年相比，除了南非以外，其他四大来源国在 2016 ~ 2017 年获批居留签证的人数均有所减少。

2016 ~ 2017 年，获批案例中超过三分之二（68%）的 SMC 主申请人是男性。在男性主申请人占比这一方面，十大来源国中中国的比例最低（52%）。与其他国家相比，中国女性独立自主的比例已经相当高了。

在印中菲三大技术移民来源国中，获批最多的菲律宾籍主申请人所在行业多与护士、木工相关，而中国申请人获得相关工作经验加分的比例仅为 19%。

中国和印度籍申请人获批最多的行业与菲律宾存在巨大差异。在 2016 ~ 2017 年的获批案例里，中国申请人获批人数最多的三大职位顺序是厨师、零售店经理和咖啡店/餐厅经理。而印度申请人获批人数最多的三大职位是零售店经理、咖啡店/餐厅经理和厨师。获批案例里中国籍主申请人其他主要职位还包括会计、市场专员、程序员等。

（三）配偶访问签证拒签率达35%

新西兰的配偶签证主要有 2 种类型：配偶访问签证和配偶工作签证。两者的区别是持访问签证者不能在新西兰工作，但持配偶工作签证可以在新西兰任何地点为任何雇主工作。但就是这样一份时间最长 2 年，且不能合法工作的配偶访问签证，最近拒签率异常高。数据显示，10 年前该签证的拒签率仅为 14%，但 2017 年的拒签率达到了 35%。[②] 签证审批的转变是因为移

① 〔新西兰〕《中文先驱报》2018 年 5 月 1 日。

② 新西兰天维网，2018 年 3 月 9 日。

民官的审理更加严格，配偶签证的申请也变得更难，移民官的审查重点是配偶关系的真实性。仅仅拥有一个共同的银行账户已经不能说明问题，还需要更多其他的证据。移民局审查配偶关系主要看三个方面：真实性、稳定性、同居。很多人喜欢自主申请配偶签证，但容易忽略很多重要信息，导致拒签。

（四）企业家工作签证拒签率高达98%，中国申请者居多

2014 年到 2018 年，新西兰企业家工作签证的获批率一路下滑。创业移民包含两个部分——企业家工作签证（Entrepreneur Work Visa）和企业家居留移民签证（Entrepreneur Residence Visa）。2017 年，企业家工作签证获批率骤降到 15%。2018 年，企业家工作签证批准率更是下跌到 7%。2018 年 1 月和 2 月，该签证的拒签率已经接近 100%，分别只有一个人获批。拒签率高的分别是中国申请者和印度申请者。[①]

企业家工作签证在老政策下叫长期商务签证（Long Term Business Visa），2014 年 3 月之后称企业家工作签证，是针对那些想在新西兰做生意的创业者推行的签证。从性质上来说，这是一种从工作到移民的签证（Work to Residence Visa）。

企业家工作签证分两阶段发放。第一阶段的签证为 12 个月。申请人在新西兰创业取得实质性进展后，可以申请余下的 24 个月签证。创业期间，申请人配偶可以持开放性工作签证，其子女免费读书，全家享受与当地人同等待遇的政府医疗等福利。企业家工作签证有效期为 3 年，如果 3 年之内创业不成功，可以申请延期一次，一共 6 年。这次拒签率达到 98% 的就是第一阶段 12 个月的签证。第一阶段被拒签，也就没有第二阶段的签证了。

（五）工作签证成中国移民首选

除回流的新西兰人外，中国是新西兰最大的移民来源国。2015 年，华

① 新西兰天维网，2018 年 3 月 25 日。

人新移民为11036人，占当年新西兰外来移民总量的9.1%，华人总人数达20万人左右。① 截止到2018年9月的最近12个月，中国（含香港）的长期抵达人数为12417人，比前一年减少了9.3%。相同时间段内选择离开新西兰回中国的人数为3579人，比前一年激增40.4%。这直接导致中国净移民人数跟前年相比下跌20.7%，从11140人下降到8838人。②

中国也是新西兰居留签证的最大来源国，2017年有2985名中国公民获得居留签证。跟前年相比，下跌了19.6%。大趋势是，越来越少的中国人来新西兰长期居住和生活，越来越多的中国人选择回国。

中国是仅次于印度的新西兰第二大留学生来源国，但这个数字也在减少。截止到2018年9月的最近12个月，有5041名中国留学生来新西兰学习，比前年下降14.8%。而工作签证正好相反，最近12个月有2505名中国公民来新西兰工作，比前年增长25.9%。2014年到2018年，中国公民的工作签证增加了一倍。照这种趋势，工作签证很快将超过居留签证，成为中国公民移民新西兰的最主流方式。

可见，中国移民的减少主要是源于居留签证和学生签证的减少，来新西兰的中国“上班族”在增加。很多中国人在学习和工作结束后，往往选择离开新西兰。

（六）4000人被拒入境，中国人被拒登机人数最多

新西兰移民局2017~2018年度边境报告显示，2017年7月到2018年6月，一共有3378人被拒登机，1201人在抵达新西兰后被拒入境。中国是被拒绝登机人数最多的国家，一共有482人；其次是印度，302人被拒登机。乘机抵达新西兰后，被拒绝入境乘客最多的五个国家和地区，分别是马来西亚（210人）、巴西（168人）、中国大陆（83人）、中国台湾（71人）和澳大利亚（70人）。③

① 《人民日报》（海外版）2018年9月3日。

② 〔新西兰〕《中文先驱报》2018年9月4日。

③ 新西兰天维网，2018年1月15日。

三　留学移民

（一）国际教育行业年度经济价值达51亿新西兰元

2015～2016 年度至 2016～2017 年度，获批学生签证、可在新西兰学习的学生人数从 91261 人上升至 91575 人。2016～2017 年度获批学生签证的持有者中，中国和印度学生分别占 31% 和 18%。[①] 2016～2017 年度经过移民局批准的学生签证持有者的中位数年龄为 21 岁，中国学生的年龄都相对较小，其中 40% 小于 20 岁。在四大留学生来源国（中国、印度、韩国、菲律宾）中，菲律宾和印度留学生更偏爱私人培训机构（PTE）（比例分别为 55% 和 51%），而中国留学生很大部分（38%）更倾向于在公立大学中就读。新西兰国际教育行业 2017～2018 年度经济价值已达 51 亿新西兰元，成为新西兰第四大出口产品。国际学生不仅成为新西兰经济中不可或缺的重要组成部分，还为新西兰的全球化社区发展做出重大贡献。国际学生的朋友和亲戚在访问新西兰时，为当地经济贡献了 800 万新西兰元。

（二）逾4万名中国留学生就读新西兰院校

中国是新西兰最重要的外国留学生来源国。2017 年，在新西兰注册的中国留学生总人数为 40323 人，接近国际学生总数的 30%。[②] 2017 年 7 月至 2018 年 6 月，在新西兰的中国留学生，38.58% 在大学就读，21.64% 为中小学生。启德教育发布的《2018 新西兰留学报告》显示，中国学生选择去新西兰留学，主要看中五个因素：环境文化、教学质量、性价比高的留学费用、移民就业政策优势和安全因素。此外，即使没有语言成绩，学生也可以申请到新西兰留学。同时，新西兰的签证政策、移民政策比其他国家宽松简

---

① 〔新西兰〕《中文先驱报》2018 年 4 月 4 日。

② 《人民日报》（海外版）2018 年 9 月 17 日。

化。目前，新西兰八大名校中已有七所大学——奥塔哥大学、坎特伯雷大学、惠灵顿维多利亚大学、梅西大学、怀卡托大学、奥克兰理工大学、林肯大学大部分专业接受中国高考成绩，要求申请人高考成绩达到当地一本线或70%以上，雅思成绩为6.0分。中国留学生选择最多的十大专业为管理学、商务/贸易、工程、会计与金融、教育与语言、旅游酒店管理、市场营销、计算机、媒体设计、食品技术。

四　华人社会

新西兰是典型的移民国家，新西兰华人移民活跃于当地社会的各个领域，并在商业、文化、教育、科技、建筑、服务等多个领域取得骄人成绩，逐渐获得了当地人的认可。越来越多的华人在新西兰崭露头角，获得新西兰国家荣誉。

（一）新西兰奥克兰竞选出首位华人议员

在新西兰，华人从政并不罕见。曾有华人当选市长，也有几位华人在加入党派后，通过党内排名成为国会议员。然而，一直未有通过竞选产生的华人议员。2018年9月13日，华人企业家杨宗泽（Paul Young）在奥克兰东区Howick选区市议员的补选中获胜，成为奥克兰市首位华人议员。[①]

奥克兰市议员共有20人，即使目前亚裔人口已经占到了奥克兰的四分之一，奥克兰市议会20名市议员中却连一位亚裔都没有。这次补选，杨宗泽再次以独立候选人的身份参加。Howick所在的奥克兰东区，上下班高峰期间，堵车异常严重。对此，杨宗泽提出了自己的解决方案。在治安问题上，他则认为，建设监控系统、对民众加强安全防范教育和建立社区民众互助治安小组等方法，都可以有效提高人们的安全感，维护社会治安。作为第一位亚裔和华人市议员，杨宗泽表示“这是责任的开始，要继续努力为大

① 新西兰天维网，2018年9月13日。

家服务”。9 月 27 日，杨宗泽在奥克兰市政厅的议事大厅里宣誓就职，正式成为奥克兰市首位华人市议员。

（二）2018年新西兰富豪榜公布，六名华人上榜

8 月 15 日，新西兰国家商业杂志（NBR）公布了 2018 年新西兰富豪榜。前 100 名富豪的总资产首次突破 1000 亿新西兰元。榜单上共有 6 位华人跨过 5000 万新西兰元的门槛，跻身新西兰最富有的群体。[①] 6 位华人情况如下。

WONG Bei 和 HING Jeffrey 来自房地产行业，身家 2. 8 亿新西兰元。这对夫妇来自新加坡，并且申请了新西兰居留权。他们是首次跻身新西兰富豪榜，目前排在华人富豪的首位。

HUO Guang（Pat）和 Brenda 来自零售业，身家 2 亿新西兰元。1992 年来到新西兰、完全白手起家的中国移民 Pat 创建了全国最大的计算机和 IT 零售商 PB Technologies。PB Technologies 公司现在是企业和教育部门采购办公设备的首选零售商，入选全国百强企业，是新西兰最大的电脑组装方和 IT 服务方。早年创业时由于妻子 Brenda 负责提供会计支持，他给公司起名为 PB Technologies——P 是他，B 是他的妻子。

CHAN Danny 来自教育/投资业，身家 1. 95 亿新西兰元，2017 年首次上榜。他在惠灵顿长大，是第三代中国移民，精通普通话和粤语。1994 年他看到了教育行业的投资机会，创办了 ACG 教育集团。今天的 ACG 教育集团已经是新西兰最优秀的教育机构之一，旗下有 9 所学校和学院，总部在奥克兰，同时在印尼雅加达和越南胡志明市各拥有一个国际分部。

ZHENG Chao（Charlie）来自房地产/酒店业，身家 1. 25 亿新西兰元。Charlie 是一位来自西安的中国移民，2017 年首次上榜。作为特许会计师和房产投资者，Charlie 投资的项目包括 4500 万新西兰元的海港城中心和 4700

---

① 〔新西兰〕《中文先驱报》2018 年 8 月 16 日。

万新西兰元的 Datacom House。他持有的商业地产投资组合作价约为 2 亿新西兰元。他还是位于马丁堡（Martinborough）的 Murdoch James Estate 酒庄的主人，酒庄的黑比诺葡萄酒获得了国际比赛金奖。

（三）新西兰卡苇劳市市长到访华社潮属总会

新西兰卡苇劳市市长马尔科姆·肯贝尔·太平绅士（Malcolm Campbell, JP）及随行人员于 2018 年 12 月 1 日下午专程来到奥克兰市华人社团新西兰潮属总会交流访问。[①] 国际潮团总会主席张乙坤、新西兰潮属总会郑佳会长及新西兰潮属青年会陈植会长接待了到访的来宾。张乙坤介绍了新西兰潮属总会成立以来，在自身发展及关爱新西兰社会方面所付出的积极努力，同时重点介绍了他们正在精心筹备的第 20 届国际潮团大会，大会将于 2019 年在新西兰召开。马尔科姆·肯贝尔市长对潮属总会在 2019 年新中旅游年之际，全力推进第 20 届国际潮团大会在新西兰举办给予了高度的评价，对新中贸易协定签订十周年以来，两国合作共赢所取得的辉煌成果赞不绝口。

五　华文教育

（一）“汉语热”升温，学习人数创新高

新西兰中小学学中文人数创历史新高。截止到 2018 年 9 月，全国 1 ~ 8 年级共有 6.5 万名学生正在学习中文（普通话），5 年来已经上涨了 3 倍。[②] 除了学校里的中文课吸引了更多学生参与外，许多社区的中文课也非常受欢迎。

（二）新西兰首都公务员集体开班学中文

2018 年 8 月 9 日，惠灵顿市政厅和新西兰中国文化中心联合主办的

① 新西兰中华新闻社，2018 年 12 月 4 日。

② 〔新西兰〕《中文先驱报》2018 年 9 月 25 日。

2018年旅游商务中文培训班开班仪式在惠灵顿市政厅举行，来自市政厅、新西兰国家博物馆和惠灵顿地区经济发展局等机构的40余名工作人员，参加了开班仪式。[①] 这是新西兰地方政府集体组织学习中文的首次尝试。此期课程为期9个月，全程免费，目的是让公务员具备基本的中文听说能力，迎接即将到来的“2019中国—新西兰旅游年”。

（三）新西兰首次用中文朗读国会祈祷文，中文周呈现新亮点

2018年9月25日，一年一度的新西兰中文周迎来了一大亮点，工党国会议员霍建强用中文朗读国会祈祷文，正式庆祝新西兰中文周，这是新西兰国会历史上第一次用中文进行祷告。此前，新西兰国会祈祷文由议长用英文进行祷告，偶尔也会用官方语言毛利语进行祷告，但从来没有用中文进行祷告的先例。这次中文周祈祷文特许用中文诵读，以正式庆祝一年一度的新西兰中文周。[②]

新西兰中文周在政府机构、议会、民间协会等各界达成共识的基础上得以举行，不是通过立法形式完成的。中文周于2010年开始筹备，2014年5月24日宣布成立。从2014年起，每届中文周都呈现出不同的特色亮点。2014年，中文周获得了主流社会和华人社会的认可，各大主流媒体争相报道。2015年，霍建强所著的《蓝天白云》由中国外文局朝华出版社出版发行。《蓝天白云》是“新西兰中文周”活动的主题用书，旨在促进中新两国青年加深交流理解，促使新西兰青年进一步认知中国语言文化。2016年中文周，新西兰天气预报第一次在地图上标注了各城市的中文名称。2017年，中英文对照新书《飞翔的奇异鸟——新西兰中小学生演讲集》出版以庆祝中文周。该书的出版在新西兰中小学中引起很大反响，新西兰小作者的作品第一次被翻译成中文，激发了他们对中文的好奇心。2018年，在国会上用中文进行祷告，是新西兰历史上150多年来的第一次。

---

① 新华网，2018年8月10日。

② 新西兰天维网，2018年9月25日。

六　移民政策

从 2016 年 10 月开始，移民新西兰愈发困难。技术移民提高分数标准和工资要求；家庭团聚移民暂停；低技能移民不断受限……移民政策的风云变幻，让许多还在奋力游水的“准移民”一朝梦碎、黯然回国。工党政府上台后，移民政策的调整似乎也有松有紧，有喜有忧。

（一）移民劳工最低时薪上调

由于新西兰 2018 年收入中位数比上一年同期增长了 2.9%，技术移民的工资标准也随之上涨。新西兰移民局将移民劳工的最低小时工资标准上调 60 分至 1 新西兰元不等，这与新西兰最新的国民收入中位数一致。调薪之后，低级技能的移民劳工工资达到每小时 21.25 新西兰元，高级技能移民的工资上涨至每小时 37.50 新西兰元。这些变化将适用于技术移民类别以及持有临时签证从事贸易、IT、酒店和旅游等行业拥有基本技能的移民雇员。

（二）雇主担保工作签证取消

2018 年 11 月，新西兰实施了新移民法，雇主担保工作签证持有者将不再需要在其签证上注明雇主名字。新移民法确保大批即将毕业的国际学生在毕业后 3 年内为任何雇主工作的权利。这一变动，将减少拥有卓越才华和技能的国际学生因工作签证，而不得不做着技能要求与待遇都大大低于其实际能力和水平的工作的现象，从而帮助国际学生在毕业后找到与所学专业高度相关的理想工作，同时也为新西兰带来好处。

（三）移民签证费用调整

新西兰移民、签证费用有重大调整。2018 年 11 月 5 日，新的签证申请收费标准开始实施。

移民税（Immigration Levy）适用于大部分签证申请（除非符合减免条

件），是在申请费之外需要额外支付给新西兰政府部门的税费。如一位中国公民在新西兰境内申请技术移民，2470新西兰元的申请费中，就包含了580新西兰元的移民税。

工作签证申请费用上涨了54%；居民类签证费用上涨了43%。此外，除了学生签证、团体旅游签证、商务/技能类签证外，其他签证的申请费用，也相应上涨了10%。雇主认证费用也将会增加。

不过，有涨也有降。学生签证的申请费用下调了6.5%；商务/技能类签证的申请费用下调了1%；团体旅游签证的申请费用下调了45%。

（四）过渡签证期限或可延长

2018年8月，新西兰移民局又发布了关于过渡签证（Interim Visa）的新政。

所谓过渡签证，是指本来持有的签证已经过期，新签证还未被批准，移民局就会给申请者发放过渡签证，确保签证申请者在新西兰可以合法居留。根据规定，无论所申请的签证是被批准、拒签，还是被撤销，移民局所发的过渡签证都会即刻生效。自2018年8月28日起，在某些情况下过渡签证的期限还可以延长。

（五）两种签证只发给中国人

自从技术移民和工作签证申请要求年年提高，移民新西兰变得越来越难。新西兰有两种只发给中国人的特殊签证，就是中国特殊职业工作签证和中国技术工作签证。这两类工作签证能直通移民，无须进行劳动力市场调查，审理快速，可以转其他类别的签证，签证的最长有效期为三年，没有最低英文能力的要求。

中国特殊职业工作签证，只签发给从事以下职业的申请者：中餐厨师、中医执业者（包括护士）、中文教师助理、中国武术教练、中文导游。中国技术工作签证，只签发给固定的职业，包括审计员、汽车电工、幼教教师、焊工、电工等。

南太平洋岛国侨情

南太平洋岛国是指分布在南太平洋的岛屿国家。南太平洋地区地域辽阔，共有27个国家和地区，其中包括巴布亚新几内亚、斐济、萨摩亚、汤加、瓦努阿图等。南太平洋岛国国小人少，其陆地总面积仅55万平方公里，总人口约850万人。其中，巴布亚新几内亚面积最大，人口约800万人；最小的国家瑙鲁，陆地面积仅21平方公里，人口约1.08万人。巴新华侨华人有两三万人，斐济华人有2万多人。2018年习近平主席对巴新进行国事访问，同建交太平洋岛国领导人会晤，出席APEC第二十六次领导人非正式会议，进一步加强了中国与南太平洋岛国的关系。

一　巴布亚新几内亚

巴布亚新几内亚是面积最大、人口最多的太平洋岛国，国土面积46.28万平方公里，人口约800万人。2014年中国与巴新宣布建立战略伙伴关系以来，两国关系进入了发展的快车道，成为中国同太平洋岛国关系以及南南合作的典范。2018年上半年，巴新正式加入亚洲基础设施投资银行，成为太平洋岛国地区第一个与中方签署“一带一路”建设谅解备忘录的国家。目前，巴新是中国在太平洋岛国地区第一大贸易伙伴，中国是巴新第一大外资来源地和第一大工程承包方。[①] 随着中国在巴新影响力越来越大，当地民众对中国及华人的印象也越来越深刻，越来越正面。

中国与巴新经贸往来发展的初期，中国个体商人扮演了主要角色。近年来，中国国企进入巴新基建市场，成为主角，新建了道路、桥梁、高楼等基础设施。近年来中国加大了对巴新的援助，帮助修建或翻修首都莫尔兹比港

① 《习近平今起访巴新等三国　APEC会议期待中国声音》，中国新闻网，2018年11月15日。

的独立大道、机场到 APEC 主会场的快速路、艾拉海滩公园、抗疟中心。巴新民众切实感受到了中国对巴新的友谊，对中国人和中国政府的援助赞不绝口，中国在巴新的印象也得到很大提升。

巴新华侨华人有两三万人，主要从事餐饮、百货零售、房地产、加工制造等。① 华侨华人虽然极少参与巴新政治，但他们对巴新社会的影响力日益上升。2018 年 2 月 26 日，巴新中部高地地区发生 7.5 级地震，造成重大人员伤亡和财产损失。地震发生后，巴新华侨华人、中资企业立刻行动起来，积极参与赈灾活动，纷纷向灾区捐款捐物，帮助受灾民众渡过难关和灾后重建。习近平主席对巴新的历史性访问，不仅提升了华侨华人在巴新的地位与影响，也为巴新华侨华人在中国与巴新两国之间发挥桥梁作用创造机会。

二 斐济

斐济位于南太平洋，由 332 个岛屿组成，其中 106 个有人居住。斐济陆地面积 1.8 万平方公里。海洋专属经济区面积 129 万平方公里。人口 88.5 万（2017 年），华侨华人 2 万多人。

2018 年 1 月 11 日，中国援斐济斯丁森桥和瓦图瓦卡桥项目举行通车仪式。斯丁森桥和瓦图瓦卡桥项目是中国政府对斐济的无偿援助项目，于 2015 年 12 月 15 日开工。② 姆拜尼马拉马总理在致辞中感谢中国政府对斐济的援助。斯丁森桥和瓦图瓦卡桥的开通，将缓解苏瓦市区的交通堵塞状况，便利于市民出行、学生上学以及商业发展，为瑙苏里—苏瓦—拉米经济走廊增添活力，助力斐济经济社会长远发展。

3 月 5 日，中国新闻社副社长兼副总编辑夏春平率中新社访问团一行，走访了当地唯一的华文报纸《斐济日报》。《斐济日报》创刊于 2001 年，经

---

① 《巴新华人华侨热切期盼习近平主席到访》，《光明日报》2018 年 11 月 16 日。

② 中国侨网，2018 年 1 月 12 日。

过多年发展，目前常规出版24版，最多时可达到每期40多版。4年前，该报又创办了报纸的网站和微信公众号。该报旨在弘扬中华文化，为华侨华人提供全面准确的信息，发展中斐友谊。①

3月20日，斐济首都苏瓦市萨马布拉警察分局纳玛迪派出所举办了“加强华人社区联络，打击预防违法犯罪”座谈会，20余位华人社区代表应邀出席。萨马布拉警察分局特派组吉科培警官在会上表示，纳玛迪社区是一个很重要的华人聚集区，但也是针对华人犯罪的重灾区，派出所的目标是有效降低区域内的犯罪率，为当地华人创造一个良好的投资居住环境，促进华人与当地警方的友好关系。

5月12日，第17届“汉语桥”世界大学生中文比赛斐济赛区预选赛在位于斐济首都苏瓦的南太平洋大学主校区落幕，来自斐济、所罗门群岛等南太平洋地区孔子学院的11位学员参加了比赛。此次“汉语桥”比赛的主题为“天下一家”。比赛分中文笔试、中国知识问答、中文演讲和才艺展示四个环节。选手们都准备充分，在演讲环节，他们声情并茂，字正腔圆，或引经据典，或结合自身实际与中斐友谊，阐述了对“天下一家”的理解，令人难忘。

9月28日，斐济国家图书馆中国图书阅览区揭幕仪式在斐济首都苏瓦举行，中国驻斐济大使钱波表示，中国图书阅览区的设立将帮助斐济民众了解其感兴趣的信息，成为斐济民众探寻外部世界的一个窗口，从而进一步增进中斐两国人民的友谊和相互理解。②

10月18日，为提高在斐中资企业、华侨华人安全防范意识和能力，驻斐济使馆邀请中国第六批驻斐警务顾问小组到使馆做“防盗抢”专题讲座，中资企业成员、华侨华人代表共70余人参加讲座。

11月12日，中国驻斐济大使钱波与斐济总理府常秘卡兰，代表两国政府在苏瓦正式签署《中华人民共和国政府与斐济共和国政府关于共同推进

---

① 中国新闻网，2018年3月5日。

② 《人民日报》2018年9月29日。

丝绸之路经济带和21世纪海上丝绸之路建设的谅解备忘录》。根据备忘录，中斐双方将按照“共商、共建、共享”原则，共同推进“一带一路”建设，推动构建人类命运共同体，在政策沟通、设施联通、贸易畅通、资金融通、民心相通等领域开展合作，实现共同发展和繁荣。[①]

① 外交部网站，2018年11月13日。

美 洲 篇

Americas Reports

B.10

美国侨情分析

张焕萍*

摘 要： 据美国联邦人口普查局2018年5月发布的数据，美国华人有508万人，是亚裔人口中最大的族群，华人是美国除墨西哥裔外，最大的少数族裔。美国华人移民近年来呈现五个方面的特征：新移民渐成华人社区主体、从事行业呈现多元化、过半华人移民来自中国大陆地区、英语水平欠佳、华人技术移民与留学生群体异军突起。整体而言，美国华人文化水平普遍较高，经济社会地位明显提升，已经形成了多元、开放的美国华人社区。2018年，中国和美国这两个世界最大的经济体之间的关系可谓风高浪急。美国挑起对华贸易争端，打压中国经济和高科技行业，而这一贸易摩擦不断延伸到各个

* 张焕萍，中国华侨华人研究所副研究员，主要研究方向为华侨华人、国际传播。

领域，对在美的500多万华侨华人造成了诸多影响。此外，特朗普继续收紧移民政策，对非法移民问题的严厉立场也开始逐渐出现在合法移民问题上，中国人移民美国更加困难。长远来看，这种趋势可能会令来自中国的移民减少，并可能影响到未来华人群体的构成和发展。但短期内，华人移民数量不会剧减。

关键词： 中美贸易战 华侨华人 华人移民 留学生

2018年，中美双边关系经历了动荡的一年。经过多轮互征关税，数轮经贸协商，两国贸易关系在似有进展后却又一度陷入低谷，谈判也几乎停滞。作为全球第一和第二大经济体，中美贸易关系恶化带来的负面影响波及两国的科技、人文等各个层面。2018年6月，美国扭转了上一届政府的宽松政策，对计划学习航空、机器人和高科技专业中国研究生的签证从五年缩短到一年，甚至对中国学生也进行更严格的审查，这些都成为美国与中国对抗的一部分。诸如此类的严格限制措施，使两国交流充满变数。在数月的僵局后，2018年11月初，中美两国领导人进行了通话。在G20领导人第十三次峰会期间，习近平主席同特朗普举行会晤，双方同意共同推进以协调、合作、稳定为基调的中美关系。这为妥善解决中美间存在的问题、推动中美关系发展指明了方向，两国各层级也恢复了交流。虽然两国正在加紧努力解决贸易战，不过谈判中也存在不确定因素。尤其是2018年12月，美国以违背对伊朗禁运令为由，要求加拿大逮捕了中国技术巨头华为CFO孟晚舟，此类事件让即将恢复的磋商的结果充满了变数。中美关系波动对美国华侨华人也产生了直接影响。

一 美国移民人口比例创新高，中国移民群体高学历者激增

美国的生育率近年来一直处于历史低位，调查数据显示，2010～2017

年间，美国移民增加了460万人，增幅为11%。与此同时，在这一数字之下，还有其他值得注意的趋势，如移民来源国、移民在美国的分布、移民受教育程度、收入等情况的变化，这些变化将对美国的社会融合产生重大影响。

（一）美国移民呈三个方面突出特征

2018年9月13日，美国联邦人口普查局公布了一项数据：出生于外国的在美人口（包括美国公民、绿卡持有者、短期居住者、非法移民等）已经达到一个多世纪以来的最高点，即4450万人。根据这次统计，2017年，在美外国出生人口占美国总人口的13.7%，比上一年的13.5%略有增加。其实，从历史来看，美国移民人口占比在1910年更高，为14.7%；但是，20世纪20年代起在美国盛行的排外主义使得移民人口急剧下降，到20世纪70年代只占不到5%。这次人口普查也凸显了在美移民以下三个方面的特点。

1. 移民来源国发生变化

相比1980~2010年，美国移民的来源地发生了变化：新移民更多地来自亚洲、中美洲和非洲，来自墨西哥的移民减少了。华盛顿智库布鲁金斯学会此前的分析发现，2010年及以后赴美的移民中，41%来自亚洲，39%来自拉丁美洲；具体来讲，自2010年起，从亚洲来的移民高达260万人，其中，华裔与印度裔最多。

2. 移民分布、受教育程度、收入发生变化

不同于以往，移民已经在美国各地定居下来，而不是主要集中在几个州。此外，新移民往往比老移民的受教育程度更高。2000~2009年，赴美的移民中只有30%拥有大学文凭，而2010年以后的移民中，受过大学教育的移民已经上升到45%。这与亚裔移民增多及其移民途径关系密切。尤其是近十几年来，通过学习或高技能工作赴美的亚裔越来越多，这一移民群体与在1965年注重家庭团聚的移民法通过后，通过亲属移民赴美的人群有着明显不同。同时，根据皮尤研究中心2018年7月发布的报告，亚裔已经成

为美国收入最高，但贫富差距最大的族群。虽然与不丹裔、缅甸裔等族裔相比，华裔在总体教育和收入水平上都属上乘，但内部的贫富差距及其带来的问题同样不可小觑。①

3. 中国移民群体高学历成主导

值得注意的是，该报告显示，美国外国出生人口的增加很大程度上是由中国和印度移民推动的：2010～2017 年，美国的中国移民数量从 180.8 万人增长到 245.3 万人，增幅为 35.67%。②

自特朗普上台后，其移民新政对亚裔移民影响最大的是 H－1B 签证政策的收紧。由于华人在 H－1B 签证的申请者中排第二，而美国的中国留学生人数 8 年来一直居首位，H－1B 签证政策的不确定性导致赴美留学人数呈明显下降趋势，大大削弱了美国对中国人才的吸引力。加上链式移民政策的缩紧、对高科技专业中国研究生签证时间的缩短，美国移民新政对华裔人群冲击极大。但值得注意的是，在特朗普政府现行的移民政策下，来自中国的移民不减反增。这也在一定程度上说明，具备高学历、高技能的中国移民成为特朗普政策中“值得留下”的群体。

亚裔移民人数的持续增长趋势，将对整个美国社会的移民构成产生重要影响。在人数渐增的同时，亚裔也面临着不少矛盾，例如收入差距、与白人及其他少数族裔之间的关系、在教育平权理念上的冲突等。

（二）美国华裔人口超508万人，是第二大少数族裔

根据美国联邦人口普查局 2018 年 5 月发布的数据，美国华人有 508 万人，是亚裔人口中最大的族群。华人是美国除墨西哥裔外，最大的少数族裔。人口普查局指出，截至 2016 年，亚裔美国人已达 21419159 人，其中加

① Pew Research Center：Key findings on the rise in income inequality within America's racial and ethnic groups，July 12，2018. http：//www.pewresearch.org/fact－tank/2018/07/12/key－findings－on－the－rise－in－income－inequality－within－americas－racial－and－ethnic－groups/.

② Migration Policy Institute：Immigrants from New Origin Countries in the United States，https：//www.migrationpolicy.org/article/immigrants－new－origin－countries－united－states.

州继续以 661 万多的亚裔人口居冠，其次为纽约州（191 万人）和德州（153 万人）。依照族群，华裔依旧以 508.17 万人居首；居第二和第三位的分别为 412 万余人和 391 万余人的印度裔和菲律宾裔。[①]

而据华社看法，美国官方统计的华人移民数量仅指美国公民中的华裔，并不包括持有美国绿卡的华侨及非法滞留的中国公民，而这两者的数量不会少于百万人。如洛杉矶县下辖的 88 个城市中，有超过 20 个城市的华侨华人数量超过城市总人口的一半，因此美国华侨华人实际数量可能远大于官方统计数字。整体而言，美国华人移民近年来呈现五个方面特征。[②]

1. 新移民渐成华人社区主体

从地域分布上看，加利福尼亚州的华人最多，占华人总数的 1/3 以上，主要分布在北部的旧金山都市区和南部洛杉矶都市区。目前，新移民逐渐成为当地华人社区的主体，其所带来的信息、资金等为华人社会创造了活力，增加了当地新的机会。由于大陆新移民的增多，与中国的经济文化联系更为密切，普通话越来越流行，华人社区关注中国的倾向性更加明显。

2. 华人移民从事行业呈现多元化

进入 21 世纪以来，美国华人在商业领域不断扩展并取得新成就，从 30 年前经营餐馆、洗衣店、杂货铺等小生意开始，已经朝向高科技、贸易、多媒体、法律服务业及连锁的百货超市发展。从职业上看，华裔从事教育服务、保健和社会援助的占比较高。在收入方面，华裔家庭收入中位数为 72800 美元，稍低于亚裔家庭收入中位数。

3. 过半华人移民来自中国大陆地区

据美国中文网的报道，从华人移民来源地看，来自大陆的移民已经占

---

① 《美公布人口数据：亚裔 2141.92 万，其中华裔超 508 万居首》，新华网，2018 年 5 月 4 日。

② 除特殊注明外，本部分数据主要来自 Migration Policy Institute：Immigrants from New Origin Countries in the United States，January 17，2019，https：//www. migrationpolicy. org/article/immigrants – new – origin – countries – united – states。

据过半，比例近60%；其次是来自台湾地区的移民，占15.9%；来自东南亚各国的中国血统移民，占15.3%。中国各省在美移民数量情况参见表1。

表1　2018年中国在美移民主要来源地及人口数量

单位：人

排名	地区	在美移民数量
1	福建长乐、连江、福清等地	约110.2万
2	河北石家庄藁城、衡水等地	约56.3万
3	辽宁沈阳、抚顺、铁岭等地	约55.5万
4	吉林省	约36.2万
5	广东台山、广州、江门等地	约35.1万
6	上海	约28万
7	北京	约26.1万
8	河南郑州、开封、洛阳、信阳等地	约17.6万
9	江苏连云港及周边地区	约7.7万
10	山东青岛、烟台、威海	约6.9万

资料来源：《美国公布华裔数据，中国哪个省的人在美国最多》，美国中文网，2018年6月2日，http：//www.sinovision.net/politics/201806/00439974.htm。

4. 华人移民英语水平欠佳

根据美国移民研究机构——“移民政策研究所”（Migration Policy Institute）发布的报告，和其他族裔相比，美国华人移民整体上英语水平欠佳，而且在家中不说英语的人也甚多。60%的中国移民英语不够熟练。[①]

5. 华人技术移民与留学生群体异军突起

20世纪80年代以后，中国大陆新移民，尤其是高知识高学历的技术移民与留学生作为北美华人群体中的精英异军突起。美国的教育、就业条件较好，商业较为活跃，政策环境支持专业技术人才发展，集中了相当比例的华侨华人专业人士。根据“中国与全球化智库”的调查与估算，此类人群在

① Migration Policy Institute：Chinese Immigrants in the United States，September 29，2017. https：//www.migrationpolicy.org/article/chinese-immigrants-united-states.

海外分布比例中，美国以33%占据第一位。① 在美国，专业人士的数量在最近三四十年内成倍增长。有机构估算，21世纪的第二个十年，美国的华侨华人专业人士大约有240万人。② 华侨华人专业人士尤其是新移民中的高层次人才的异军突起不仅改变了华人社会的知识结构，也使华人社会的职业结构、地理分布、居住方式等发生了巨大变革。根据移民政策研究所发布的报告，在职业方面，52%的中国移民从事管理、商业、科学和艺术等职业。③

整体上看，美国华人文化水平普遍较高，经济社会地位明显提升，已经形成了多元、开放的美国华人社区。

二 特朗普移民政策充满变数，影响华人移民

“零容忍”政策下的边境“骨肉分离”危机、宣布“国家紧急状态”并派军应对大篷车难民、为美墨边境墙与民主党僵持不下……这些都是2018年特朗普移民政策的缩影。特朗普上台后，移民政策普遍收紧，打击非法移民的力度加大。尽管美国的移民法并没有大的变动，但移民政策的普遍收紧让华人感受到了一定压力。对待正规移民，2018年，特朗普政府也有几次大动静，比如，酝酿终结“链式移民”、提出废除出生公民权、计划取消H-4签证持有人工作资格、多次推出提案对使用粮食券等福利者的绿卡申请加以限制等，都引起了包括华人在内的移民社区的恐慌。不过，相关人士分析认为，短期来看，美国移民政策并不会导致华人移民的数量剧减。④

一年来，美国华侨华人对于特朗普政府的移民政策主要有如下反应。

---

① 袁源：《试析北美华侨华人专业人士精英社团》，《东南亚研究》2015年第5期。

② 王辉耀、苗绿：《海外华侨华人专业人士报告（2014）》，社会科学文献出版社，2014，第15、63页。

③ Migration Policy Institute：Chinese Immigrants in the United States ，September 29，2017，https：//www. migrationpolicy. org/article/chinese - immigrants - united - states.

④ 张军：《特朗普政府移民政策对华人社区的影响》，凤凰网，2018年5月23日，https：//finance. ifeng. com/a/20180522/16304237_ 0. shtml。

（一）特朗普砍“亲属移民”，引美国华裔群体齐呛声

从2017年8月的“评分制”移民法提案，到2018年1月10日美国联邦众议院司法委员会的“史上最严苛”移民法改革提案，再到2018年1月31日特朗普总统在第一次国情咨文演讲中重点谈及的移民议题，“亲属移民”越来越清晰地成为特朗普试图大改的移民法条款之一。这一改革信号对于重亲情、讲孝道、注重父母家人团聚的华裔来说冲击很大。不可否认，很多中国留学生毕业后留在美国工作，然后拿到绿卡，这部分人能为美国创造更多的价值。但事实上，移民美国的中国人，大多数是通过亲属移民（包括结婚移民、父母移民等）实现的。一旦这一移民改革法案通过，许多华人移民希望将父母接到美国奉养的愿望或将难以实现。因此，大部分华人反对政府缩减亲属移民名额的计划，拒绝做“哑裔”的华裔迅速团结起来，酝酿了一个个反对浪潮。例如，2018年2月3日，美国华人在华盛顿、克利夫兰、洛杉矶和旧金山多地同时发起示威活动，抗议特朗普政府削减亲属移民的方案。

（二）美国移民政策收紧，华人移民掀起“入籍潮”

“美国优先”是特朗普上任后强调的绝对重要政策之一。在这个指导原则下，无论内政外交，特朗普都把美国利益至上推向极致，让移民靠边站的政策就是一个最好的体现。从“筑墙令”开始，特朗普上任后的移民政策尽管伴随各种声势浩大的反对声音，但移民政策的一步步收紧并不令人意外。据美国《世界日报》报道，近一年来，很多以往不着急入籍的华人移民都选择申请入籍，以避免受到不确定移民政策的影响，掀起了一波“入籍潮”。

（三）华人对美国移民政策看法不一

由于美国华侨华人在经济社会地位、受教育程度、从事行业等方面有很大不同，他们的政治观点也同其他族裔群体一样多元化。例如，对于美国针

对合法移民的改革，华人中也不乏支持者。有华人认为，特朗普的移民政策在整体上对华人有利；也有人认为特朗普大力打击非法移民对美国社会和美国华人都是好事；还有人较为反感特朗普的移民政策，担心特朗普对非法移民的打击会发展成对合法移民和少数族裔的打压与排挤，认为所有移民问题都与华裔群体息息相关，任何移民法律上的变动，也会反过来影响华人。

三　华人社团积极作为，服务在美华侨华人

近年来，美国华人社团也随着祖（籍）国的发展日益强大，不仅数量日益增多，规模逐渐壮大，与中国的联系也更加密切。2018 年，新的华人社团如大凤凰城地区中国和平统一促进会、福建老人互助会等纷纷成立，壮大了华人社团力量。传统华人社团也积极作为，在推动华侨华人参政、促进华人融入美国社会、加强中美交流、维护华侨华人利益等方面发挥了重要作用。

（一）美国百人会2018年会呼吁美加强与中国的合作

美国百人会 2018 年会于 5 月 5 ~ 6 日在加利福尼亚州硅谷圣克拉拉举行。来自中美两国的约 500 名政治、经济、企业、学术各界人士共聚一堂，探讨中美关系走向、知识产权保护、人工智能技术发展、美籍华人领导力等诸多热点话题。与会人士纷纷表示，面对发展的中国，美国必须通过对华合作及增加自身在创新和教育等领域的投入来实现共赢。与会者普遍认为，世界上没有任何一对大国关系像中美关系这样复杂和充满波动。事实上，两个国家都充满活力，都在全球化的世界中拥有无法忽视的影响力，而且利益不断融合。“百人会”成立于 1990 年，由美国华裔建筑师贝聿铭等创建，为无党派非政治团体，成员均为在各自领域取得成就的美籍华人，被视为美国最有影响力的华人精英组织之一。①

---

① 《美国“百人会”举办年会　共话中美关系四十年》，中国侨网，2018 年 12 月 2 日，http：//www. chinaqw. com/hqhr/2018/12 - 02/209799. shtml。

（二）美国亚利桑那州大凤凰城地区中国和平统一促进会成立①

美国“大凤凰城地区中国和平统一促进会”（以下简称“和统会”）于2018年8月8日在美国第五大都会区亚利桑那州凤凰城成立。经“和统会”理事会投票选举，凤凰城知名侨界人士杨文田当选首任会长，王盛君任执行会长。新当选的理事和顾问们共同表示：祖籍国和祖国的强大统一、繁荣昌盛，是海外华侨华人的共同愿望。大家将共同努力，为实现大凤凰城地区“和统会”的宗旨不遗余力。“和统会”的成立标志着亚利桑那州大凤凰城地区华侨华人反独促统力量的进一步巩固和增强；彰显了侨胞团结一致、积极推动中国和平统一大业的决心和意志。

（三）维护华人利益，美国华人联合总会拟成立公共事务委员会②

2018年2月6日，美国华人联合总会（以下简称“美华总”）会长李社潮在美华总第七届干部大会暨新春联欢会上宣布，为进一步促进华人社团与主流社会的沟通与交流，特别是与地方政府及民选官员的联络与互动，美华总拟成立公共事务委员会。筹备成立该委员会的成员包括律师、媒体公司负责人及文化传播公司负责人等。李社潮表示，华人社团需要这样一个渠道传达华人的声音，达到维护华人群体利益的目的。2018年是美华总成立后的第14个年头，下属侨团、企业代表及专业人士团体已发展到130余个。美华总自成立以来维护侨胞权益，支持祖（籍）国的发展与建设。在维护侨胞权益、传播中华文化、促进华人参政议政、推动华人融入主流社会、促进中美友好往来、支持中国和平统一大业等方面做了大量工作。

---

① 中国和平统一促进会：《美国大凤凰城地区中国和平统一促进会宣告成立》，2018年8月15日，http://www.zhongguotongcuhui.org.cn/hnwtchdt/201808/t20180815_12047569.html。

② 《维护华人利益　美国华总拟成立公共事务委员会》，中国侨网，2018年2月7日，http://www.chinaqw.com/hqhr/2018/02-07/178182.shtml。

（四）美国福建老人互助会成立①

2018 年 9 月 16 日，美国福建老人互助会在纽约布鲁克林八大道宣告成立，市议员万齐家到场祝贺，并感谢在场的老人们为社区繁荣做出贡献。近百名耆老出席了成立大会。随着大批新移民的涌入，布鲁克林华裔耆老的数量也在快速增长，尤其日落公园地区来自福建的老人数量更是猛升。为了将老人们团结起来，增进交流，丰富耆老们的生活，美国福建老人互助会应运而生。会长卢彪表示，成立老人互助会，将耆老们团结起来，相互帮助，同时也能促进彼此交流，并就大家共同喜欢的福州评话、戏剧等做欣赏和切磋。

四　华人参政表现可圈可点，但仍属“低投票率”一族

海外华人在住在国的政治参与是保障华侨华人群体生存发展及合法权益的基础。自 1943 年美国废除《排华法案》后，华人精英开始进入美国政坛，在美国的政治生活中发挥作用。近年来，随着美国华人数量的迅猛增长，尤其是新移民数量的增多，以及华人整体政治参与意识的提升，这一群体在美国政治舞台上日益活跃。据不完全统计，自 1990 年美国出现华人参政热潮至今，曾经担任各级议员、大使、部门及地方政府行政长官、法官和将军等的华人有上百人，并且不断涌现出刷新政坛高位的华人政治明星，如骆家辉、赵小兰、朱棣文和李孟贤等。② 2018 年，美国华侨华人在参政方面的表现可圈可点。

（一）美国中期选举：华人政治参与度再经考验

根据美国联邦人口普查局发布的亚裔投票率，美国 2016 年大选，亚裔投票率为 49.9%，打破 2012 年大选亚裔投票率 47.9% 的历史高点。其中华

---

① 《美国福建老人互助会成立　丰富耆老晚年生活》，中国侨网，2018 年 9 月 17 日，http：//www. chinaqw. com/hqhr/2018/09 - 17/202210. shtml。

② 金正昆、朱凌峰：《海外华人政治参与模式初探》，《东南亚研究》2016 年第 6 期。

人积极参与，表现可圈可点。2018 年虽然不是美国大选年，但这一年的中期选举也非常关键。2018 年 11 月 6 日中期选举，纽约市投票率大增，曼哈顿华埠投票率也创历史纪录，总共超过 6000 人投票。纽约市选举局报道称，6 日普选日，纽约市总共有超过 190 万人投票，比 2014 年中期选举增加了 90 万人。通常只有在选总统的时候，选民才有较高热情参加投票，但是 2018 年中期选举事关重大，许多选民踊跃投票。华人社区也不例外，如曼哈顿华埠涵盖的选区中总共收获超过 6000 张选票，这对一个非总统选举日来说，是很高的投票率。选区包括华埠的两位华人候选人——州众议员牛毓琳和民事法官李昌永都高票当选，牛毓琳获得近 3 万张选票，李昌永获得近 4 万张选票。[①] 华裔胜出民选官员则大多还是以民主党籍候选人为主，包括国会议员赵美心、刘云平、孟昭文均高票成功连任。前纽约市主计长刘醇逸也缔造纽约州亚裔参政历史，当选第 11 选区参议员，成为首位亚裔纽约州参议员。[②]

尽管从总体上看，近年来华裔的参政热情大涨，但不能忽视的是，与其他族裔相比，华人仍然属于“低投票率”一族，在部分地区参与度尤其低，甚至不能与亚裔其他族群相比。根据美国中文网驻休斯敦记者在离华埠最近的糖城（Sugar Land）投票站所见，现场华裔寥寥无几。糖城本是大休斯敦地区的华人聚居区，但历年来这里印度裔与越南裔居民的投票热情一直远高于华人。

（二）华人群体政治意识多元化日益明显

最近几年，华人群体政治意识多元化更加明朗，在移民改革、枪支、毒品、校园安全和教育平权等问题上有很大分歧。华人的经济条件、成长环境和年龄层等不同背景，导致其对于价值理念的看法不同，支持不同政见、不同族裔的候选人。这在一定程度上说明了华人政治意识上的成熟度，不再只将族裔作为单一的投票选择。

---

① 《美国中选纽约华埠超过 6000 人投票　创历史纪录》，美国侨报网，2018 年 11 月 7 日。

② 《华裔刘醇逸再创历史　当选纽约州第一位亚裔参议员》，《欧洲时报》，2018 年 11 月 8 日，http：//www. oushinet. com/qj/qjnews/20181108/305335. html。

2018 年，美国的政治社会两极化越发严重，中期选举后两党各自把持两院的结果，可能会使许多法案的通过难上加难，意识形态上的分裂也会随之加深。这些都让在美华人的处境日益尴尬，简单地以左右为原则站队已难以全面反映华人的诉求。例如，在健康保险、社会福利等问题上，美国中期选举里出现的左翼进步主义浪潮更符合华人传统；但在大麻、教育平权等问题上，更多华人赞同右翼保守派的主张。至于移民问题，特朗普的移民改革思路有违华人观念，但自由派的宽松理念也不受华人认同，更显得复杂。基于不同的立场和议题，华人当中也存在许多分歧。由于很难简单定义两党中某一方就对华人绝对有利，只能在不断提高政治参与度的同时，一面积极发声维护自身权益，一面理智地处理与其他群体之间的融合关系。另外，由于华人整体在美国属于少数族裔，在人数上处于天然弱势，且美国社会的种族歧视仍然存在，因此华人群体无论政见有什么不同，都有共同利益，那就是保护华人整体的生存环境，这应该成为华人群体的共识。

（三）华人参政，还应积极学习“游戏规则”

2018 年伊始，美国加州娱乐大麻合法化正式生效，大麻在全美扩散的步伐也越来越快。对于大麻合法化，华人在艾尔蒙地大麻基地的抗争和后续抗争也引起很多华人思考：如何才能有效地表达心愿，如何有效地维护华人的利益？抗议有时候确实是一种有效的办法，例如加州的 SCA5 事件，华人民众在获悉 SCA5 提案如果通过，将对华人子女申请大学造成限制的时候，发起了强烈和声势浩大的抗议活动，直接导致了该案被搁置。但大多数时候，抗议只是一种表达方式，未必都能达到目的。华人参政应该努力学习当地的“游戏规则”，并用规则保护自己。一是选票。在美国，选票是力量。虽然选票的重要性在每一次选举都被提及，但华人投票率一直不高。有的华人积极参加抗议活动，但不积极去投票，或者只参加大选，对中期和地方选举没兴趣，实属本末倒置。二是华人参政要从身边的社区和学区开始。不仅团结华人群众，而且要团结其他族裔居民，否则一旦有事，就会事先不知晓，事后缺乏有力措施。三是要学会运用法律允许的方式和渠道。这既包括和议员保持沟通，也包括政治捐款。华人参政的弊病，一向被归因为华人不团结、缺少组织，而华人对政治捐款不够热心则很少被人提及。虽然华人整体经济情况不错，但很少进行政治捐献，后果就是缺少华人政治人物的支持，同时也缺少可能支持华人利益的政治人物的支持。另外，华人要多学习当地的法律法规。每一次涉及华人诉讼或权益的抗争活动，都有人批评华人民众对美国法律缺乏认识，因此抗议没达到应有的效果。只有学好“游戏规则”，华人才能在参政中避免误区，有效争取自身权益。

五　华人对当地贡献渐被认可，社会地位逐渐提高

美国一直是中国移民的主要目的地国之一，但美国华人移民在历史上曾饱受歧视。近年来，随着中国国力的提升和美国华人移民社会地位的逐渐提高，华人对于美国社会的贡献逐渐被认可。美国国会参众两院分别在2011年和2012年正式以立法形式向曾经排斥歧视华人的做法道歉。2017年，加州众议院通过决议，将每年5月10日定为铁路华工纪念日；2018年，美国又授予二战华裔老兵国会金质奖章。

（一）二战华裔老兵终获国会金质奖章[①]

2018年12月20日，美国总统特朗普签署了此前由国会通过的法案，授予二战华裔老兵国会金质奖章这一美国最高的非军事荣誉之一，华裔在战争中的贡献终于获得认可。二战期间，在以《排华法案》为代表的歧视重压下，华人遭受着社会歧视、不公待遇及入籍障碍，但他们还是义无反顾地参加了战争，大约有2万名勇敢的华裔军人在美军服役，冒着生命危险保卫

① 《终获认可!美将向两万华裔二战老兵授国会金质奖章》，人民日报海外网，2018年12月15日，https://baijiahao.baidu.com/s?id=1619890455882350765&wfr=spider&for=pc。

美国。二战结束后，一些老兵甚至依然因为华裔身份找不到工作，从事洗衣工等低薪职业。在美国社会分裂严重的当下，授予二战华裔老兵国会金质奖章这一法案先后在参众两院通过，意义重大。近年来，美国国会已先后通过法案，授予日裔、菲律宾裔等二战老兵国会金质奖章，华裔是最后一个对二战贡献获得国会承认的少数族裔。这迟来的殊荣与从国会议员到社会各界多年的呼吁和倡议不无关系。这枚姗姗来迟的奖章，也让更多华裔后代意识到，自己可以为祖辈、为这个群体争取到承认和荣誉，这是所有在美少数族裔经过漫长过程才取得的进步。

（二）美国加州迎首个铁路华工纪念日①

1869 年 5 月 10 日，逾万名华工用自己的血汗和生命修建的首条跨越北美大陆的太平洋铁路建成通车，然而一个半世纪以来他们的贡献一直被埋没。美国华人联合会（UCA）前理事长、休斯敦大学教授白先慎表示，“赴美修建铁路的逾万名华工中，超过 10% 的人为建设美国第一条跨大陆铁路而长眠他乡。后来这条铁路对美国经济发展具有重大的贡献”。然而，就在华工完成铁路建设仅 13 年后，美国国会于 1882 年通过了《排华法案》。该法案禁止华工在 10 年内进入美国。这是美国历史上唯一一项以特定族裔为目标的歧视性法案。该法案实施了 60 年之久，直至 1943 年才被彻底废除。此后法案虽被废除，但是华人在美国的地位并没有得到明显提升，华工的功绩也从未得到正视。如今，华工当年的牺牲终获认可。2017 年 5 月 8 日，由华裔议员提出的将每年 5 月 10 日定为铁路华工纪念日的决议案在加州众议院全票获得通过，2018 年 5 月 10 日，美国加州终于迎来首个铁路华工纪念日。设立铁路华工纪念日，是为了唤醒被遗忘的历史记忆、推动民众之间的相互理解，也是为了提醒美国主流社会不要忘记华工的贡献。

---

① 《美国迎来首个铁路华工纪念日》，人民网，2018年5月16日，http://m.people.cn/n4/2018/0516/c204575－10985594.html。

六　美国对中国留学生签证设卡，高科技专业成重灾区

（一）“留学生间谍论”激怒在美华裔

2018 年 8 月 8 日，一则“留学生间谍论”的新闻引起了世界广泛关注。报道称，特朗普在私人高尔夫俱乐部举行的晚宴中不点名地表示：“几乎所有来自这个国家的学生都是间谍。”虽未明确提到是哪个国家，但与会者认为明显是指中国。之后，不少西方媒体均加以转述，大意都是，“特朗普说中国学生是间谍”。消息一出，立刻引发美国华裔的强烈不满。前白宫内阁秘书长卢沛宁就在社交网络账户上表示抗议，称“这对每一个华裔美国人（比如我）来说都是不能容忍的无礼行为，我们的祖先都是作为学生来到这个国家的”。联邦众议员赵美心也在社交网络上称，“令人愤怒。特朗普的草率言论助长了危害中国和亚太地区学生的刻板印象，并通过阻止学生就读 STEM 学科来伤害我们自己的经济未来，学生们会担心因为他们的亚裔身份而成为被针对的目标。我们知道这种偏见可以带来什么”。[①] 8 月 9 日，美国华人联合会（UCA）对此事发表声明，称对特朗普这一言论感到“十分不安”。声明表示，陷入孤立主义、偏执等，是“自我毁灭的行为”。对此，美国国务院发言人诺尔特在例行记者会期间表示，“有许多中国留学生都在美国学习，美国与中国政府建立了强大的民间联系。我们与中国建立了牢固的关系，我们欢迎中国学生在美国留学”。[②]

（二）美国缩短高科技专业中国留学生签证期限

据美联社报道，美国国务院 2018 年 5 月 29 日表示，特朗普政府计划缩

① 《“留学生间谍论”激怒华裔　美国务院：欢迎中国学生》，中国新闻网，2018 年 8 月 11 日，http：//www. sohu. com/a/246523493_ 123753。

② 《“留学生都是间谍”说法激怒华裔，美国务院最新回应来了》，美国中文网，2018 年 8 月 10 日，http：//www. sinovision. net/politics/201808/00445625. htm。

短发给部分中国公民的签证有效期，也就是说从2018年6月11日起限制部分中国公民签证申请。主要针对的专业领域为机器人、航空和高科技制造等，这些专业的中国留学生签证（F1签证）将被限制为1年，而通常情况下F1签证期限都为5年。此外，如果中国公民在属于美国商务部的特别审查名单内的实体机构担任研究人员或经理，他们将需要来自多个美国机构的特别许可。换句话说，这些人申请签证，可能要等数月时间才能通过审查。① 这一举措被视为对中美贸易战的回应，因为该举措所限制的专业领域都属于“中国制造2025计划”大力扶持的领域。

（三）中国赴美留学生数量出现下降，但仍居榜首

2016～2017学年，中国是留学生来源国中人数最多的国家，占留学生总数的33%，其次是印度（17%）、韩国和沙特阿拉伯（各占5%）以及加拿大（3%）。与前一年相比，有3.5万名学生（包括新生和归国学生）进入美国高校，这一增长主要是由来自中国和印度的学生数量增加所推动的。其中，印度学生的增长速度超过了中国。② 不过，虽然中国留学生总是扎堆到美国留学，但这种情况和“优势”也在不知不觉中发生着变化。据相关媒体报道，在中国留学生连续7年成为美国留学生最大生源国后，2016年度赴美求学的国际学生数量出现了下降。③ 随着我国发展环境的改善，人才引进政策不断出台，飞速发展的祖国，拥有强大实力和强大的磁力，已经吸引着更多学子，踏上归国的路，激发了又一轮“海归潮”。留学生对于学成之后回国创业发展持积极态度，当然这与留学地国家工作签证门槛不断提高有着密切的关系，如美国工作签证中签率逐年递减。文化差异、情感归属加上国内众多的机遇是促使留学生学成回国的重要因素。

---

① 《外媒：美国将缩短中国留学生签证期限　中方明确回应》，参考消息网，2018年5月31日。http：//baijiahao.baidu.com/s?id=1601928205445283250&wfr=spider&for=pc。

② 本部分数据来自MPI：International Students in the United States，May 9，2018，https：//www.migrationpolicy.org/article/international－students－united－states。

③ 《美国还是中国留学生最向往的地方吗?》，中国侨网，2018年6月2日，http：//www.chinaqw.com/hqhr/2018/06－02/191713.shtml。

B.11 加拿大侨情分析

李斌斌*

摘　要： 2018年，加拿大华侨华人数量持续增长，华人约达到180万人；中国移民数量连续多年平稳增长；“中加旅游年”成功举办，中国赴加拿大游客数量创下史上最高，首次超过70万人次；中国赴加拿大留学人数10年增长184%，低龄留学占比接近30%。温哥华市政府为历史上歧视华人正式道歉，成为第四个向华社正式道歉的加拿大三级政府，此外还计划在维护华人群体权益方面出台更多后续政策，包括推动华埠申请世界文化遗产，并积极推进温哥华唐人街申请世界遗产。在这一年里，加拿大华社持续壮大，积极参政议政，维护自身权益，对祖（籍）国积极声援，华侨华人社团非常活跃，在各方面均发挥了积极作用。加拿大华侨华人近年来一直奔走呼吁加拿大联邦政府设立南京大屠杀纪念日，2018年华社筹款在大多伦多地区列治文山树立了南京大屠杀遇难者纪念碑等。

关键词： 加拿大　侨情　华侨华人　中加旅游年

2018年是中国和加拿大交往中不平凡的一年，两国在政治、经济和文化领域的交流与合作十分频繁，双边关系既有前进又有波折。两国在2017年底发表了《中加气候变化和清洁增长联合声明》，签署了诸如食品进出口

---

* 李斌斌，中国华侨华人研究所助理研究员，研究方向为华侨华人与传播问题。

谅解备忘录等一系列双边合作文件。此外，两国在自然资源、农产品、清洁技术等多个方面也开展了良好的合作。2018 年在上海举办的首届中国国际进口博览会上，加拿大作为 12 个主宾国之一，有众多企业和人员参会，仅国家展就有逾 600 人报名，参会人员涉及农业、金融等行业，展现了两国关系良好的发展势头。目前，中国是加拿大继美国之后的第二大贸易伙伴，也是加拿大在亚洲的第二大投资来源地和第一大投资目的地。但在 2018 年，随着华为 CFO 孟晚舟被加拿大政府拘捕、中方依法对 2 名加拿大公民采取强制措施、谢伦伯格走私毒品案、中加自贸协定谈判停滞等事件的发生，中加关系遭遇波折，“黄金十年”蒙上阴影，在加华侨华人也不可避免地受到影响。

一　华侨华人数量持续增长、规模创新高

（一）加拿大华人数量约达到180万人

加拿大是一个传统移民国家。截至 2019 年 1 月 1 日，加拿大总人口达 3731.44 万人，2018 年加拿大人口增长了 52.84 万人，其中八成来自国际移民。加拿大联邦政府 2018 年 10 月底曾在渥太华宣布其今后三年移民配额计划。其中，2019 年的移民配额为 33.08 万人，2020 年为 34.1 万人，2021 年为 35 万人。三年计划吸纳的移民总数为 102.18 万人。①

关于加拿大的华人数量，目前最新的准确数据来自加拿大统计局网站公布的 2016 年加拿大人口普查结果，显示华裔人数为 1769195 人，占全国总人口的 5.1%，居所有族裔的第七位，前六位分别是加拿大裔、英国裔、苏格兰裔、法国裔、爱尔兰裔和德国裔。② 88% 的华人集中在几个主要城

① 加拿大统计局网站，https://www.statcan.gc.ca/eng/start。

② 加拿大统计局网站，https://www12.statcan.gc.ca/census-recensement/2016/dp-pd/dt-td/Rp-eng.cfm? APATH = 3&DETAIL = 0&DIM = 0&FL = A&FREE = 0&GC = 0&GID = 0&GK = 0&GRP = 1&LANG = E&PID = 110528&PRID = 10&PTYPE = 109445&S = 0&SHOWALL = 0&SUB = 0&THEME = 120&Temporal = 2016&VID = 0&VNAMEE = &VNAMEF = 。

市，其中多伦多和温哥华两市的华人人口就占全国华人总数的68%。在华裔人口占城市总人口的比重方面，温哥华市华裔人口占比为21%（见表1），其次是多伦多（12%）、卡尔加里（8%）、埃德蒙顿（6%）、渥太华（4%）、温尼伯（4%）、蒙特利尔（3%）。目前，加拿大华人数量估计达到180万，汉语普通话和广东话已分别成为加拿大第三和第四位使用最广泛的语言。

表1　加拿大七城市华裔人口情况

城市	总人口	华裔人口	华裔人口占比(%)
多伦多	5862850	700705	12
温哥华	2426235	499175	21
蒙特利尔	4009790	108775	3
卡尔加里	1374650	104620	8
埃德蒙顿	1297280	71950	6
渥太华	1300730	49925	4
温尼伯	761540	26815	4

资料来源：据《加拿大中文报》微信公众号文章《重磅！加拿大发布针对华人的最新权威数据!》整理。

除了以上华人集中的城市外，列治文山市的华人已经成为当地最大族群。列治文山市近年来发展势头良好，吸引了不少新移民涌入。根据2016年人口普查数据，列治文山市三分之一的人口为华人，2016年市内华人人数达58485人，较2011年人数增加13255人，增长幅度达29.3%。其次为伊朗人和意大利人。①

加拿大移民主要来源国的变化已经改变了加拿大移民的整体结构。2016年，近一半（48.1%）的移民人口出生在亚洲（包括中东地区），出生在欧洲的移民人口比重降低至27.7%。来自非洲的移民也不断增加，但比重只升至8.5%。在2011～2016年的新移民人口中，61.8%来自亚洲（包括中

① 中国侨网，http：//www.chinaqw.com/hqhr/2019/02－11/215087.shtml。

东地区）。亚洲人选择移民加拿大的趋势越来越明显，其中，中国人贡献了主要力量。加拿大统计局预测，按照目前的趋势，到2036年，将有55.7%～57.9%的移民是在亚洲出生的。①

（二）中国移民数量连续多年平稳增长

加拿大联邦移民部数据显示，中国新移民人数近年来保持平稳增长：2015年抵加中国新移民为19535人，2016年为26855人，2017年达30280人，2018年前两个季度分别为7405人和7710人。②

中国移民人数持续增长的原因主要是经济技术类移民数量增加，且留学生逐渐成为其中主力。留学生在移民方面具有优势，有多年的生活经验，再加上专业和英语技能，容易申请成功。另外，加拿大政府也在为引进国际留学生移民积极创造便利条件。在2017年引进的30282名中国移民中，父母、祖父母移民大约4000名，配偶团聚类移民大约1万名，还有近1万个省提名移民项目、企业家移民、商业移民等，剩下的就是经济技术类移民。③ 前几类移民每年的联邦配额基本稳定，主要增长的是经济技术类移民，而“快速通道”（Express Entry）移民项目就是引进经济技术类移民的主要途径。

“快速通道”移民项目是加拿大于2015年1月1日起执行的一种新的在线移民申请系统。据加拿大《明报》报道，加拿大联邦移民部数据显示，2017年，中国继续位列“快速通道”移民项目的移民来源国前三名。从2015年到2017年，中国移民数量连年增长，2015年为1678人，2016年为2659人。2017年“快速通道”移民项目共引进65415人，印度、中国和菲律宾连续列移民来源国前三名，人数分别是25920人、6245人及2665人，分别占39%、9%和4%，中国移民数量比上年有所增长。从移居省份分布看，安大略省和不列颠哥伦比亚省依然是中国移民的首选地，2017年分别引进3115人和1655人，但也有越来越多的中国移民选择其他省份定居。例

① 中国新闻网，http：//www.chinanews.com/hr/2017/10－27/8361943.shtml。

② 中国新闻网，http：//www.chinanews.com/hr/2018/09－30/8640684.shtml。

③ 中国新闻网，http：//www.chinanews.com/hr/2018/05－18/8516824.shtml。

如加东海洋 4 省（新斯科舍、新布伦瑞克、爱德华王子岛和纽芬兰与拉布拉多），2016 年引进人数为 195 人，2017 年则增长至 430 人。[①]

此外，2018 年中国移民造假的事件多有发生。据媒体报道，2018 年年底，在加拿大无牌顾问王迅的违法操作下，有 538 名中国移民涉及申换新枫叶卡造假，面临调查或取消身份，其中 166 人没有通过“移民资格聆讯”，全部面临遣返。此案是加拿大史上最大规模的移民申请诈骗案。由于加拿大近年来收紧了投资移民政策，许多中国移民开始通过爱德华王子岛的省提名计划进入加拿大，再将其作为跳板去其他地方。2018 年发生移民造假丑闻，有 460 多名移民被指控涉嫌通过该省的商业移民计划申报假住址而取得永久居留权，而爱德华王子岛省政府于 9 月 13 日宣布关闭了 PEI PNP 企业家移民计划这一中国人最喜欢的移民项目。爱德华王子岛省近年有大量的中国移民进入。据政府统计数据，超过 60% 的成功申请者都是中国新移民。这些移民造假丑闻重创了华侨华人的海外形象。

（三）中国赴加游客数量首次超过70万人次

据世界旅游组织（UNWTO）的统计，中国拥有全球最大的旅游客源，也是民众在旅游方面花费最多的 5 个国家之一。[②] 加拿大近年来锐意拓展旅游业，注重吸引中国游客。2016 年，中国国务院总理李克强与来华访问的加拿大总理特鲁多共同宣布 2018 年为中加旅游年。2018 年 3 月 21 日，中加旅游年开幕式在加拿大多伦多举办。

为办好中加旅游年，加拿大政府做了许多宣传推广和准备工作。2017 年 11 月 15 日，加拿大允许中国 60 岁以上的签证申请者更快拿到签证；2017 年 11 月中旬，加拿大在中国南京、成都、杭州、济南、昆明、沈阳和武汉新增的 7 个签证中心投入启用。此外加拿大还在增加新航线和航班、完善旅游线路、强化中文网站、增加汉语导游、提供中文资讯等方面做了周密

---

① 中国新闻网，http：//www. chinanews. com/hr/2018/04 - 03/8482527. shtml。

② 中国新闻网，http：//www. chinanews. com/hr/2018/07 - 23/8576027. shtml。

准备，使中国游客赴加拿大更加便捷。

关于中加旅游年的效果，加拿大旅游局于2019年2月发布的数据显示，2018年赴加中国游客数量首次超过70万人次，达737379人次，比2017年的68.2万人次增长6%。2018年赴加国际游客人数逾2113万人次，也创造了史上最高纪录。英国仍然是加拿大最大游客来源地，中国则是第二大游客来源国。[①] 从另一方面看，2018中加旅游年虽然使游客数量增长了一些，但并未达到加拿大旅游局吸引76.6万中国游客、比2017增长13%的预期。其中有旅游资源不够丰富、旅游季节短等客观原因，也有加拿大旅游服务不到位、旅游产品性价比低等因素。

另外值得一提的是海外旅游的安全问题。2018年6月4日下午，中国旅行团所乘坐的大巴在加拿大安大略省东部交通要道401号高速公路上突发事故冲出路面，造成3死34伤的悲剧。车上37人中除司机和导游外，其余34名游客和1名领队均为中国公民，来自上海、江苏、浙江和安徽等地。遇难3人中包括一名男性及两名女性，年龄介乎54岁至60岁之间。事故发生后，中国驻加拿大使馆、驻多伦多总领馆及中国文化和旅游部驻多伦多办事处联系警方、医院、涉事旅行社及中国国内有关部门做好了事故的善后工作。

（四）中国赴加拿大留学人数10年增长184%，低龄留学占比接近30%

加拿大是目前世界上最热门的几大留学目的国之一，赴加中国留学生数量持续快速增长。加拿大移民局数据显示，从2009年到2018年，在加拿大学习的中国学生人数不断攀升，从5万人增长至14.3万人，增长率高达184%。[②]

2018年上半年，加拿大移民部签发给持外国护照的国际留学生的学习允许

---

① 加拿大旅游局网站，https：//www.destinationcanada.com/sites/default/files/archive/829 - Year%20in%20Review%20Infographic%20 - %202018/DC_ 2018Infographic_ EN_ FINAL%20%282%29.pdf。

② 中国新闻网，http：//www.chinanews.com/hr/2019/07 - 31/8912133.shtml。

签证达 13.4 万个，其中前三名分别是来自印度、中国和韩国的留学生，其中给中国留学生签发学习允许签证 37960 个，而 2017 年上半年签发签证数量为 25335 个。加拿大联邦移民部的数据还显示，最近几年，到加拿大读书的中国留学生人数逐年增加：2015 年为 65895 人，2016 年为 77080 人，2017 年为 83095 人。①

目前在加拿大的中国留学生低龄化的状况仍然普遍存在，越来越多的中国家长让孩子来加拿大读高中，提早适应国外的学习生活，为将来上国外高校而努力。启德留学客户服务数据显示，2018 年通过启德申请加拿大留学的中国学生中，申请中学及以下占比接近 30%。

在区域选择上，安大略省仍为学生首要选择（74%），包括多伦多市、渥太华市与滑铁卢市；不列颠哥伦比亚省占比 16%，包括温哥华市与维多利亚市。在申请年级方面，申请 G10 - G12（相当于国内高中）课程的学生占比达到 81%，其中申请 G11 年级（相当于国内高二）的学生为主要群体。值得关注的是，2018 年申请加拿大公立中学、国际中学、本地精英中学的中国学生占比分别为 56%、36% 与 8%。②

据加拿大《明报》报道，加拿大联邦“快速通道”移民系统已经成为国际留学生毕业后移民加国的主渠道。过去，通过这个系统接收国际留学毕业生移民的比重占接收总人数的 30% 到 40%，2018 年以来已占到 50%，未来联邦政府占比最少在 50% 以上。联邦政府还将根据实际需求调整“快速通道”系统，确保吸引更多国际留学毕业生移民加国。③

二　温哥华市政府历史性道歉，华埠筹备申遗

（一）温哥华市政府就歧视华人历史正式道歉

温哥华是加拿大华人人口最多的城市之一。在 2014 年时，温哥华市议

① 中国新闻网，http://www.chinanews.com/hr/2018/09-10/8623107.shtml。

② 中国新闻网，http://www.chinanews.com/hr/2019/07-31/8912133.shtml。

③ 中国新闻网，http://www.chinanews.com/hr/2019/06-26/8875510.shtml。

会就开始检讨该市1886年至1947年间实施的涉嫌歧视华人的政策。2017年10月，该市推出相关道歉报告，提出温哥华市政府应就过往歧视向华裔社区正式道歉。温哥华市议会同年11月1日通过了一份名为《从排华到平等公民权利：检视早期华裔居民所受温哥华市歧视政策》的报告。2018年4月22日是温哥华华埠文化节，当天下午，温哥华市市长罗品信代表市议会和市府就历史上对加拿大华人实施歧视性法律和政策正式公开道歉。他表示："历史上遭受歧视的阴影至今仍然笼罩着加拿大华裔，我们城市必须首先承认其带来的伤害，然后才可以向前迈进。"① 在道歉仪式上，退伍军人代表吴英超、中华会馆理事长姚崇英、年轻人代表蔡珍仪也先后发言回应市府道歉。大约有500名华社代表及其他族裔人士、加拿大三级政府代表和媒体记者参加了道歉仪式。虽然这一句道歉迟到了百余年，但也终究使华侨华人的心得到了慰藉。正是有一代又一代华侨华人的艰辛努力，才赢得了当地主流社会的尊重。

温哥华及其所在的不列颠哥伦比亚省是华人抵达加拿大最早、最主要的登陆地。早在18世纪末就有华人抵达不列颠哥伦比亚省沿岸。1870年后，移居该省的亚洲移民日益增多。历史上，不列颠哥伦比亚省议会曾经通过了100多项排挤与歧视华人的立法与政策。当年对华人的歧视是系统性的，延伸到经济、政治与社会生活各个领域。② 这些法律曾使得华人不能享有白人所享有的最基本的人权，如华人无资格在任何市选中投票、禁止华人庆祝农历新年、禁止华裔居民购买房地产等，在就业、教育等方面也有诸多歧视性限制，并在居所和医疗等方面被实施种族隔离。1886～1887年，温哥华地区发生了较大规模的排华事件。1886年6月，一些白人声称华工抢夺了他们的工作机会，组织集会煽动群众将华工逐出温哥华。1887年，白人甚至带领几百名暴徒袭击华人聚居区。③

19世纪后期，约15700名华工参与修筑加拿大太平洋铁路，其中4000

① 人民网，http://world.people.com.cn/n1/2018/0424/c1002-29944751.html。

② 人民网，http://world.people.com.cn/n/2014/0516/c1002-25027347.html。

③ 周南京主编《华侨华人百科全书·历史卷》，中国华侨出版社，2002。

多人客死他乡。但在1885年铁路竣工时，在敲入最后一颗道钉的庆功仪式上却找不到一个华人的身影。相反，加拿大政府在此时通过了《华人入境条例》，规定华人新移民必须向政府额外缴纳50加元。两年以后，“人头税”又猛增到500加元，相当于当时一位华工两年的工钱。到1967年，“人头税”才被废除。1885～1923年，加拿大政府共向逾8.1万名中国移民征收了总计2300万加元的“人头税”。1923年7月1日，加拿大联邦政府又开始实施被称为“排华法案”的《华人移民法案》，对华人彻底关闭移民大门。该法案直至1947年才被废除。[①]

经历了漫长的抗争，华侨华人慢慢等来了历史的公正。

2006年6月22日，时任加拿大总理哈珀代表联邦政府就过去向华人征收“人头税”和实施排华法案等问题，在国会正式道歉。

2010年9月20日，不列颠哥伦比亚省历史名城新西敏市市议会就歧视华人历史正式道歉，成为全加拿大首个就昔日排华政策向华社道歉的城市。

2014年5月15日，时任不列颠哥伦比亚省长简蕙芝代表省政府就歧视华人的历史正式道歉，并成立“传承基金”，资助教育工作，包括把有关历史及华裔贡献写进教科书，并保护华人历史遗址和文物。

2017年9月10日，不列颠哥伦比亚省长约翰·霍根（John Horgan）代表省政府就过去歧视华人政策向华社正式道歉，肯定华人当年在建设加拿大太平洋铁路中所做贡献，并树立道歉纪念碑。

2018年，温哥华政府是第四个向华社正式道歉的加拿大三级政府。

（二）温哥华市推动华埠申请世界文化遗产

温哥华华埠是加拿大最大的唐人街，在北美面积仅次于美国旧金山唐人街，有100多年的历史，占地约六个街区。温哥华政府继对历史上歧视华人道歉后，还计划将就维护华人群体权益，推出更多的后续政策，包括建立一个

① 胡良光：《道歉虽迟到　正义未缺席》，《南方日报》2018年5月1日A05版。

遗产工作组，使所有的温哥华人了解到历史上的不公正事件，以及通过为华埠申请成为联合国教科文组织的指定世界文化遗产，从而保留其现有风貌。

2018 年 5 月 15 日，加拿大温哥华华埠发展修订计划呈交给市议会进行讨论。为了保护温哥华华埠的原有历史面貌，市政府在建筑楼层高度、土地用途等方面出台了一些政策加以限制，从而顺利申请成为联合国世界文化遗产。温哥华华埠修订计划已于 2018 年 7 月 10 日在温哥华市议会以大比数通过。9 月 18 日，加拿大不列颠哥伦比亚省与温哥华市签署谅解备忘录，宣布携手推动温哥华华埠申报联合国教科文组织世界文化遗产名录，省市两级政府同时承诺，将建立一座加拿大华人博物馆。推动温哥华华埠申遗，将令这一杰出的社区获得重要的投资机会，也彰显几代华人对这座城市的重要贡献。①

三　华人积极参政，大多伦多地区尤为突出

（一）伍凤仪出任现内阁首位华人部长

2018 年 7 月，加拿大总理特鲁多任命来自中国香港的伍凤仪为加拿大小型企业及出口促进部部长。这是现任总理特鲁多内阁的首位华人部长，也是加拿大联邦政府史上第二位华人女性部长。据媒体报道，伍凤仪的主要职责是帮助加拿大创业者和工商界在海内外成长、参与竞争并争取成功，并负责主管加拿大商业开发银行。

伍凤仪幼年随家人从香港移民加拿大。在就任部长前，她曾在安大略省和联邦政府任职。2017 年 4 月，她被选为万锦康山区联邦国会议员，代表该选区渥太华国会山庄发声。在这之前伍凤仪曾经服务于安省公务员、安省教育厅、怀雅逊（Ryerson）大学，并在近年出任加拿大总理特鲁多的公共任职主任。② 作为总理办公室公共任职主任的她在联邦国会议员空缺席位的

---

① 中国新闻网，http：//www. chinanews. com/hr/2018/05 - 15/8514016. shtml。

② http：//www. sohu. com/a/243150450_ 184713.

补选中胜选，跻身联邦众议员之列。伍凤仪是加拿大联邦政府有史以来第二位华人女性部长。在她之前，2011 年 5 月，来自香港的移民黄陈小萍出任哈珀政府的耆老事务国务部长。①

（二）安大略省产生史上第一位中国大陆背景的保守党省议员

2018 年 6 月 7 日，安大略省的省级选举结果出炉，安大略省进步保守党获得了组建多数政府的席位，结束了该省近 15 年自由党执政的局面。此次华人投票热情空前高涨，共有 10 余名华人角逐省议员之位。代表自由党出战、争取连任省议员的黄素梅、董晗鹏，以及其余 4 位竞逐省议员的“新丁”，在该党低迷的民望拖累下，全部败选。而代表进步保守党的 5 位华人候选人中，有 3 人当选省议员。包括移民自中国福建、曾任通信设备公司工程师的柯文彬，以及移民自中国香港的商界人士韦邱佩芳和教育界人士彭锦威。其中柯文彬成为安大略省历史上第一位中国大陆背景的保守党省议员。②

（三）大多伦多地区华裔竞逐人数破纪录

加拿大大温哥华地区市政选举于 2018 年 10 月 20 日午夜落幕，华人参选人有得有失。有约 70 名华人参选人投身大温哥华地区市政选举，竞逐市长、市议员、学务委员或公园局委员，人数创出新高。其中 12 人当选。但较 4 年前的上届选举相比，华人当选人数减少 6 人。在温哥华市议员选举中，华人参选者均告落选。这也是最近 36 年来首次没有华人当选温哥华市议员。但是，华裔在安大略省市镇选举中表现不俗，不仅华裔参与人数创新高，结果也比较可观。2018 年 10 月 22 日晚，安大略省市选结果出炉，共有 17 名华裔候选人走上政坛，其中 9 人为男性，8 人为女性。此次共有 86 名华裔在大多伦多地区竞逐市长、区域议员、市议员及教育委员席位，人数打破历届纪录。③

---

① 中国新闻网，http：//www. chinanews. com/hr/2018/07 －19/8572308. shtml。

② 中国新闻网，http：//www. chinanews. com/hr/2018/12 －28/8714734. shtml。

③ 中国侨网，http：//www. chinanews. com/hr/2019/01 －03/8718642. shtml。

四　华社积极作为，热心公益

（一）华人社团筹款树立南京大屠杀遇难者纪念碑

近年来，加拿大华侨华人一直在为加拿大设立南京大屠杀纪念日而奔走呼吁。2017 年 10 月 26 日，加拿大安大略省省议会通过了时任华人省议员黄素梅提出的、将每年 12 月 13 日设为南京大屠杀纪念日的动议，并在"南京大屠杀"80 周年纪念日来临之际首次在官方场合举行纪念活动。2018 年 11 月下旬，加拿大华人国会议员关慧贞携全国逾 4 万民众的支持签名，在联邦国会两度提出将每年 12 月 13 日设为南京大屠杀纪念日的动议，惜均未获通过。

虽然动议受挫，但在当地华人社团的努力下，2018 年 12 月 9 日，海外首座"南京大屠杀遇难者纪念碑"在列治文山市的爱恩墓园揭幕。"南京大屠杀遇难者纪念碑"是由多伦多华人团体联合总会和加拿大中国洪门民治党多伦多支部联合发起，全加华人社团数月间筹集 20 余万加元，共同参与建造而成。

这座纪念碑坐落在大多伦多地区列治文山的爱恩墓园内，坐西朝东。纪念碑高 2.5 米、长 4.88 米、宽 0.92 米，占地 90 平方米。黑色的长方形主体形若展开的历史书卷。碑体正面镌刻"南京大屠杀遇难者纪念碑""铭记历史，祈愿和平"以及"1937－12－13"字样。书脊上方为三只展翅的和平鸽，象征对和平的期盼。当地侨界，中国驻多伦多总领事馆，加拿大联邦、省、市议会，以及犹太裔等其他族裔社区代表约千人出席纪念碑揭幕仪式。纪念碑的竖立，有助于各族裔民众了解南京大屠杀这段悲惨的历史，积聚维护和平、捍卫正义的力量，构建美好和谐的世界。①

（二）加拿大华人探讨华社利益诉求

2018 年 5 月 1 日，加拿大百人会在温哥华举办了一场加拿大华人利益

① 中国新闻网，http：//www.chinanews.com/hr/2018/12－10/8696771.shtml。

诉求研讨会，加拿大联邦省市三级会议的民意代表、专家学者、社区领袖齐聚一堂，探讨了加拿大华人社区共同的利益诉求，从会上多元的观点中可以看出目前加拿大华人社会所面临的问题和华人自身的努力方向。

目前，加拿大主流社会十分期待华人社区在政治、经济、文化、环保、慈善等方面发挥重要的影响力。在融入方面，与会者强调通过发扬共同的人性的精神，突破华裔社区的内部分歧，并与更大的社区建立联系。加拿大华人社区的目标和愿景是相同的，虽然融入的路径和方法不同，但通过努力，华人完全可以找到共识，共同创建美好社区。在华人参政方面，加拿大华人在经济、文化、教育和政治领域对加拿大“主流”已经做出了贡献，却没有被“主流”认同，这就是华人参政的重要性所在。不同政党的华裔代表，都要超越党派立场。应鼓励青年人参与政治并为社区做贡献。在文化适应方面，与会者认为加拿大的多元文化意味着马赛克式的和平共处，所以华人移民不能忘记“华人文化”之根，这是华人社区最基本的共识基础。

（三）第四届加中投资峰会为两国经贸合作搭建平台

近年来，中加两国领导人举行多次会谈，取得了一系列重要成果，将两国关系推向新的高度。中国连续多年成为加拿大的第二大贸易伙伴、第二大进口来源地和第二大出口市场，双边经贸合作保持良好发展势头，经济联系不断加强，合作潜力巨大。[①] 据加方统计，两国双边贸易额 2017 年达到创纪录的 728 亿美元，2018 年上半年又比上年同期增长了 7.8%，达到 365 亿美元。投资方面，中加两国也已成为相互间重要的投资来源地，目前中国 300 多家在加企业投资总额超过 500 亿美元，其中民营企业占到三分之二以上。同时，在中国投资的加拿大企业超过 1.4 万家，投资总额超过 100 亿美元，中国成为加拿大在亚洲的第二大投资来源地和第一大投资目的地。

2018 年 10 月 5 日至 12 日，以中国侨联副主席朱奕龙为团长的中国侨商

① 外交部网站，https：//www.fmprc.gov.cn/web/gjhdq_ 676201/gj_ 676203/bmz_ 679954/1206_ 680426/sbgx_ 680430/。

联合会代表团一行18人，应加拿大中国工商联合会、古巴国家商会的邀请出访加拿大。为促进侨资企业走出去拓展国际市场、开展民间对外经贸合作搭建平台。10月6日，第四届加中投资峰会开幕，加拿大总理特鲁多为峰会发来贺信，对峰会的召开表示热烈祝贺。两国政府有关部门高级官员及当地工商界代表、主要华商领袖约500人出席峰会。峰会上共有9个合作项目签约，涉及金融、医疗、电子商务、贸易等多个领域。10月7日，朱奕龙副主席率代表团参加由中国侨商联合会常务副会长单位香港胜记仓集团和加拿大保利高集团共同投资的世界商品交易基地·加中贸易城项目奠基仪式。加拿大有关政府部门及工商界代表、中国侨商联合会代表团等近200人参加奠基仪式。

B.12

中美洲侨情分析

李斌斌*

摘　要： 本文主要介绍巴拿马、哥斯达黎加、墨西哥、萨尔瓦多4个国家的侨情。2017年中国与巴拿马建交后，两国关系强劲起步，各领域合作成果丰硕。2018年12月2日，国家主席习近平对巴拿马进行了历史性访问。巴拿马推出了包括旅游、签证、移民、航空方面的多项举措促进中巴交往。2018年，巴拿马华裔人口为28.5万人。其他国家中，哥斯达黎加约有华侨华人8万人，墨西哥现有华裔超过40万人，而华侨华人仅有8万人左右。2018年中国与萨尔瓦多也建立了外交关系，这必将使该国的华侨华人获益。

关键词： 中美洲　侨情　华侨华人

2018年中美洲各国与中国的交流与互动蓬勃发展，在多个领域实现了突破及长足进步。2018年12月2日，国家主席习近平抵达巴拿马城，对巴拿马进行了历史性的访问。中国与巴拿马建立外交关系一年来，两国在经贸合作方面取得了不少成果。两国签署了约20个双边合作文件，涉及共建“一带一路”等多个领域。目前，中国是巴拿马的第二大贸易伙伴，也是巴拿马运河第二大用户。巴拿马是中国在中美洲重要的经贸合作伙伴，也是第一个与中国签订“一带一路”建设备忘录的拉美国家。2018年6月12日，

---

* 李斌斌，中国华侨华人研究所助理研究员，研究方向为华侨华人与传播问题。

中巴正式启动中巴自贸协定谈判。科隆自由贸易区是西半球最大的自由贸易区之一，位于巴拿马北部加勒比海沿岸。中国是科隆自由贸易区最大的商品供货商，连续多年成为巴拿马博览会参展企业和展位数量最多的国家。2018年4月，中国国际航空公司开通了北京—休斯敦—巴拿马城直航航线，极大地便利了两国的人员往来。目前，已有超过30家中国企业在巴拿马投资或参与基础设施建设。中国将投资建设“巴拿马城—戴维铁路”客货铁路。

此外，继2017年中国与巴拿马建交后，2018年中国与萨尔瓦多也建立了外交关系，这必将使该国的华侨华人获益。

巴拿马侨情

巴拿马共和国位于中美洲地峡最南部，东与哥伦比亚相邻，西接哥斯达黎加，南临太平洋，北濒加勒比海，巴拿马运河横贯其间，面积7.55万平方公里，2017年人口为407万人，首都为巴拿马城。

华人移居巴拿马始于19世纪中叶。据《巴拿马先驱报》记载，1854年3月30日，首批约705名中国人从汕头出发，坐着一艘叫“海巫”的帆船经过61天的艰难航行，来到巴拿马参与运河辅助工程——沿海铁路的修建工作。早期的华侨华人参与了巴拿马运河的开凿、两洋铁路的修建、香蕉园的开垦等，为巴拿马的建设做出了巨大贡献。2018年是华人抵达巴拿马164周年。

（一）习近平主席访问巴拿马，推动中巴关系迈上新台阶

2018年12月2日，国家主席习近平抵达巴拿马城，对巴拿马进行了历史性访问。这是习近平主席首次访问巴拿马，也是中华人民共和国主席历史上首次访问巴拿马。中巴建交以来，两国关系强劲起步，各领域合作成果丰硕。

习近平访问巴拿马之前在当地媒体发表题为《携手前进，共创未来》署名文章。他在文章中提到了诸多两国建交以来的成果。2017年中巴建交

后，中国商务部支持的巴拿马科隆平安城市项目开始实施，经过施工、安装、调试和技术培训，该项目已开始稳定运行，维护科隆城市安全。中建美国承建的阿玛多尔会展中心，将成为巴拿马最先进的会展中心。巴拿马的特色农产品也将摆上中国老百姓的餐桌。巴拿马第一所孔子学院——巴拿马大学孔子学院已正式开课。

习近平在访巴行程中也特意安排了参观举世闻名的巴拿马运河。巴雷拉总统全程作陪。2018 年 11 月，巴拿马总统巴雷拉赴上海参加了首届中国国际进口博览会。而令中国人印象深刻的巴拿马万国博览会，是为了庆祝巴拿马运河开凿通航而举办的，会址设在美国旧金山市。1915 年，中国初次参展，第一次在世界舞台上公开露面。

正如习近平在署名文章中所说，中巴要做平等互信的真诚伙伴、休戚与共的发展伙伴、互利共赢的合作伙伴、心贴着心的亲密伙伴，共同推动中巴关系扬帆远航。

（二）巴拿马推出多项举措促进中巴交往

巴拿马在 2018 年全球幸福报告中排名第 27 位。巴拿马最适宜养老，入选世界五大最佳退休天堂。与中国建立外交关系后，两国贸易关系发展迅速，游客交流也更加频繁。2017 年巴拿马共接待 2.2 万名中国游客。2018 年，中国与巴拿马之间的联系进一步紧密，巴拿马政府在吸引中国游客、促进两国沟通交流方面做了诸多努力。

目前，巴拿马已经被中国政府正式批准为旅游目的国，已有 64 家经过中国政府授权的巴拿马企业从当地时间 2018 年 8 月 15 日开始向中国旅行团销售旅行套餐。为向即将到来的中国游客提供更优质的服务，巴拿马还于 2018 年 8 月 14 日召开了“巴拿马准备迎接中国旅客”专题研讨会，同时也准备针对旅游机构和企业开展培训课程。

在签证方面，巴拿马政府发出第 611 号行政令，从 2018 年 10 月 12 日开始，移民局将对中国、多米尼加等国的旅客和商人给予签证优待福利，可申请多次出入境护照盖印签证（visa estampada），此签证之期限可延长到 5 年。

在移民方面，巴拿马国家移民局 2018 年 6 月 13 日开始通过其官方网站，向在巴拿马居住数年、现阶段处于非正常移民状态的中华人民共和国公民开放办事预约服务。移民局还将向符合第 183 号行政命令要求的中国公民签发有效期为 2 年的临时居留证，临时居留证 2 年期满后，持有人可以申请巴拿马永久居留证。

此外，巴拿马政府还致力于与上海直接建立航空联系，开通巴拿马至中国东海岸直飞航线，将“美洲枢纽”（Hub de las Américas）与亚洲 5 个最重要的航空中心之一连接起来，从而增加游客流量。

（三）巴拿马华裔人口为28.5万人

1847 ~1874 年，有 3.4 万名华工被运送到巴拿马，从事修建两洋铁路和开凿运河的工作。根据杨金发的研究，最早到达巴拿马的华人中只有极少数人与中国女性组成家庭，也有一些人回国找配偶，再带到巴拿马。大多数人或独居，或与巴拿马人组成家庭，这就出现了混血的中国人。据 2004 年巴拿马移民局公布的数据，巴拿马全国人口中拥有中国姓的占 10%，即 30 万人。但由于巴拿马官员对中国人的歧视和对中国人姓名的无知，使不少中国人丢失了中国姓，只剩下连自己都不知道的部分中国血统。

对于巴拿马华人的数量，杨金发的文章中提到了两种说法，巴拿马前总统吉列尔莫·恩达拉认为华侨、华人和华裔人数占巴拿马总人口的 30%；研究巴拿马华侨史的谭坚先生则称，35% 的巴拿马人口可以在他们的家族谱系中找到中国血统。由此估计，巴拿马华裔有 30 万人是可信的。[①] 中国外交部网站显示，2017 年时巴拿马人口为 407 万，其中华裔占 7%，[②] 约为 28.5 万人。巴拿马华人九成以上祖籍广东，如今他们活跃在巴拿马各行各业。

中国改革开放后，很多中国人来到巴拿马闯荡，其中大部分人来自广

---

① 杨发金：《拉美华侨华人的历史变迁与现状初探》，《华侨华人历史研究》2015 年第 4 期。

② 外交部网站，https：//www. fmprc. gov. cn/web/gjhdq_ 676201/gj_ 676203/bmz_ 679954/1206_ 680080/1206x0_ 680082/。

东。近些年，巴拿马开始积极肯定华侨华人的贡献。如 2004 年，巴拿马议会将每年的 3 月 30 日定为“华人日”。2005 年，政府支持当地华人在巴拿马城修建了“华人抵达巴拿马 150 周年纪念碑”。华侨和华人编写纪念华人抵达巴拿马 150 周年的大型画册《中华之光》时，巴拿马议长埃利亚斯·阿列尔·卡斯蒂略·冈萨雷斯（其夫人是华裔）和第一副总统兼外长萨穆埃尔·莱维斯·纳瓦罗撰文表示祝贺，盛赞华侨华人对巴拿马的伟大贡献。2014 年 5 月，新上任的巴拿马总统胡安·卡洛斯·巴雷拉高度赞扬华工对巴拿马社会进步的贡献，而首都巴拿马城市长布兰顿则代表执政党——巴拿马主义党向遭受不公正待遇的华侨表示道歉。①

巴拿马华侨华人社团一直以来积极支持祖国和家乡。2008 年四川汶川发生地震，巴拿马中华总会代表华侨捐款达 20 万美元。2001 年 3 月，在巴拿马成立了由 19 个国家的侨领代表参加的“中南美洲华侨华人中国和平统一促进会”，巴拿马华侨钟月钧为首任促统会会长（2001～2013 年在任）。2018 年 6 月 2 日，第 18 届全球华侨华人促进中国和平统一大会于 6 月 2 日首次在巴拿马城举行。中国全国政协副主席、中国和平统一促进会副会长万钢出席大会并做主旨讲话。华文媒体方面，巴拿马有《拉美侨声》《拉美快报》等媒体；在经济方面，巴拿马零售业的 80% 掌握在华侨华人手中。

（四）首位巴拿马华人参选拉乔雷拉市市长

2018 年 8 月，巴拿马杰出企业家张俊华向选举法庭递交参选巴拿马西部拉乔雷拉市（La Chorrera）市长的申请书，作为首位参选该市市长的华人，他成为巴拿马 2019 年所有竞选活动中备受瞩目的“中国元素”。

张俊华 10 岁时跟随父母前往巴拿马，拉乔雷拉市便是他一直生活至今的地方。张俊华一直热心参与华人社团活动，努力推动当地华人与巴国社会的各项事务和工作。他从 1999 年开始加入赤溪同乡会和西部中华公所，先后担任理事

① 杨发金：《拉美华侨华人的历史变迁与现状初探》，《华侨华人历史研究》2015 年第 4 期。

和会长职务，现在是巴拿马中华总会副会长及中国和平统一促进会理事。

在2019年拉乔雷拉市长竞选中，张俊华将以自由党派身份参选，如果竞选成功，他将是该市的第一位华人市长，也是巴拿马有史以来首位华人市长。

（五）巴拿马举办第18届全球华侨华人促进中国和平统一大会

第18届全球华侨华人促进中国和平统一大会于2018年6月2日在巴拿马城举行。该会由巴拿马中国和平统一促进会主办，来自中国大陆及港澳台地区、五大洲30多个国家统促会组织、侨团的代表近800人齐聚一堂。全球华侨华人促进中国和平统一大会在巴拿马召开尚属首次。①

（六）华侨华人受表彰

2018年6月，巴拿马省省长 Rafael Pino Pinto 为巴拿马著名侨领、中华总会永久名誉会长章辞修颁授巴拿马国家英雄“维道里安络罗年素勋章”，这是巴拿马省省府授予杰出人士的勋章。章辞修先生是巴拿马著名侨领，在巴拿马主流社会享有盛誉，有着广泛的人际关系和影响力。他1927年生于中国浙江省湖州，1948年由上海移居香港，于1961年辗转到达巴拿马之后，就一直在科隆自由港从事国际贸易。多年来，他为促进巴拿马华侨社会和谐、生存与发展，为加强中美洲华侨社会的联系与交往贡献良多。虽已90多高龄，但他仍然活跃在众多的侨社活动中，为维护华人在巴的平等权益做出很大贡献，曾获得过无数殊荣。

2018年4月3日，巴拿马国会还对中华总会2017年度优秀华人进行了表彰，巴拿马国会十分重视此次活动，四位重要官员出席了颁奖典礼。过去一年多来，中华总会积极融入当地社会，在支持当地建设、构建和谐侨社、庆祝中巴建交等方面举行了多个活动。巴拿马国会表彰中华总会2017年度优秀华人有吴小文、曾广天、罗银洲、刘扬烈、李勇恩、谭坚、张俊华和周健等。

① 中国新闻网，http：//www.chinanews.com/hr/2018/06-03/8529349.shtml。

哥斯达黎加侨情

哥斯达黎加共和国位于中美洲南部。东临加勒比海，西濒太平洋，北接尼加拉瓜，东南与巴拿马毗连。面积 5.11 万平方公里，2017 年人口为 494.7 万人，首都圣何塞。西班牙语为官方语言。居民多信奉天主教。16 世纪沦为西班牙殖民地，1821 年独立，1848 年成立共和国。

中国与哥斯达黎加于 2007 年 6 月 7 日建交，是中美洲第一个与中国建交的国家。经过十多年的发展，中哥关系已非常成熟稳固，并建立了战略伙伴关系，这其中也凝聚着侨胞的心血和汗水。中国已连续数年成为哥斯达黎加第二大贸易伙伴。

（一）哥斯达黎加约有华侨华人8万人

早期旅居哥斯达黎加的华侨大多数是从广东的中山、四邑和宝安等地迁来的。1855 年，第一批大约 80 位华人来到哥斯达黎加。1873 年，为修建大西洋铁路，哥斯达黎加开始大量引进中国劳工。19 世纪末 20 世纪初时，哥斯达黎加的华侨约有 2000 人，他们主要从事经商，经营可可、咖啡、香蕉等农场。正是在这一时期，哥斯达黎加政府通过了多项歧视华人的法令，限制华人移民的数量。20 世纪 40 年代初，通过几位华人领袖的努力交涉及其他各种因素的影响，哥斯达黎加政府终于在 1943 年废除了以往所有的歧视性法规。1949 年中华人民共和国成立后，哥斯达黎加与台湾有“外交”关系，直至 2007 年哥与台“断交”并与中华人民共和国建交。这期间到达哥斯达黎加的大部分是台湾人和香港人，之后来自大陆的移民有所增加。

目前哥斯达黎加有华侨华人 8 万人，约占该国人口总数的 2%，其中大陆侨胞近 6 万人，祖籍地主要为广东恩平（约占侨胞总数的 90%）、中山、珠海。2017 年以来，随着委内瑞拉形势恶化，不少旅居委内瑞拉的侨胞到哥斯达黎加谋生。老一代旅哥侨胞大多从事餐饮、杂货店及贸易等行业，其后代子女随着受教育水平的提高，多从事律师、医生、教师、建筑师等职业，其中大部分已加入哥籍并融入当地社会，与当地人通婚现象较为普遍。目前，哥斯达黎加有相当多具有华人血统的杰出科学家、知识分子、艺术家、政治家和商人。近年来，华人群体已融入这个国家并与其他群体和平相处，对当地文化和社会经济的发展做出了重要贡献。①

（二）华人社团

1909 年，哥斯达黎加第一个华人社团“中华会馆”在彭塔雷纳斯（Puntarenas）成立。20 世纪 90 年代后，旅哥各类侨团相继诞生，先后出现了几十个互不隶属的社团。目前，旅哥华人社团近 60 家，主要侨团为中华总会、旅哥洪门致公党、哥斯达黎加华侨华人华裔协会、哥斯达黎加促统会、旅哥恩平同乡会、旅哥恩平工商会、Cana 华人总会、Limon 中华会馆等。2016 年 2 月，由旅哥洪门致公党、旅哥浙江工商商会、Cana 华人总会、哥斯达黎加江门五邑联谊会、哥斯达黎加篮球协会等 8 家侨团联合成立哥斯达黎加大爱慈善基金会。哥政府和立法大会自 2003 年起将每年 10 月的第一个星期一确定为“中国文化日”，相关文化活动至今已连续举办 14 届。每年春节，旅哥社团也会组织庙会等规模盛大的活动，与当地民众共度中国新年。

2010 年 5 月 28 日，哥斯达黎加中哥文化教育中心在哥斯达黎加首都圣何塞成立，它是旅哥华侨组织成立的致力于汉语教学及中国文化推广的非营利性教育机构。2014 年该中心被原国务院侨办授予“华文示范学校”荣誉称号。哥斯达黎加大学孔子学院成立于 2008 年 11 月，是中美洲地区第一所孔子学院。哥斯达黎加大学是哥斯达黎加国内规模最大最重要的一所高等教育学府。近年来，哥斯达黎加“中国热”、“汉语热”持续升温，申请中国政府奖学金的人数不断增加，“汉语桥”比赛知名度和影响力不断提升。

① Mayra Achio、张焕萍：《哥斯达黎加的中国移民：一个成功的故事?》，《华侨华人历史研究》2015 年第 4 期。

墨西哥侨情

墨西哥合众国位于北美洲南部。北邻美国，南接危地马拉和伯利兹，东临墨西哥湾和加勒比海，西南濒太平洋，面积1964375平方公里，2017年人口为1.23亿人，西班牙语为主要使用语言，首都墨西哥城。

中国是墨西哥第二大贸易伙伴，墨西哥是中国在拉美第二大贸易伙伴。据中国海关总署统计，2017年中墨贸易总额达476.7亿美元，其中中方出口359.0亿美元，进口117.7亿美元，同比分别增长11.7%、10.9%、14.0%。2018年1～10月中墨贸易额为477亿美元，其中中方出口361.7亿美元，进口115.3亿美元，同比分别增长23.4%、24.2%和21%。[①] 墨西哥是中国公民出境旅游目的地国，中国是墨西哥在亚太地区第二大游客来源国。中墨两国已拥有3条直航航线。继墨西哥航空公司开通墨西哥城—上海直航航线、南方航空公司开通广州—墨西哥城直航航线后，海南航空公司于2018年3月开通北京—蒂华纳—墨西哥城直航航线。

华侨移居墨西哥始于1565年，当时的移民为墨西哥和菲律宾通航后船上的旅菲华侨海员。16世纪末时，墨西哥城已有唐人街。19世纪末20世纪初，参加美国西部开发的华工开始大批进入墨西哥。此外，也有墨西哥从香港、澳门等地招募的契约华工进入墨西哥从事采矿业和棉花种植。1899年中墨政府签订《海上通航友好协定》，该协定规定双方以最优惠国通商，中墨两国公民可自由出入对方国家并自由就业。1902年，中墨正式通航后，大量中国人到墨西哥从事商业和农业生产。华人的纷纷涌入带动了墨西哥的经济发展，他们由于勤奋和努力积聚了大量财富，却因此引起了墨西哥反政府力量的仇视。20世纪20年代至二战结束，是墨西哥推行排华政策、限制华侨的时期。二战结束后至20世纪60年代末，是华侨移居墨西哥数量重新

① 中国外交部网站，https：//www.fmprc.gov.cn/web/gjhdq_676201/gj_676203/bmz_679954/1206_680604/sbgx_680608/。

增多的阶段。

近20年来，随着墨西哥经济发展，香港、台湾企业界人士陆续到墨西哥投资设厂，大陆到墨投亲靠友的新移民不断增加，在墨华侨华人总数不断增加。据不完全统计，墨西哥现有华裔超过40万人，而华侨华人仅有8万人左右。此外，华侨华人的居住地比较集中，墨西哥西北部地区是旅墨华侨华人的重要聚居地，当地华侨华人近5万人，约占全墨华侨华人总数的60%，基本来自广东省。蒂华纳位于墨西哥西北边境，与美国接壤，被墨美经济专家誉为“世界上最活跃的边境城市”和“旅客来往最频繁的城市”。当地的华人几乎都来自广东省的恩平、台山、开平、中山等地。还有另外一批侨胞，以其事业成功赢得墨国主流社会的尊敬，他们是在当地工业园区投资设厂的数十家台商。这些台资企业以生产家具、电器、高级玩具、手套、门窗为主，有的已颇具规模。在蒂华纳市从事经营活动并有一定经济实力的华人出于经济、福利、子女教育等方面的原因多在美国购置房产，他们白天在墨西哥做生意，晚上则返回美国居住。

目前墨西哥国立自治大学等都开办了孔子学院，不仅开设语言专业课程，还开设公共课程，不仅中文专业的学生来学习，其他专业甚至社会人士也来学习汉语。孔院组织的汉语项目的报名人数每年都在增加，选拔出来的人才会送到中国交流研修。

在墨西哥的华侨华人社团也比较活跃，墨西哥中华企业协会、浙江商会、中华青年联合会、温州商会、青田同乡会等协会共同出资，联合搭建“侨帮帮”公益服务平台，借助协会资源为在墨侨胞提供咨询等服务；墨西哥华人华侨妇女联合总会以团结墨西哥女性侨胞，维护旅墨华人妇女儿童合法权益，弘扬中华女性传统美德，增进中墨妇女友谊，促进文化交流与合作等为宗旨，自2015年成立以来积极维护女性侨胞合法权益，并组织开展了公益慈善捐助、普法知识讲座和女企业家沙龙等活动，受到侨胞的欢迎和好评。

目前墨西哥主要的华文媒体有发行范围覆盖墨西哥多个主要地区的《华文时报》，该报于2014年4月16日创办，由墨西哥中华青年联合会和浙江省侨联青年联合会墨西哥分会主办。该报旨在提供全球及本地最新资讯，打造墨西哥华人区最具影响力的信息服务平台，促进中墨两国友好合作不断发展。

萨尔瓦多侨情

萨尔瓦多位于中美洲北部，东北与洪都拉斯接壤，西北与危地马拉接壤，西邻太平洋，东南邻丰塞卡湾，面积2.072万平方公里。2018年最新统计数据显示，萨尔瓦多人口为658.2万，该国是中美洲面积最小、人口密度最大的国家。

早在1890年以后，即有华侨自美国、墨西哥等国移入萨尔瓦多创业。因当地资源不丰，土地贫瘠，加上萨尔瓦多对华侨入境及居留都有严格限制，所以华侨人数不多。1931年世界经济危机时期，萨尔瓦多政府曾下令每个华侨商店交纳200美元营业税。在20世纪30年代，华侨华人共有大小商店100余家，后因萨尔瓦多政府的排挤和限制政策，破产倒闭的不少。直至1954年华侨入境和居留待遇始获改善。由于中国与萨尔瓦多之间长期缺乏经济、贸易和文化方面的联系，华侨在各方面也得不到大的发展。

社团方面，广东南海人关湛端等人于1944年发起成立华侨救国会。这一组织对宣传抗日和捐款后援起过积极作用，抗战胜利后改名为华侨总会，此外还有中华文化协会和中华商会。中华文化协会的成员多为早期移民的后裔，他们从小接受当地教育且已融入当地社会，虽然不懂华语，但仍认同中华民族，愿意学习中国文化。为了学习和传播中国文化，这些出生于萨尔瓦多的华侨后裔于1985年自愿成立中华文化协会。中华商会的成员多为自1970年以后移民萨尔瓦多的台湾人。[①] 2012年，为表彰华人对萨尔瓦多的贡献，萨尔瓦多国会表决通过每年的2月22日为“华裔日”，在萨的华侨

① 周南京主编《华侨华人百科全书·历史卷》，中国华侨出版社，2002。

华人每年在这一天举行庆祝活动。

目前，萨尔瓦多的华侨华人数量约为 1800 人。[①] 祖籍多为广东省南海、中山、番禺等地。华侨华人在当地多从事餐饮、进出口贸易等工作，他们积极融入主流社会，在当地拥有不错的口碑。

2018 年 8 月 21 日，萨尔瓦多宣布断绝与台湾当局的“外交”关系，与中国建交。这一举措进一步拓展了中国在世界上的影响力，并使得萨尔瓦多有机会通过与中国发展更加全面和良好的关系促进本国经济发展。双边关系正常化，使华侨华人获益良多。

① 杨发金：《拉美华侨华人的历史变迁与现状初探》，《华侨华人历史研究》2015 年第 4 期。

B.13
南美洲侨情分析

密素敏*

摘　要：　中国与南美洲各国的友好交往源远流长，中国人移民南美洲历史长达200余年。相对而言，巴西、秘鲁、阿根廷、智利等是华侨华人数量较多的南美洲国家。2018年，巴西正式设立"中国移民日"，肯定华侨华人对巴西社会发展做出的贡献；华侨华人社团在支持华人参政、维护华社权益、履行社会责任、开展慈善事业等方面继续发挥重要作用，成立了多个新华侨华人社团；华人首次当选巴西圣保罗委员会委员，华人参政再现亮点。但有的国家国内政局不稳，社会治安问题突出，华侨华人的生存发展面临严峻挑战。

关键词：　侨情　"中国移民日"　华商　社会治安

近年来，南美洲一些国家国内政局不稳，经济形势变化不定，甚至发生严重的经济危机，华侨华人的生存发展受到不同程度的冲击，在阿根廷、哥伦比亚、委内瑞拉等国，都发生了针对华商的抗议和破坏活动。尽管如此，华侨华人依然选择在困境中谋发展。另一方面，中国经济的飞速发展、中拉之间经贸关系的不断密切，让华侨华人在南美洲各国得

* 密素敏，中国华侨华人研究所副研究员、习近平侨务理论研究中心主任，主要从事国际移民、华侨华人相关研究。

到更多发展的可能。巴西正式设立“中国移民日”，肯定华侨华人对巴西社会发展做出的贡献；华侨华人社团在支持华人参政、维护华社权益、履行社会责任、开展慈善事业等方面继续发挥重要作用。社团组织发达，并成立了多个新华侨华人社团；华人首次当选巴西圣保罗委员会委员，华人参政再现亮点。目前，中国已与南美洲多国签署了共建“一带一路”合作谅解备忘录，“一带一路”建设将为南美洲华侨华人带来新的发展机遇。

一　中国与南美洲各国的关系

南美洲国家包括阿根廷、巴西、乌拉圭和巴拉圭 4 个南方共同市场成员国，玻利维亚、哥伦比亚、厄瓜多尔、秘鲁和委内瑞拉 5 个安第斯共同体成员国，以及智利、圭亚那、苏里南，共有 12 个独立国家。

中国与南美洲各国远隔重洋，相距万里之遥，但中国与南美洲各国的友好交往历史悠久，源远流长。1812 年第一批中国茶农抵达巴西，开启了中国人移民巴西的历史；中国与秘鲁的交往有 400 多年的历史；智利是第一个同中华人民共和国建立外交关系的南美洲国家，中国与阿根廷、厄瓜多尔等国家也保持着友好的人文交流和贸易往来。

中国提出“一带一路”倡议后，得到南美洲各国的积极响应。目前，中国已与南美洲多国签署了共建“一带一路”合作谅解备忘录。截至 2018 年年底，包括玻利维亚、圭亚那、乌拉圭、委内瑞拉和智利在内的多个南美洲国家都积极加入了“一带一路”倡议。2018 年 12 月 11 日至 13 日，厄瓜多尔总统莱宁·莫雷诺·加尔塞斯对中国进行国事访问时，与中国国家主席习近平共同见证了两国共建“一带一路”合作谅解备忘录的签署。在中国提出“一带一路”倡议的五年间，厄瓜多尔成为拉美加勒比地区第 16 个正式加入“一带一路”倡议的国家。

目前，中国是拉美第二大贸易伙伴国和第三大投资来源国。在拉美投资兴业的中国企业超过 2000 家，累计为当地创造 180 多万个就业岗位。同时，中国对拉美投资领域日趋多元，助推了拉美基础设施和产业结构的改善。①

2018 年，中巴两国友好关系继续深化，官方往来频繁，经贸关系紧密，民间交流丰富。中国是巴西主要的贸易伙伴，近年来，投资领域由传统的粮食和能源逐步扩大到电信、汽车、非常规能源和金融服务领域。巴西规划部 2018 年 7 月公布的报告指出，2018 年 1 月到 6 月，中国资本在巴西共进行了 13.43 亿美元的投资，与 2017 年同期相比投资总额增长了 4 倍。② 2018 年 11 月，中国国家主席习近平在阿根廷布宜诺斯艾利斯出席二十国集团领导人第十三次峰会，并对阿根廷、巴拿马进行国事访问。中阿两国联合声明中指出，中阿全面战略伙伴关系可扩展至“一带一路”倡议。

二　华侨华人在南美洲各国的分布及数量

总体而言，南美洲各国的华侨华人占当地人口总数的比例不大，主要集中在当地较为发达的城市。

巴西现有约 30 万华侨华人，主要定居在圣保罗市。他们中的大多数主要开店铺做生意，销售来自中国的小商品、电子产品、化妆品、眼镜、服装、鞋帽等，也经营中餐馆、旅行社等，还有少数从事进出口贸易、经营跨国企业等，成为当地知名的华人企业家。

秘鲁约有华侨华人 10 万人，其中拥有中国血统的华裔约 250 万人。③

据中国驻智利大使馆资料，2017 年智利全国总人口是 1700 万人左右，华人华侨人口约 2.5 万人，占总人口的 0.15%。这 2.5 万人包括加入智利国籍的及没有加入智利国籍但取得了当地合法居留权的，也包括从别的国家刚刚迁移到这个地方、正在等待居留审批的人。其中，来自中国广东、福建、

① 《新华社综述：中国在拉美“朋友圈”的感召力越来越强》，澎湃网，https：//www.thepaper.cn/newsDetail_ forward_ 2695469。

② 《巴西规划部：上半年中国在巴投资同比增长 4 倍》，南美侨报网，http：//www.br - cn.com/news/qs_ news/20180710/111856.html。

③ 《同舟共济、扬帆远航，共创中拉关系美好未来——在秘鲁国会的演讲》（2016 年 11 月 21 日），《人民日报》2016 年 11 月 23 日，第 2 版。

浙江、江苏这四个沿海省份的占绝大多数。2000 年之前，大部分智利华侨华人是广东鹤山籍的，来自福建、浙江、江苏的华侨华人大多是 2000 年之后到达智利的 。①

阿根廷有 20 万左右华侨华人，80% 来自福建，其中莆田籍有近 6 万人，主要从事餐饮业、零售业、进出口贸易等。②

中国人移居苏里南的历史可以追溯到 1853 年，是居住最长久的民族之一。中国春节为苏里南永久性节假日。随着时间变迁，华人数量逐渐增多，在当地的影响力也逐渐增大。苏里南约有华侨华人 4 万人，他们主要经营百货商店和餐馆等。华人在苏里南已取得较高经济地位，他们已从最初的契约劳工发展成为今天的企业家，其中不少人曾出任苏里南政府要职，也获得过苏政府颁发的荣誉奖章。100 多年来，他们自发组建多个华侨华人组织，还拥有属于自己的媒体，并于 2008 年成立了苏里南中文电视台。

此外，截至 2014 年，南美洲其他国家华侨华人的数量约为：委内瑞拉有 20 万人（90% 来自广东恩平），厄瓜多尔有 7 万人，哥伦比亚有 1.5 万人，玻利维亚有 1 万人，圭亚那有 0.7 万人。③

三　南美洲侨情现状

（一）受益于移民政策调整，赴南美洲中国人数量增长

2017 年 11 月 24 日，巴西新移民法正式生效，推动了申请巴西工作许可的人数增长。巴西劳动部公布的数据显示，2018 年上半年，巴西政府共向 1.37 万名外国人发放了工作许可，其中最多的是菲律宾人（1700 余人），其次是日本人（1100 余人），中国人排在第三位，有 1050 余人，比 2017 年

① 朱涛：《智利华人华侨的职业与行业研究》，《拉丁美洲研究》2019 年第 1 期。

② 《阿根廷筹建妈祖庙》，中国新闻网，http://www.chinanews.com/hr/2018/06-19/8541259.shtml。

③ 杨发金：《拉美华侨华人的历史变迁与现状初探》，《华侨华人历史研究》2015 年第 4 期。

同期增长251人。[①] 据悉，巴西政府批准的工作许可大多是科学和艺术领域的专业人员、中级技术人员、公共领域的高层人员以及企业和国际组织的领导者等。

新移民法实施一年以后，2018年11月，巴西国家移民委员会（CNIG）和劳工部发布决议称，巴西境内的移民或可通过购买房产获得永久居留权。根据决议内容，对于有意以私人财产购买巴西在建或已竣工房产的移民，巴西劳工部可授予其居留签证，但移民所购房产必须处于市区范围。[②]

无论是出台新移民法吸引技术移民，还是鼓励投资移民，巴西政府主动调整移民政策，意在通过多种渠道，吸引更多的世界移民前往巴西投资兴业，为巴西社会发展做贡献。正如巴西国家移民委员会主席雨果·加洛（Hugo Gallo）所说："新法令并不只是对移民进行管控，而是战略性地利用好这些来巴西的移民。就像美国、西班牙、英国、澳大利亚等国家，能够很好利用投资来吸引高质量的劳动力。"[③]

赴南美洲各国旅游也成为中国人数量增长的重要推动因素。南美洲拥有多姿多彩的热带风光和独具风韵的人文景观，巴西、智利、阿根廷等越来越成为中国游客青睐的旅游目的地，当地的中国游客数量也在不断攀升。从2017年10月开始，巴西为中国游客提供有效期为5年、单次停留时间90天的多次往返签证，此外，巴西在中国的签证中心由3个增加到了12个。2018年，巴西旅游局已向政府申请向中国游客发放电子签证，并预计在实现电子签证后，前往巴西的中国游客数量将会大幅增长。[④]

---

① 《今年上半年巴西向上千名中国人发放工作许可》，南美侨报网，2018年11月22日，http：//www. br－cn. com/news/qs_ news/20181122/119715. html。

② 《巴西移民或可通过购买房产获得永久居留权》，中国新闻网，2018年11月26日，http：//www. chinanews. com/hr/2018/11－26/8685572. shtml。

③ 《今年上半年巴西向上千名中国人发放工作许可》，南美侨报网，2018年11月22日，http：//www. br－cn. com/news/qs_ news/20181122/119715. html。

④ 《本报专访伊瓜苏旅游局长；采取多项措施吸引中国游客》，南美侨报网，http：//www. br－cn. com/news/qs_ news/20180611/110016. html。

近年来，越来越多的亚洲游客前往智利旅游。智利旅游部公布的数据显示，智利2017年接待的亚洲游客数量同比增长22.9%，其中中国人增长最多，智利2017年接待的中国游客数量同比增长33.8%。[①]

（二）侨界庆祝中国改革开放40周年

2018年是中国改革开放40周年，经过40年的发展，中国取得了举世瞩目的成就。华侨华人不仅是改革开放的参与者和见证者，也是改革开放的受益者和贡献者。改革开放不仅让中国实现了经济腾飞，也给海外侨胞带来了难得的发展机遇。为纪念改革开放40周年，南美洲侨界也举办了形式多样的庆祝活动。

9月8日，由巴西中国和平统一促进会主办的“巴西华侨华人庆祝中国改革开放40周年暨促进两岸融合发展大会”在里约热内卢举行。中国驻里约总领馆官员以及里约和圣保罗的华侨华人社团侨领、台胞代表、中资企业、新闻媒体代表等200多人出席。与会侨团代表纷纷表示，没有中国改革开放，就没有海外华侨华人在居住国的影响力和地位的逐步提高，华侨华人必须要坚定不移地与中国政府保持一致，宣传好、讲好祖（籍）国改革开放的故事并传达给巴西友人，为推动中巴两国各领域的合作与交流、为增进中巴两国人民的友谊做出新贡献。

12月19日，“四海同心　盛世梦圆——华侨华人与改革开放40周年”图片展亮相巴西圣保罗和阿根廷首都布宜诺斯艾利斯。参加图片展的有当地政商学界人士、中国驻外新闻机构、中资企业、华侨华人、留学生代表等。图片展直观地展示了中国改革开放40年来各方面取得的辉煌成就、全球华人华侨与改革开放40年以及中资企业和华人华侨在当地发展和同当地社会融合的历程，吸引了数百名侨界人士及当地人前往参观，增进了当地人民对中国的了解和认识。

---

① 《越来越多亚洲游客前往智利旅游　中国游客增长最多》，中国新闻网，2018年6月7日，http://www.chinanews.com/hr/2018/06-07/8532403.shtml。

（三）纪念中国移民历史，华人移民研究受关注

1. 巴西侨界庆祝首个“中国移民日”

对巴西华侨华人而言，2018 年是一个不平凡的年份。6 月 26 日，巴西总统特梅尔签署法令，正式将每年的 8 月 15 日定为“中国移民日”。特梅尔积极评价华人华侨为巴西发展所做的贡献。他表示，华人华侨把博大精深的中国文化带到了巴西。此次通过立法形式将每年 8 月 15 日设定为“中国移民日”，将进一步丰富巴西文化的多元化、包容性内涵，也将载入两国人文交流的史册。“中国移民日”的设立意味着巴西官方对中国移民的认可，也是华侨华人以良好的族裔形象，得到各国政府及人民的普遍接纳和赞誉的标志，因此被列入 2018 年侨界十大新闻。为迎接第一个“中国移民日”，巴西华侨华人社团举办了形式多样的庆祝活动。

8 月 12 日，巴西华人华侨欢庆“中国移民日”暨 2018 华助中心全侨慈善捐赠仪式在巴西圣保罗举行。当天，巴西圣保罗 48 个华人华侨社团向巴西 24 家慈善机构捐赠了 10200 个基本食品篮和 10300 条毛毯，总价值 40 多万雷亚尔（约合 11 万美元）。[①] 华侨华人对巴西社会的捐赠活动，体现了广大侨胞乐善好施、扶危济困的优良传统，树立了华侨华人的良好形象，为华侨华人融入当地社会、实现更好的发展营造了良好的社会环境。

据史料记载，1812 年，受迁都里约的葡萄牙摄政王若昂六世的邀请，第一批 300 多名中国茶农登陆里约热内卢后，在里约植物园种植茶树。在中国茶农的指导下，巴西成为继中国和日本之后的第三大产茶国。至今，园内仍留有三棵中国茶树。为纪念华人对巴西茶叶种植做出的贡献，2018 年 8 月 15 日，中国驻里约总领馆在里约植物园举办了“首批中国茶农抵达巴西纪念碑”揭牌仪式。里约植物园园长塞尔吉奥·贝瑟曼说，中国移

① 《巴西华人华侨举办庆祝“中国移民日”及慈善捐赠活动》，中新网，http://www.chinanews.com/hr/2018/08-13/8598019.shtml。

民的历史由这里开始，中国人在这里展示了他们富有魅力的茶文化。里约植物园见证了中国移民的过去和现在，同样也将见证未来中巴两国人民的深入交流。①

2. 圭亚那侨界举办华人抵达圭亚那165周年纪念活动

2018 年是华人抵达圭亚那 165 周年，圭亚那政府和侨界联合举办了隆重的纪念活动。圭亚那总统格兰杰夫妇、总理纳加穆图、国务部长哈蒙及多位内阁部长，驻圭亚那大使馆临时代办陈锡来、商务参赞沈会勇，圭华侨华人社团代表、其他国家驻圭使馆代表等约 200 人出席活动。格兰杰发表致辞时表示，从 165 年前的契约劳工，到今天的投资者、游客、技术工人和创业者，华人已广泛参与到圭亚那贸易、基建、服务、矿业等各个领域，并极大地促进了本地发展。圭亚那将永远欢迎中国新移民的到来，这对中圭友好关系的发展意义重大。中国是圭亚那主要的国际合作伙伴，为圭提供了多项重要援助，双方将在国防、教育、经济、卫生、基建、安全等多个领域继续加强合作。

3. 秘鲁侨界举办纪念华人抵秘169周年活动

经过百余年发展，秘鲁的华裔人口占全国总人口的 10%，并涌现出了很多为秘鲁经济、社会和政治做出杰出贡献的华人后裔。② 2018 年 10 月，纪念华人抵秘 169 周年活动在秘鲁卡亚俄华人抵秘纪念碑前举行。来自秘华协会、秘鲁通惠总局、秘鲁妇女会、若望二十三秘中学校等侨社的代表参加了纪念活动。秘鲁国会特地发来贺信，称赞中国移民对秘鲁的贡献。华人抵秘纪念碑的设计者回顾了 169 年前第一批中国移民抵达秘鲁后的发展历程和为秘鲁社会发展做出的历史贡献，中国劳工在秘鲁修建了当时世界上最著名的中央铁路。从 19 世纪末到 20 世纪初，华人开启了秘鲁北部沿海的大规模农业生产，广东饮食也融入了秘鲁。

---

① 《里约举行首批茶农抵达巴西揭牌仪式　纪念首个“中国移民日”》，南美侨报网，http：//www. br – cn. com/news/qs_ news/20180816/113990. html。

② 《秘鲁纪念华人抵秘 169 周年　国会贺信赞中国移民贡献》，http：//www. chinaqw. com/hqhr/2018/10 – 14/204919. shtml。

4. 中外加强学术交流，共同推动中国移民研究

中国人民移民海外历史悠久，中国移民在住在国长期的生存发展过程中，积极融入当地社会，为住在国社会经济发展做出了重要贡献。随着中国国家实力的增强和国际地位的提高，海外中国移民也越来越受到住在国社会的关注，中外有关中国移民研究的学术交流与对话日益频繁。2018 年 4 月 20 日，中国暨南大学和智利中央大学联合举办的“智利及拉丁美洲的华人移民”国际学术研讨会在智利圣地亚哥举行。除中国学者外，当地学者分别就智利华侨华人的源流变迁和历史贡献、智利—玻利维亚边境的走私活动与中国商人、圣地亚哥中餐馆的宗教形象、智利华侨社团中的冲突与联盟、圣地亚哥的中国跨国家庭等主题展开研究与讨论。当地学者以他者的视角研究了他们眼中的华侨华人形象及群体特点，同时又以在地化的视角关注智利华侨华人在当地的发展历史、与当地的融合，为中国学者进一步了解智利华侨华人社会、开展相关研究提供了参考。

长期以来，很多华人学者、巴西问题研究者、记者、外交官已经出版或发表了很多有关巴西华人移民的书籍、研究论文、专题报道和回忆录。为推进全球视野下的巴西华人移民研究，2018 年 8 月 22 ~ 23 日，巴西圣保罗大学组织召开了第一届巴西华人移民国际研讨会，中外学者就巴西华人研究相关成果进行了交流与探讨。此次研讨会为中外学者共同研究巴西华人移民、开展学术交流搭建了重要平台。

（四）侨团持续发展壮大，服务侨社有成绩

华侨社团被称为侨社三宝之一，是联系服务当地华侨华人的重要组织，是沟通华侨华人祖（籍）国与住在国的重要力量。在南美洲特别是巴西，由华人发起成立的团体很多，有综合性社团、商业社团、同乡会、联谊会、青年组织、妇女社团、慈善社团、文化社团、中医药学社团和统促会等。2018 年，多家新的侨社团相继成立，如注重巴中两国社会与文化交流的巴中社会与文化研究中心、致力于团结两岸三地同胞共同推动促进祖国和平统一工作的巴西中国和平统一促进联合会青年会、地缘性组织智利江门五邑青

年联合总会等，推动了华侨华人社团的进一步发展。

与大多注重乡情联谊或经贸一类的侨团组织不同，新成立的巴中社会与文化研究中心则把重心放在了巴中两国社会与文化的交流上。该中心主席华裔罗士豪介绍，其成员以教授、学者、专家和企业家为主。华人与巴西人在研究中心的比例上各占一半，而华人中大都是学有专长的青年才俊。华人当中不乏为巴西做出卓越贡献的人物，比如在黄豆种植、农场经营、面粉加工、家禽饲养，以及医学科学等领域，都有不俗的成就和特殊的贡献。该团体的宗旨就是推动中国与巴西的社会与文化交流，介绍中国博大精深的文化，研究发掘华人的移民历史，引领华人融入巴西主流社会。①

巴西中国和平统一促进联合会青年会由来自巴拉、巴西利亚、马兰雍等8个州的100多位优秀华人青年发起组织和成立，代表了8个州的数千名华人青年，其中包括港澳和台湾的华裔青年，旨在广泛地团结两岸三地同胞共同推动促进祖国和平统一工作。

新成立的智利江门五邑青年联合总会属于新生代华侨华人社团，其成员主要由智利五邑籍的青年组成，以广泛团结世界各国各界五邑青年及青年团体、鼓励青年学习现代科学技术和文化知识、巩固和发展居住国社会安定团结的局面、维护中智传统友谊做贡献等为宗旨。

秘鲁江苏商会是江苏省工商联在南美洲成立的首家海外商会，共联系登记了秘鲁江苏籍和与江苏关联的企业及个体超过了100家，选出理事会单位10家。商会负责人表示，将充分发挥商会的平台纽带和桥梁作用，积极融入当地主流和工商界，与各友好商会侨团建立广泛交往和联系，服务好本会会员，为自身事业的发展，为中秘友好交流，为秘鲁经济社会繁荣做出贡献。②

这些不同行业、不同领域、不同地域的华侨华人社团凝聚了大批侨社专

① 《访巴中社会与文化研究中心主席罗士豪》，南美侨报网，http：//www. br - cn. com/news/qs_ news/20180819/114170. html。

② 《秘鲁江苏商会正式成立》，中国侨网，http：//www. chinaqw. com/hqhr/2018/09 - 22/202967. shtml。

业人才，他们不仅是加强中国与海外华侨华人的沟通联系、促进中国与住在国友好交往的重要桥梁，也为服务当地侨社、维护华侨华人合法权益发挥了重要作用。除此之外，由于海外侨情的国别化和区域化特征日益明显，不同国家和地区华人社团功能呈现出明显的个性化表现。在南美洲国家，如巴西、阿根廷、委内瑞拉等，由于国内形势动荡、经济危机等，华侨华人的生存和发展面临严峻的挑战。当地华人社团在构建华侨华人生命财产安全的维护机制，帮助华侨华人守法经营，维护自身合法权益，在艰难环境下争取较大的发展机会等方面发挥着重要作用。[①] 如 2018 年 8 月，阿根廷首都一家华人超市被抢，阿根廷福清同乡会、三福企业商会、阿根廷福清董事局等社团负责人得知后，立即与当地警局进行沟通，成功争取到了警局派出两名警员在门口站岗保护的承诺，并协调警局采取必要措施，保护侨胞的生命财产安全。[②]

在巴西，由于华人社团与中国领事馆、当地警局构建起联合保护机制，使圣保罗华侨华人的人身财产安全得到有效保障，针对华人的恶性抢劫事件有所减少。12 月 14 日，在 2018 年中国驻圣保罗领事保护工作招待会上，中国驻圣保罗总领事陈佩洁介绍说，2018 年，中国驻圣保罗总领馆处置各类领事保护和协助案件 60 余起，同比减少 50%。[③]

此外，华人社团一如既往地发扬扶危济困、乐善好施的优良传统，开展慈善捐赠活动，积极回馈当地社会。2018 年 10 月 8 日，由巴西闽商联合会牵头与巴西福建同乡总会等八家侨团联合举行了第二次向圣保罗公立医院慈善基金会慈善捐助活动，表达了旅居巴西华人对公立医院贫困患者与家人的爱心；圣诞节前夕，巴西闽商联合会等 6 家侨团联合举行了向圣保罗公立医院慈善基金会慈善捐助活动，表达了岁末圣诞节前对广大贫困患者与家人的

---

① 高伟浓、肖丹：《恶劣生存环境下委内瑞拉华人社团的主要功能刍析》，《八桂侨刊》2017 年第 2 期。

② 《阿根廷 2 华人超市遭抢　安全部门加强保护警告歹徒》，中国新闻网，2018 年 9 月 4 日，http：//www. chinanews. com/hr/2018/09 – 04/8618215. shtml。

③ 《圣保罗总领馆举行 2018 年领保工作招待会》，南美侨报网，2018 年 12 月 15 日，http：//www. br – cn. com/news/qs_ news/20181215/121154. html。

爱心；累西腓华侨华人协会连续四年举办“来自中国的爱心”圣诞慈善活动，向当地民众赠送2000份、重量超过20吨的大礼包。

（五）经济危机下华商经营环境堪忧

长久以来，南美洲华侨华人主要从事商业活动，受住在国社会经济形势影响较大。近年来，南美洲一些国家国内政局不稳，经济形势变化不定，甚至发生了严重的经济危机，华侨华人的商业活动受到不同程度地冲击。在阿根廷，经营超市是华侨华人在阿根廷的主要经济活动，受经济危机冲击尤为明显。

马克里在当选阿根廷总统之后，推行了一系列自由主义经济政策。他取消了外汇管制，重新发行主权债券，使阿根廷成为一个国际热钱流入地。在马克里推行的所有经济措施中，最引人瞩目的是将阿根廷比索的汇率与美元挂钩的举措。2018年以来，阿根廷比索暴跌了50%，汇率危机正在逐渐演化为严重影响人们生活水平的经济衰退和物价上涨。高达30%的通胀率使阿根廷城市居民遭遇了一波“消费降级”。消费的萎靡不振导致企业的境况愈加困难，尤以零售行业为甚。大型连锁超市家乐福就因经营出现危机，向政府提出启动危机预防程序。

根据阿根廷的官方统计数据，截至2018年9月，在布宜诺斯艾利斯及市郊地区，45%的儿童已经陷入了贫困状态。而在全国范围内，贫困人口较8月又增加了3%。这也意味着在阿根廷的4100万人口中，有三分之一的人生活在贫困线以下。相比普通民众，生意人对经济状况的感知则更为敏感，华人超市首当其冲。华人店主表示，经济危机导致营业额下降，但最严重的是“有不少当地人因为没钱，便瞄准了商店和超市进行疯抢”。特别是与城区内贫民窟相邻的小型商店和超市，更容易在经济不景气时成为暴力犯罪的目标。[①] 纵观阿根廷华文媒体的报道，针对华人超市的恶性抢劫事件层不

---

① 《经济危机下的阿根廷：华人超市加固大门防抢》，中国侨网，2018年9月5日，http://www.chinaqw.com/hqhr/2018/09-05/200938.shtml。

穷。经济危机下，除了不法分子暴力抢劫外，阿根廷多地还出现了华人超市被哄抢事件。据笔者不完全统计，在2018年当地华文媒体的公开报道中，仅阿根廷就发生了50余起针对华人商店、超市的抢劫、盗窃、哄抢事件。在这些事件中，华侨华人的财产损失严重，人身安全遭受威胁，自身经营发展面临严峻挑战。

除了安全问题，汇率的大幅变动也对当地华人经商者产生了较大影响，汇率暴跌不仅影响营业额，也导致经营成本和开销上涨。由于不少中国商店和超市的店铺房租是以美元结算，上涨的成本也让中国店主们头疼不已。进货价格频繁变更，迫使华人店主不得不每日数次更改商品的标价。有店主表示，“今年开超市的人，至少得干6年才可以回本，而在以前，大概两年半就可以将投资全部挣回来了”。①

经营零售店和超市是阿根廷华人的主要经济形态，由于营业时间长、商品价格相对较低，华人超市为当地民众的消费和生活提供了诸多便利，但也因此被当地政府视为影响大型超市经营收入的主要原因。面对家乐福经营危机，阿根廷总统马克里“华人超市的偷税漏税引起了不公平竞争”的言论促使阿根廷各地政府部门加大了对华人超市的稽查力度。语言障碍、佣工问题、经营环境等成为稽查的主要内容。

一是语言问题。据当地媒体报道，截至2018年，在阿根廷内乌肯市已有21家授权经营的华人超市，比两年前多了一倍。虽然有些超市雇用了当地人，但大部分都是由华人经营。为方便当地居民消费，物品单价通常使用的是阿根廷本国货币，收银员则因为工作需要也会一些简单的当地语言。但当地稽查部门认为，由于语言上的误解，很难对超市实施管控。超市的接待应该要用当地语言，面对咨询要有应答能力。②

二是佣工问题。阿根廷华人超市的经营理应遵守当地的法律法规，除了

---

① 《经济危机下的阿根廷：华人超市加固大门防抢》，中国侨网，2018年9月5日，http://www.chinaqw.com/hqhr/2018/09-05/200938.shtml。

② 《阿根廷再现针对华人超市批评之声 因收银员不会西语》，中国侨网，2018年1月26日，https://www.chinaqw.com/hqhr/2018/01-26/176758.shtml。

出售商品符合当地标准外，华人超市的佣工也受到当地政府的严格控制。华人超市及零售店大多规模不大，主要是家庭经营，即使因工作需要雇用劳工，也以华人为主。但有些超市也会雇用当地人或者其他非华人劳工，从而成为当地政府部门联合执法的对象。2018 年，阿根廷警方、移民局和司法部门对华人超市开展多次联合执法行动。4 月，在阿根廷布宜诺斯艾利斯省首府拉普拉达地区，一对华人夫妇雇用工人时因未签署劳动合同，被认为是实施劳动剥削，当地法院以“受害人在没有签署劳动合同的情况下从事工作，无法享有工作保险和社会保险，也无法享有阿根廷劳动法所规定的基本权利”为由对这对华人夫妇进行了处罚。在布省基尔梅斯（Quilmes）地区，一名华人业主雇用了多名无证件的外国移民建设华人超市，7 月，当地警方和市政府工作人员执法检查时发现，这家超市内至少有 5 名塞内加尔公民住在一个集装箱内长达数周之久，以怀疑涉及人口贩运和奴役为由将这家华人超市关闭。同月，一封匿名举报信使阿根廷内格罗河（Río Negro）省多个部门对当地两家华人超市实施了大规模搜查。移民局表示，在被搜查的两家店内均发现了无合法移民证件的中国籍公民。在此情况下，移民局开出了罚单，当地检察院下令查封了这些超市、查扣了相关文件。

三是被指违规经营。华人在当地经营，应遵守阿根廷的建筑、营业、卫生和税收等方面的法律法规，只有这样才能够长远发展，企业才能够做大做强。而在阿根廷一系列的稽查行动中，仍有华人超市因售卖过期商品、卫生不达标、销售假冒商品等各种违规经营问题受到当地政府部门的稽查和处罚。5 月，阿根廷布省胡宁市政府食品卫生局对当地所有超市实施了一轮执法检查。其中，在一家华人超市内发现了过期商品，稽查人员以超市存放有乳制品和冷冻品的冻箱温度不符合规定为由对店主开出了违规告知单。7 月，在丘布特省 Comodoro Rivadavia 地区，一家华人超市因被稽查人员发现了多处严重违规而被查封。8 月，在阿根廷儿童节前夕，布宜诺斯艾利斯市政府、海关、移民局、警方针对售卖假冒伪劣玩具展开了查抄活动，多家华人店铺被查封。而在恩特雷里奥斯省（Entre Rios）科隆（Colón）地区，一家华人超市因中断冷藏设备电源，被当地检查部门以未充分冷藏食物可能对消费者的健康造成威胁为由，进行了查封。同月，丘布特省食品卫生总局的稽查人员在检查华人超市时，发现有卫生不达标、食品过期等诸多违规情况，随即对超市进行查封。

（六）华人参政再现亮点

在南美国家，第一代中国移民普遍是以低微的华工身份踏上南美大陆的，很多并不具备参政的条件与能力。经过数十年甚至上百年的代际更迭与发展壮大，华人经济实力与社会地位不断提高，开始进入政界。苏里南独立后的首任总统兼总理陈亚先就是一名华裔；在秘鲁和巴拿马，也有多位华人进入政界高层。总体上作为少数族裔，华人规模及族群影响力还不够强大，且经商者多，从政者少，华人参政力量还很薄弱。进入 21 世纪以来，华侨华人的参政意识逐渐提高，在南美特别是巴西，政界开始出现华人面孔，多位华人参与竞选巴西国会议员或州议员。2018 年，华人参政再现亮点，华人律师汤巍成功当选圣保罗移民委员会委员。

圣保罗移民委员会成立于 2016 年，是一个政治协商机构，主要工作是协助政府制定、实施、监督和评估与移民相关的政策和法律。6 月 10 日，圣保罗移民委员会举行选举，在当地华侨华人的大力支持下，华人律师汤巍获得选票总数第一，远远超过其他族裔的候选人，成功当选圣保罗移民委员会委员，这是华人首次当选该委员会委员。巴西华人协会会长朱苏忠表示，这次选举的成功是圣保罗华人社区的胜利，希望广大侨胞继续支持汤巍律师的工作，让圣保罗华人社区成为关爱、帮扶侨胞融入和回馈、贡献当地社会的典范。[①]

（七）服务当地做贡献，华侨华人受主流社会赞誉

经过几代人的努力与经营，很多华人已经具备了一定的经济实力，融入

---

① 《华人律师汤巍当选巴西圣保罗移民委员会委员》，中国新闻网，2018 年 6 月 14 日，http：//www. chinanews. com/hr/2018/06 - 14/8537555. shtml。

住在国主流社会更为积极，在当地社会政治、经贸、文化、科技、金融等领域多有建树，出现了一批知名的华人企业家、政府官员、律师等，他们的社会地位较高，在当地已有一定的影响力。他们对住在国经济社会发展做出了突出贡献，得到了住在国社会的肯定和赞誉。

在阿根廷2018年度最佳移民奖颁奖活动中，旅阿华人钱兰根、林文正、林德恩三人获得了最佳移民奖的殊荣。他们是阿根廷华侨华人的杰出代表，为当地社会做出的积极贡献，得到了阿根廷政府和社会的认可和褒奖。钱兰根是阿根廷中国武术气功协会会长，在阿从事中国武术及气功教学33年。在教授中国武术和气功的同时，他还开办了一家中医诊所，用中医为阿根廷人治病，树立了阿根廷华人的良好形象。林文正是阿根廷著名电视节目主持人、阿根廷华夏文化传媒公司总经理，他用流利的中西文将中华文化传播给阿根廷人，让他们了解中国和华人，拉近中阿两国的文化距离。他还制作传播中国文化的电视节目《千年》，将中国文化在阿根廷及南美洲进行广泛传播。阿根廷华侨福建兴化同乡联谊总会常务副会长林德恩积极融入当地社会，无论当地居民遭遇自然灾害，慰问贫困家庭及贫困儿童，看望敬老院孤寡老人，他都积极参与并无私提供帮助。旅阿华人处处树立华人良好形象，赢得了阿根廷社会的尊重和赞誉。①

---

① 《为第二故乡贡献力量　三名华人获阿根廷最佳移民奖》，中国侨网，2018年9月5日，http：//www.chinaqw.com/hqhr/2018/09－05/200955.shtml。

皮书起源

“皮书”起源于十七、十八世纪的英国，主要指官方或社会组织正式发表的重要文件或报告，多以“白皮书”命名。在中国，“皮书”这一概念被社会广泛接受，并被成功运作、发展成为一种全新的出版形态，则源于中国社会科学院社会科学文献出版社。

皮书定义

皮书是对中国与世界发展状况和热点问题进行年度监测，以专业的角度、专家的视野和实证研究方法，针对某一领域或区域现状与发展态势展开分析和预测，具备原创性、实证性、专业性、连续性、前沿性、时效性等特点的公开出版物，由一系列权威研究报告组成。

皮书作者

皮书系列的作者以中国社会科学院、著名高校、地方社会科学院的研究人员为主，多为国内一流研究机构的权威专家学者，他们的看法和观点代表了学界对中国与世界的现实和未来最高水平的解读与分析。

皮书荣誉

皮书系列已成为社会科学文献出版社的著名图书品牌和中国社会科学院的知名学术品牌。2016 年，皮书系列正式列入“十三五”国家重点出版规划项目；2013~2019 年，重点皮书列入中国社会科学院承担的国家哲学社会科学创新工程项目；2019 年，64 种院外皮书使用“中国社会科学院创新工程学术出版项目”标识。

中国皮书网

（网址：www.pishu.cn）

发布皮书研创资讯，传播皮书精彩内容

引领皮书出版潮流，打造皮书服务平台

栏目设置

关于皮书：何谓皮书、皮书分类、皮书大事记、皮书荣誉、

皮书出版第一人、皮书编辑部

最新资讯：通知公告、新闻动态、媒体聚焦、网站专题、视频直播、下载专区

皮书研创：皮书规范、皮书选题、皮书出版、皮书研究、研创团队

皮书评奖评价：指标体系、皮书评价、皮书评奖

互动专区：皮书说、社科数托邦、皮书微博、留言板

所获荣誉

2008 年、2011 年，中国皮书网均在全国新闻出版业网站荣誉评选中获得“最具商业价值网站”称号；

2012 年，获得“出版业网站百强”称号。

网库合一

2014 年，中国皮书网与皮书数据库端口合一，实现资源共享。

S 基本子库
UB DATABASE

中国社会发展数据库（下设 12 个子库）

全面整合国内外中国社会发展研究成果，汇聚独家统计数据、深度分析报告，涉及社会、人口、政治、教育、法律等 12 个领域，为了解中国社会发展动态、跟踪社会核心热点、分析社会发展趋势提供一站式资源搜索和数据分析与挖掘服务。

中国经济发展数据库（下设 12 个子库）

基于“皮书系列”中涉及中国经济发展的研究资料构建，内容涵盖宏观经济、农业经济、工业经济、产业经济等 12 个重点经济领域，为实时掌控经济运行态势、把握经济发展规律、洞察经济形势、进行经济决策提供参考和依据。

中国行业发展数据库（下设 17 个子库）

以中国国民经济行业分类为依据，覆盖金融业、旅游、医疗卫生、交通运输、能源矿产等 100 多个行业，跟踪分析国民经济相关行业市场运行状况和政策导向，汇集行业发展前沿资讯，为投资、从业及各种经济决策提供理论基础和实践指导。

中国区域发展数据库（下设 6 个子库）

对中国特定区域内的经济、社会、文化等领域现状与发展情况进行深度分析和预测，研究层级至县及县以下行政区，涉及地区、区域经济体、城市、农村等不同维度。为地方经济社会宏观态势研究、发展经验研究、案例分析提供数据服务。

中国文化传媒数据库（下设 18 个子库）

汇聚文化传媒领域专家观点、热点资讯，梳理国内外中国文化发展相关学术研究成果、一手统计数据，涵盖文化产业、新闻传播、电影娱乐、文学艺术、群众文化等 18 个重点研究领域。为文化传媒研究提供相关数据、研究报告和综合分析服务。

世界经济与国际关系数据库（下设 6 个子库）

立足“皮书系列”世界经济、国际关系相关学术资源，整合世界经济、国际政治、世界文化与科技、全球性问题、国际组织与国际法、区域研究 6 大领域研究成果，为世界经济与国际关系研究提供全方位数据分析，为决策和形势研判提供参考。

法律声明